la fin du risque zéro

Xavier Guilhou

Patrick Lagadec

la fin du risque zéro

Quatrième tirage 2005

EYROLLES

société

Eyrolles Société
Éditions d'Organisation
1, rue Thénard
75240 Paris Cedex 05

Tendances*, une collection de livres pour comprendre les changements, se préparer et préparer les organisations aux défis de demain. Retournements de conjoncture, métamorphoses de l'environnement, évolutions géopolitiques, nouveaux modes de vies, innovations sociales et technologiques majeures : autant de questionnements et d'incertitudes susceptibles d'affecter les organisations ainsi que la vie et le travail de tout un chacun. A chacune des questions qui concernent le monde d'aujourd'hui, cette collection apporte une analyse, un éclairage, des repères et une grille de lecture.*

Dans cette collection,

Dardo de Vecchi, Vous avez dit jargon ?, 2002

Dominique Thierry, 20, 40, 60 ans, dessinons le travail de demain, 2002.

Michel Cartier, Quelle société voulons-nous laisser à nos enfants? 2001.

Denis Ettighoffer, L'entreprise virtuelle, 2001.

Jean-Pierre Jardel et Christian Loridon, Les rites dans l'entreprise, 2000.

Yves Lasfargue, Techno mordus, technos exclus? 2000.

Alain Kerjean, Les nouveaux comportements dans l'entreprise, 2000.

Jean-luc Excousseau, La mosaïque des générations, 2000.

Jacques Païtra, La société de l'autonomie, 2000.

ISBN : 2-7081-2707-1

Partie 2

"Le monde tu n'as pas à le prévoir, mais à le permettre"

À l'écoute du terrain : les "quarantièmes rugissants"

Présentation des auteurs

Xavier Guilhou, actuellement Directeur d'Eurogroup Institute (Eurogroup Consulting), a eu depuis vingt ans un triple cursus. En entreprises, où il a assumé de nombreuses responsabilités opérationnelles et fonctionnelles dans de grands groupes français dans les domaines du *risk management* et du marketing. Dans le domaine de la diplomatie, des armées et du commerce extérieur, sur la dimension civile de la gestion des sorties de crise. Au sein du monde universitaire et des grandes écoles, où il enseigne ces dimensions et conduit des programmes de recherche ainsi que des actions collectives sur les questions d'intelligence compétitive, de sécurité économique et de développement durable.

Outre sa pratique du management des crises et sa capacité à manager des projets à un niveau international, il est connu pour l'action particulière qu'il mène depuis 1994 autour des opérations de gestion de sortie de crise et de reconstruction sur les Balkans en essayant de faire émerger en France des actions transverses et innovantes de partage de l'information et d'actions concertées et "intelligentes" entre Diplomatie, Défense, Monde Économique et Humanitaire. À ce titre, il préside une association à vocation humanitaire : A.U.D.E (Actions d'Urgence et de Développement).

Sur le plan universitaire et au sein des réseaux de chefs d'entreprises (réseau A.P.M), il est aussi connu pour ses réflexions prospectives sur l'identification des ruptures géostratégiques et leurs conséquences sur le management des organisations et de la connaissance.

Patrick Lagadec est directeur de recherche à l'Ecole Polytechnique (laboratoire d'économétrie). Initiateur du concept de "Risque Technologique Majeur" (1979), il est spécialiste de la prévention et de la conduite des crises que les crises aient pour origine des problèmes de défaillance technique, de santé publique, de société. Il élargit aujourd'hui ses recherches à une problématique plus large : la gouvernance et le management des organisations et grands systèmes en univers de ruptures. Ses recherches sont étroitement liées à des interventions-conseils auprès d'états-majors industriels, d'administrations publiques, d'organisations internationales, d'associations, en France comme à l'étranger. Il a été lauréat 1999 du prix du forum Engelberg.

Il a publié notamment : Le Risque technologique majeur, Pergamon, 1981 (sa thèse de doctorat d'Etat en sciences politiques) ; La Civilisation du risque, Seuil, 1981 (Prix Raymond Delaby, Prix de Protection Civile, 1982); Etats d'urgence, Seuil,1988 (Prix Roberval 1988, Prix Fritz Winter, 1988) ; La Gestion des crises, McGraw Hill,1991 ; Apprendre à gérer les crises, Editions d'Organisation, 1993, Cellules de crise, Editions d'Organisation, 1995, Ruptures créatrices, Editions d'Organisation, 2000.

Remerciements

Nous voulons remercier ici les personnes sollicitées pour ce livre et qui nous ont permis de poursuivre avec elles l'exploration de leurs terrains de ruptures : Laurence Tubiana, Michel Séguier, Françoise Rudetzki, William Dab, Dominique Dormont, Philippe Baralon, Bertrand Robert.

Comme c'est le cas depuis plus de vingt ans, Patrick Lagadec a bénéficié du soutien de l'École polytechnique, tout particulièrement du Laboratoire d'économétrie où Erwann Michel-Kerjan, comme Olivier Godard, Claude Henry, Chantal Poujouly, Vincent Renard, lui offrent maintes occasions de réflexions communes.

Il n'oublie pas celles et ceux, au sein des grandes organisations avec qui il a pu explorer tel ou tel aspect du vaste champ des ruptures – et notamment : Geneviève Aubry, Bill Bonnet, Jean-Pierre Bourdier, Claude Frantzen, Christian Frémont, Patrick O'Quin, Guillaume Pepy, Pascale Monnerot, François Leblond, André Nicolas.

Ses partages d'expériences de terrain furent nombreuses avec Bertrand Robert, Marta Balinska, Mathilde Bourrier, Laurent Combalbert, Delphine Hédary, Françoise Rudetzki, Catherine Weber. À l'étranger, il put établir des échanges particulièrement stimulants avec Mike Granatt, Jamie MacIntosh, Peter Mieville en Grande-Bretagne, Laura Bertone en Argentine, Enrico Quarantelli aux États-Unis ; comme avec : Arjen Boin, Paul't Hart, Werner Overdijk aux Pays-Bas, Bengt Sundelius et Annika Brändström en Suède, pour ne citer que quelques figures parmi bien d'autres de l'*European Crisis Management Academy*. En France, les travaux avec Claude Gilbert et Isabelle Bourdeaux, pilotes du Groupement d'Intérêt Scientifique "Risques collectifs et situations de crise" lui ont été précieux.

De même, au-delà de son vécu sur le terrain, Xavier Guilhou n'aurait pu enrichir ses réflexions sur la gestion des crises internationales et des ruptures des environnements sans les possibilités d'échanges qu'il a en permanence avec de nombreux *think-tanks* et cercles internationaux, notamment aux États-Unis, en Europe et au Japon. Par ailleurs, en France il a pu depuis quinze ans confronter son expérience avec celle des dirigeants du réseau APM (Association pour le Progrès du Management), des auditeurs et experts de l'Institut des Hautes Études de la Défense Nationale (IHEDN) et des responsables de plusieurs troisième cycle et masters de l'université et des grandes écoles.

Michel Séguier nous aida à passer bien des verrous tout au long de notre rédaction, qui bénéficia aussi des suggestions de Françoise Ballanger, André Bonnin, Colette Briffard, Xavier Denecker, Aude Guilhou, Erwan Lagadec, Maurice Sadoulet.

INTRODUCTION

Le retour de l'Histoire

Instruite par les drames humanitaires du XXème siècle, ébranlée par une série d'événements graves (de Bhopal à Tchernobyl, du sang contaminé à la vache folle), confrontée au spectre d'avenirs bien difficiles à déchiffrer, l'opinion occidentale s'est comme repliée cette dernière décennie dans une "niche" bien en retrait : celle du risque zéro.

Désenchantés, les consommateurs, les citoyens, hésitent entre confiance minimale et défiance affirmée à l'endroit de toute prise de risque. La doctrine du zéro risque s'est peu à peu installée dans nos cultures ; elle est confortée à chaque épreuve mal maîtrisée.

Mais, chacun sait bien que la position en repli absolu n'est pas tenable. La doctrine du zéro risque - certes toujours décriée en parole - , qui a certainement joué son office, est en train de s'épuiser. Peut-être d'ailleurs aura-t-elle marqué ce moment étrange de la chute du Mur de Berlin, qui nous laissait face à un grand vide, face à des risques échappant à la cartographie figée de la Guerre Froide. Avant de consentir à sortir de notre hibernation, peut-être avions-nous tous besoin d'un dernier moment de tranquillité - et d'illusion - dans un monde bien circonscrit, protégé de tout risque non domestiqué ?

Sur le front du risque militaire, le risque zéro connut son apogée après la chute du Mur de Berlin et surtout lors de la Guerre du Golfe : ce fut la doctrine du "zéro mort". Le 11 septembre et ses suites ont laissé quelque place à l'idée que le refus de tout risque conduirait à des situations singulièrement dangereuses - et cette fois-ci pour l'Occident lui-même (pas uniquement pour ceux que l'on accepterait de défendre à condition qu'il n'y ait pas à se battre).

Sur le front du risque technologique, la question a marqué bien des débats et des conflits. Tout au long des années 1970-1980, maints responsables avaient garanti le risque zéro, pour convaincre les administrés de laisser faire les grands projets technologiques - et ceux qui n'obtempérèrent pas furent traités d'irrationnels : "Puisque je vous dis qu'il n'y a aucun risque, que tout est sous contrôle !". Dans les années 1990, on promit la précaution, pour répondre à ceux qui mettaient les responsables au défi, menace judiciaire à la clé, de respecter leur engagement intenable du risque zéro - et ceux qui se maintinrent sur la ligne droite du risque nul furent à nouveau qualifiés d'irrationnels : "Le risque zéro n'existe pas !"

Sur le front des pensées du monde et de l'histoire, le même mûrissement est à l'œuvre, bien que les tenants de la "fin de l'histoire" restent sûrs d'eux-mêmes ; ils restent convaincus du zéro risque pour la civilisation occidentale - par construction (voire par nature ?) la meilleure -, celle qui génère le bien-être et qui doit donc faire adhérer toutes les autres civilisations à ses valeurs, en les assurant d'un "tout est sous contrôle" planétaire.

En fait, ce retour de l'Histoire (et cette fin du risque zéro, havre de fausse tranquillité), est un phénomène récurrent, que l'on trouve en permanence dans les grands débats d'idées, depuis des siècles. Loin de nous paralyser, ce deuil à faire du risque nul se présente comme une fenêtre, largement attendue en vérité. Il se peut même que cette prise de conscience soit salutaire pour nos sociétés, et l'on découvrira probablement, dans un avenir proche, que le temps du désarroi, parfois paralysant, se révèle être très fécond en initiatives et en transformations positives pour nos sociétés, et au-delà.

Le défi premier, posé à chacun d'entre nous, est bien celui de renoncer à la tentation de l'abandon. Et de trouver le chemin de nos convictions. Pour vivifier l'espérance, on peut reprendre la réflexion de Jean Duvignaud qui s'interrogeait sur notre époque :

> "Nous sommes effectivement à une période de rupture. Période étrange, où se mêlent l'angoisse et la joie, les certitudes et les pensées folles. Musil, dans l'Homme sans qualités, en a donné une puissante illustration pour cette Autriche-Hongrie, cet "empire du milieu" de l'Europe qui pourrit lentement jusqu'à la défaite militaire finale. Or c'est au cours de cette décomposition que de puissantes semences intellectuelles ou artistiques émergent et se dispersent : la nouvelle musique, le freudisme, la relativité... est-ce si peu ?
>
> Nous vivons de ce point de vue une de ces périodes ambiguës où tout devient possible. Rien d'anormal ou de pathologique, seulement une de ces transitions qui fasci-

naient Burckhardt, entre le déjà-vécu et le non-encore vécu : le terrain vague de la vie cherche sa forme ou sa future structure. "[1]

Notre projet d'ensemble répond aux motivations fondamentales de tous ces travaux et cheminements menés depuis plus de vingt ans sur les risques majeurs et les crises : **préparer des avenirs** - non se lover dans les inquiétudes molles des accidents au jour le jour, ou la démission active face aux bouleversements qui nous assaillent à grande cadence.

Ce livre n'est pas un aboutissement. C'est une nouvelle contribution, pour aider à répondre, de façon déjà plus opérationnelle, aux grandes discontinuités qui seront assurément la marque majeure du XXIème siècle.

---

1. *Le Monde*, 18 janvier 1994, p. 2.

Partie 1

ÉTAT DE CHOC

"En ce matin de mai 1910, alors que neuf rois suivaient la dépouille mortelle d'Edouard VII d'Angleterre, la splendeur du spectacle fit béer d'admiration bien des spectateurs dans la foule dense et recueillie. Trois par trois, les monarques franchirent le portail du palais, vêtus d'écarlate, de bleu, de vert, de pourpre, avec des casques à haut panache, des galons dorés, des écharpes cramoisies, des décorations qui jetaient des éclairs au soleil. Venaient ensuite cinq princes héritiers, quarante altesses impériales ou royales, sept reines – dont trois régnantes – et tout un assemblage de représentants spéciaux envoyés par les pays sans monarchie. L'ensemble représentait soixante-dix nations ; jamais tant de grands de cette terre ne s'étaient encore trouvés ainsi réunis, jamais plus ils ne devaient l'être sous cette forme.

Le carillon assourdi de Big Ben sonnait neuf heures quand le cortège quitta le palais, mais l'horloge de l'Histoire marquait le crépuscule ; le soleil du vieux monde se couchait dans une gloire éblouissante qu'on ne reverrait plus."

Barbara Tuchman, *Août 14*

Chapitre 1

Les apprentis sorciers

Ce que nous avons enfanté

Allons directement à l'essentiel : nous semblons débordés par nos œuvres - techniques, sociales, culturelles. En secret, nous nous demandons même si nous ne sommes pas en passe d'être balayés par ce que nous avons enfanté : Tchernobyl, Bhopal, vache folle, sang contaminé, vulnérabilités informatiques, bouleversements climatiques, violences sociales... ; implosion de sous-continents, mafias, retour de la guerre... Le choc de l'impossible et de l'impensable nous frappe désormais avec une fréquence qui s'accélère et ne nous laisse même plus le temps de reprendre notre souffle, de régénérer nos visions, de repenser nos liens, nos projets, nos actions.

Le choc de l'impossible et de l'impensable nous frappe désormais avec une fréquence qui s'accélère et ne nous laisse même plus le temps de reprendre notre souffle.

Certes, depuis la fin des années 1960, nous avions bien compris qu'il nous fallait entrer dans la logique du changement : le monde évoluait, et le processus ne semblait pas devoir marquer de répit. Certes, depuis les années 1980, nous avions commencé à comprendre que nous pouvions être confrontés à des phénomènes brutaux, à fort potentiel de résonance, qui tranchaient avec les simples accidents traités par les services d'urgence ou les crises "extérieures" régulées par quelques troupes et experts aguerris aux nouvelles confrontations Nord/Sud qui émergeaient. Dans les années 1990, nous sommes véritablement entrés dans un autre univers : celui de turbulences globales, autrement plus lourdes d'enjeux collectifs. Depuis le 11 septembre 2001, nous avons basculé dans des dynamiques de désordre extrême, de déconstruction. Et tout va s'accélérer.

De l'équilibre de la terreur à la terreur du déséquilibre

En deux décennies, nous avons basculé sans nous en rendre compte d'une doctrine stratégique bien établie, avec une menace bien circonscrite autour du nucléaire, à la prolifération de menaces sans contours idéologiques, technologiques, ni institutionnels. Nous sommes passés d'un univers bien identifié à un monde flou, entraînant de fait des pertes de repères et de sens pour nos sociétés.

Dans les années 1980, les modes de régulation étaient bien établis entre les États et les organisations constituées, chaque fois qu'il y avait un dysfonctionnement majeur. Les jeux dits Est-Ouest, avec leurs cortèges cyniques de conflits indirects et de subversions de nature idéologique pouvant aller jusqu'au terrorisme d'État, étaient malheureusement bien connus et identifiés. Dans cet environnement géopolitique apparemment stable, tout était codé et les responsabilités étaient fortement institutionnalisées - protégeant de fait les exécutifs et leurs relais opérationnels, au détriment des sociétés civiles qui étaient essentiellement les victimes de ces "affrontements". Nous n'étions naturellement pas dans des jeux de dupes : tout le monde s'y retrouvait, avec une notion de personne morale très floue qui débouchait en permanence sur des "non-lieux" pour ceux qui étaient à l'origine de ces confrontations ou dysfonctionnements. Tout ceci, certes profondément immoral, était le fondement de ce que les experts appelaient "l'équilibre de la terreur" dont nous avons tous profité en Occident en termes de sécurité collective.

Nous sommes passés d'un univers bien identifié à un monde flou, entraînant de fait des pertes de repères et de sens pour nos décideurs et nos sociétés.

Au moment même où, sur le plan industriel, personne ne voulait parler de "risque technologique majeur", plus personne ne parlait de guerre : on se cachait derrière ce vocable avantageux de "crise" (où l'on met tout ce que l'on veut ou surtout que l'on ne veut pas, ou ne peut pas, traiter). Il faut bien voir que, face aux enjeux Est-Ouest de l'époque, les crises en question étaient encore maîtrisables avec quelques unités aguerries aux principes de "guerre de raid" entre ethnies africaines (Tchad, Mauritanie, RCA...) ou de "guerre révolutionnaire" (Nicaragua, Vietnam, Pérou...). Toutefois, de nouveaux types de conflits plus complexes commencèrent à émerger avec des "guerres civiles" et l'interférence de conflits religieux (Liban, Afghanistan...). Le monde civil a commencé à être fortement impliqué dans ces nouveaux conflits, en particulier sous la forme humanitaire avec l'action des "*French doctors*" ("Médecins sans frontières"). Mais, en toile de fond, l'ensemble du bloc soviétique commençait à se fissurer de l'intérieur, avec des résistances très fortes qui remettaient en question l'ordre établi (*Solidarnosc* en Pologne, l'Asie centrale). Par ailleurs, la violence du terrorisme sur notre territoire et sur les sanctuaires européens (Action Directe, Carlos, groupes du Moyen-Orient...) a été à l'origine, dans les années 1980, d'un début de remise en cause profonde de l'applicaton des principes de sécurité collective, obligeant à un début de décloisonnement entre les organisations concernées et à un rapprochement plus étroit avec les experts de la société civile. Mais ceci resta encore une affaire d'initiés. Les militaires et les diplomates se contentaient des cloisonnements existants. Le monde humanitaire a bénéficié lors de cette période d'une indépendance qu'il revendique aujourd'hui comme une sorte d'acquis de l'histoire. Quant aux entreprises, elles plongeaient à l'époque avec délectation dans la mondialisation, la globalisation, en essayant de ne pas se faire trop polluer par les dysfonctionnements Nord/Sud qui se faisaient plus voyants, tout en cherchant à s'affranchir de la tutelle des États. Chacun fonctionnait dans son univers, avec ses codages. L'attentat contre les 2 PC américains et français en 1983 à Beyrouth peut être considéré comme un tournant dans cette vision établie des grands principes de la Défense des années 1980 avec la mort de 241 soldats américians et 58 soldats français - au même titre que les actes du terrorisme qui ont frappé en plein centre de Paris des dizaines d'innocents.

Depuis les années 1990, ce monde bien ordonnancé s'est disloqué ; la chute du Mur de Berlin, l'émancipation du bloc de l'Europe centrale, la guerre du Golfe et les événements dans les Balkans ont changé la donne. Ce fut un effondrement total et très brutal du contexte et des références. Ce fut le déchirement de toutes ces doctrines sécuritaires portées par les États du Nord et subies par ceux du Sud, derrière lesquelles tout le monde se cachait auparavant. L'histoire, que l'on disait finie, reprenait ses lettres de noblesse, mais de façon paradoxale. Au cours de cette période, les États riches et puissants ont préféré transférer leur gestion de souveraineté au supranational, avec toutes les dérives en termes de mandatement (ONU, OTAN, Union européenne...) que l'on a pu connaître sur le terrain dès qu'il y avait en face, chez les démunis et les faibles, des implosions des systèmes politiques locaux - avec la résurgence de violences et de barbaries oubliées depuis un demi-siècle.

Pour autant, les discours se refermaient sur des visions radicales et réductrices des enjeux géostratégiques. D'un côté, dominait la thèse de Fukuyama avec la "fin de l'Histoire"*, qui oppose la modernité américaine à la barbarie du reste du monde. De l'autre, celle d'Huntington avec le "choc des civilisations"*, qui oppose les valeurs de l'Occident, représentées par la société américaine, aux autres cultures - en particulier à l'Islam qu'il considère comme la nouvelle menace du monde. N'ayant plus de références à des idéologies dominantes comme celles du communisme et du capitalisme d'hier, nos stratèges, forts de ces thèses essentiellement américaines, se sont repliés dans une nouvelle forme d'instrumentalisation des rapports de force entre les peuples, avec en arrière-plan le dogme du "zéro mort" qui a connu ses heures paradoxales lors des opérations de "maintien de la paix" dans les Balkans (qui n'étaient pour les spécialistes que des "conflits de basse intensité"...) et son heure de gloire médiatique au moment de la guerre du Golfe.

Du missile au cutter

Jusqu'au 11 septembre, on put encore suivre le modèle de l'autruche, proclamer que rien ne devait véritablement distraire des urgences immédiates et impérieuses du quotidien. À toute question sur le fond, sur le sens, sur les risques structurels, une réponse collective pavlovienne était affichée : "L'important, c'est de gérer ! pour le reste, nous n'avons pas le temps - le politique, c'est dépassé". Le *design* était celui de la "plaque à vent", bien connue en matière d'avalanche : sous la surface, pourtant si "normale", c'est l'instabilité structurelle ; soudain, la plaque glisse et emporte tout avec elle.

* Voir Bibliographie.

C'est ce voile d'irréalité que déchire l'attaque des tours jumelles et du Pentagone. En quelques heures, nous sommes violemment confrontés à cinq grandes ruptures :

1. ***Rupture historique pour les Américains :*** si les Européens sont "secoués", devant leur poste de télévision, les Américains, eux, sont touchés dans leur chair et dans toute l'épaisseur de leur représentation d'eux-mêmes. Fini ce sanctuaire, tant économico-financier (les tours) que sécuritaire (le Pentagone). Finie leur perception d'une civilisation du nouveau monde posée sur une terre vierge et hors des turbulences du monde : l'Histoire, sa cruauté, son "réel", font irruption jusqu'au cœur sacré de Manhattan. Il faut s'attendre, devant ce traumatisme, non seulement à des remises en ordre à la hauteur de la blessure (intervention en Afghanistan), mais bien plus encore à des postures d'une grande radicalité - au-delà de la simple réplique -, et sur tous les fronts, pour plusieurs années.

2. ***Rupture géostratégique :*** si la destruction du Mur de Berlin, en 1989, avait consommé la confrontation Est-Ouest, le 11 septembre a mis fin aux affrontements fratricides des deux derniers siècles entre Occidentaux. Les rapports de force se redéfinissent dans des champs qui ne sont plus ceux du positivisme et du matérialisme occidental. Les rapports entre civilisations sont à repenser, sur fond de mutations démographiques et politiques majeures. A la relation de "puissant à puissant" se substitue celle du "fort au fou", chacun étant un peu le "barbare" de l'autre. Et il ne faut pas en rester à une lecture hâtive opposant Occident et Islam. Le jeu s'ouvre sur des dimensions culturelles multiples, c'est cela la transformation définitive.

3. ***Rupture dans les jeux d'acteurs :*** nous n'avons plus à traiter seulement entre États. D'autres formes d'entités émergent, avec des organisations en réseau. Elles consti-

tuent, à côté de "l'État de droit", qui nous sert de référence, des dynamiques de "non-droit" qui occupent de plus en plus de place dans les espaces de médiation entre les sociétés civiles et les États. Nous en connaissons les vertus avec l'humanitaire, l'associatif ou le caritatif. Mais, parmi ces "nouveaux entrants", il y a aussi tous ces perturbateurs des zones grises (terrorisme, drogue, mafias, contrefaçon...) qui fonctionnent avec des réseaux insaisissables pour nos systèmes de sécurité nationale, habitués à cibler des ennemis et des menaces identifiés. Oussama Ben Laden n'est qu'une tête d'épingle dans cette jungle, hors de nos cartes mentales. Et son cas reste encore relativement simple : il était adossé à un État, situé sur un territoire pouvant être la cible des missiles et des bombes. Qu'en sera-t-il lorsque l'on sera privé de "territoire cible" et confronté à la combinatoire de réseaux insaisissables mêlant drogue, corruption, mafias - infiltrés comme le prion au sein du système économico-financier occidental ?

4. ***Rupture sémantique :*** depuis les années 1990, nous avons perdu le sens du politique et sommes enfermés dans des discours économistes étroits. Ceux de la "mondialisation" pour expliquer que tout pouvait se gérer avec des marchés financiers ; ceux de la "globalisation", donnant l'illusion que quelques standards technologiques apporteraient le bien-être à cette planète.[1] Nous avons ignoré les inégalités de richesses qui s'accroissaient, nous sommes restés sourds à l'expression des besoins des populations. Nous voici brutalement contraints de repenser une autre vision de ce prétendu "ordre mondial", qui

1. On se reportera par exemple à l'article de J.M. Messier, président de Vivendi Universal, dans *Le Monde* daté du 19 décembre 2001, "Construire les ponts de l'après-11 septembre", p. 1 et 18.

ne correspond plus à rien. Les problématiques que nous allons avoir à régler désormais vont de plus en plus s'exprimer autour du "local" : avec les moyens de communication actuels, il fait valoir de plus en plus ses aspirations en termes de "développement durable" - mais aussi ses colères.

5. ***Rupture dans les modes d'action :*** nos outils ont été forgés pour combattre des moyens d'État, organisés et hiérarchisés, avec comme référence fondatrice la crise des missiles de Cuba. Le cutter, le pacte avec la mort personnelle et collective pour déstabiliser nos "raisons de vivre", nous obligent à revoir toutes nos références et à faire émerger de nouvelles "raisons d'être". Dans un rapport de force qui sera de plus en plus décentralisé sur le terrain (ignorant les bureaucraties) et qui nous sera défavorable quantitativement et moralement (l'Occident vieillissant sans conviction), il va falloir mettre de l'intelligence et de la volonté collective partout pour survivre. Mais cela ne sera pas suffisant ; il faudra aussi imaginer de nouveaux champs de "coexistence" et plus encore de projets - avec les autres civilisations. C'est dans la mesure où des passerelles positives seront jetées avec les nouveaux entrants que, demain, les sociétés se respecteront, pourront éviter de se détruire réciproquement, et sauront trouver des voies fécondes pour tous. Pour cela, il faudra sortir des modèles de gouvernance qui sont actuellement les nôtres, et adopter des modes de management moins cloisonnés, résolument pensés en réseau.

Les ruptures mondiales qui sont à l'œuvre nous placent à une heure de vérité. Le point crucial va être de répondre non sur nos moyens, mais sur nos convictions et sur nos projets. Quelles sont nos valeurs ? Quelles sont nos logiques de gouvernance ? Il s'agit moins de protéger, par l'incantation, que de refonder, par la détermination. Il s'agit de penser, d'engager, de faire vivre des initiatives créatrices : des actes porteurs de sens, leviers de dynamiques collectives permettant de répondre, sur le fond, à des défis qui, incontestablement, sont désormais fondamentaux. Il va falloir apprendre à le faire très rapidement, et en atmosphère de très sévères turbulences. On ne passe pas brutalement, en effet, du monde des blocs à un monde débloqué sans souffrir de violents soubresauts, et même de débâcles (les régions polaires le savent bien). Il s'agit de pouvoir vivre ce passage sans fiascos d'un coût humain démesuré, et d'être capable de dessiner collectivement, dans le désordre et l'illisible immédiat, des chemins porteurs d'avenir.

De l'accident au risque majeur

Une mutation tout aussi profonde s'est enclenchée dans le domaine de la sécurité industrielle. Elle fut seulement mieux jalonnée et plus lisible.

Une première prise de conscience s'opéra avec l'accident de Seveso (1976) qui donna lieu à un fiasco décisionnel de grande envergure. On perçut alors qu'il fallait changer de registre de lecture et d'action en matière de risque technologique. Cela fut, tout au moins, la perception dominante dans le public ; mais nombre de responsables restèrent bloqués dans l'idée selon laquelle, "l'accident n'ayant causé aucun mort", il n'y avait donc aucun motif "rationnel" de questionnement. C'est dans ce contexte que fut proposée, en 1979[1], cette notion de "risque technologique majeur" qui

1. Patrick Lagadec : "Faire face aux risques technologiques", *La Recherche*, vol. 10, n° 105, novembre 1979, pp. 1146-1153 ; "Le défi du risque technologique majeur", *Futuribles*, n° 28, novembre 1979, pp. 11-34.

voulait précisément rendre compte de ce saut qualitatif. Le risque changeait d'échelle : il pouvait désormais affecter une ville entière. Il changeait de nature : il pouvait désormais affecter les chaînes du vivant, se transmettre aux générations futures. Le risque changeait surtout de registre : dès lors qu'il sortait de l'enceinte industrielle, l'extérieur était fondé à demander des comptes à l'intérieur. On passait du monde technique au registre politique.

Mais il fallut le grand désastre de Bhopal (1984, 3 000 morts immédiats, 10 000 après quelques années, 200 000 blessés sur le moment), pour que les responsables industriels (choqués par la faillite de l'entreprise américaine Union Carbide propriétaire de l'usine indienne) conviennent qu'il y avait sans doute quelque changement à considérer.

En matière de vulnérabilité, on est régulièrement en retard d'une guerre. La même réaction de contentement satisfait fut enregistrée lors de l'accident nucléaire de Three Mile Island (1979) aux États-Unis : il n'y avait eu "aucun mort" ; le même accident était immédiatement jugé "impossible en France". Les signaux avant-coureurs furent ainsi pris à l'envers : non comme des signaux d'alerte, mais comme des raisons de se rassurer à bon compte, et surtout de rassurer à trop bon compte. C'est ainsi que l'on prépare la destruction de sa crédibilité et de sa légitimité en matière de pilotage et de gouvernance.

Une seconde prise de conscience dut être opérée, certes dans la négation pathétique, tout au moins en France, avec le désastre nucléaire de Tchernobyl (26 avril 1986). Sur les cartes du laboratoire américain de Los Alamos, le nuage faisait deux fois le tour de la Terre ; sur les cartes mentales des officiels français, ce valeureux nuage avait, dans sa sagesse intrinsèque, épargné la patrie. Il avait été stoppé aux frontières (même si nombre de sirènes de détection avaient retenti dans les centrales nucléaires françaises). Le péril venant de l'extérieur, il n'était pas inscrit dans les champs du possible : aucune case préétablie (sauf celle de la terreur d'avoir à reconnaître une faille dans la maîtrise totale de l'univers technologique), donc aucune existence légale. La dynamique de défiance prit, en ces semaines cruciales du printemps 1986, une solide consistance. Il ne fut plus question, ensuite, de "protéger la confiance" mais de travailler à partir d'un socle fondamental de suspicion à l'endroit de toute parole et de toute action publiques en matière de sécurité. La défiance s'installa pour des décennies.

Une incapacité à identifier les signaux faibles, une cécité en matière de signaux non conventionnels, une inaptitude à construire des réactions transverse : et l'agression nouvelle l'emporte sans appel.

Et pourtant, comme une confiance partagée, une culture d'ouverture et de questionnement auraient été nécessaires dans les années qui allaient suivre ! Faute d'anticipation, de modestie raisonnée, de préparation adéquate, on connut nombre de défaites d'envergure : sang contaminé, amiante, prion, pour ne citer que les fiascos les plus emblématiques. Une difficulté non préalablement répertoriée et validée comme acceptable, une incapacité à identifier les signaux faibles, une cécité extraordinaire en matière de signaux non conventionnels, une inaptitude congénitale à construire des réactions transverses… et l'agression nouvelle l'emporte sans appel. Elle n'a fait qu'appliquer à son profit le précepte bien connu : "s'attaquer à la stratégie de l'ennemi". L'ennemi, pour la menace, c'est ici nos organisations, trop souvent tout entières occupées à des défenses internes de "territoires" (souci structurant qui peut même reléguer la survie de l'institution au rang de priorité de second ordre, voire d'option très accessoire).

Le travail mené par la commission présidée par Lord Phillips (2000) sur le cas de la vache folle au Royaume-Uni entre 1986 et 1996 illustre à merveille, mais dramatiquement, les bouleversements que nous vivons et les défis qu'ils peuvent nous poser - défis mortels si nous ne voulons pas nous préparer. La maladie bovine avait un temps d'incubation de cinq années, et il n'y avait pas de diagnostic possible avant l'apparition tardive des signes cliniques, eux-mêmes semblables à ceux d'autres maladies ; il s'agissait d'une "épidémie", mais elle n'affectait qu'un seul animal par troupeau ; la maladie est transmissible à l'homme, mais le temps d'incubation est encore plus long. Et au cœur du défi : le prion, qui se présente d'abord comme un trou noir pour la connaissance scientifique ; la destruction d'un dogme, à savoir celui du caractère infranchissable de la barrière des espèces. Voir un ennemi largement inconnu et indétectable saper les bases les plus indiscutables de nos convictions, tout en étendant son empire et en laissant planer un doute mortel sur un continent tout entier (voire au-delà), en raison des réseaux économiques mondialisés qui sont désormais les nôtres, voilà qui traduit bien le genre de bouleversement qui nous emporte aujourd'hui, sur ce terrain comme sur d'autres.

Car il faudrait parler aussi des destructions de grands réseaux vitaux - électricité, eau potable, télécommunication, carburant, informatique, etc. - qui deviennent désormais des possibilités comme on l'a vu en 1998 au Québec à la suite de pluies verglaçantes exceptionnelles[1] ou en France avec les ouragans de la fin 1999. Soudain, c'est une bonne partie d'un continent qui perd une grande part de ses infrastructures critiques. Comme le disait un spécialiste québécois en 1998 : "*Nous avions une organisation pour traiter une*

1. "Pour affronter l'imprévisible - Les enseignements du verglas de 98", Rapport de la Commission scientifique et technique chargée d'analyser les événements relatifs à la tempête de verglas survenue du 5 au 9 janvier 1998, Les publications du Québec, 1999.

panne ; le problème était de reconstruire un réseau". Là aussi, des mutations de fond sont à l'œuvre avec le changement climatique. Là encore, les potentialités sortent radicalement de nos schémas.

Du prion à l'anthrax

Après les tours jumelles du World Trade Center, l'anthrax. Certes, là encore, on peut tenter d'argumenter en défense que l'affaire, à ce jour, n'a pas fait de nombreuses victimes. "Rien, si l'on compare aux accidents de la route" (hécatombe si bien consentie collectivement). Mais ne camouflons pas l'enjeu : l'utilisation terroriste du potentiel de vulnérabilités dans le domaine de la santé publique est assurément une rupture. La Peste noire de retour, cette fois voulue ; et avec des inadéquations radicales en matière d'information, de modes d'intervention, de conduite publique. Comment opérer des mises en quarantaine généralisées (on a déjà vu l'émoi suscité par des isolements très limités et temporaires lors des récents épisodes de fièvre aphteuse) ? On entre là dans l'impensable, avec des images insupportables - comme l'idée qu'à l'échelle "géologique", finalement, la démocratie n'aurait été qu'un accident historique… Cela en utilisant des armes d'un coût de plus en plus réduit, et pourtant de plus en plus puissantes, de plus en plus destructrices sur le plan de l'opinion.

Si l'on a souvent eu tendance à fuir les difficultés quand il a fallu considérer des accidents industriels sérieux, on s'inscrit rapidement aux abonnés absents lorsque l'Histoire nous convoque sur ce type de terrain.

Aux abonnés absents

Un contexte pulvérisé

Si nous prenons le champ des relations internationales qui ne sont pas des réalités "extérieures" (on ne l'a que trop bien mesuré le 11 septembre), on ne peut manquer d'observer de graves dérives (annoncées déjà par les événements de Beyrouth (1983), et plus encore par le conflit bosniaque dès 1991) :

- Les États ne sont plus en mesure de se positionner de façon conventionnelle au regard du droit international car, dans les nouvelles formes de conflits, ils n'ont plus d'interlocuteurs en face d'eux pour discuter d'un traité de paix. Ils n'ont plus que **des chefs de bandes,** qui ont fait main basse sur un territoire, et tirent leur crédibilité du moment du racket humanitaire et de la pression terroriste sur les populations. Plus les États cherchent à se protéger de ce type d'interlocuteurs, et plus ces derniers imposent une *Realpolitik* violente sur le terrain pour maintenir les diplomaties occidentales à distance. Ce cercle vicieux a privilégié une forme d'irresponsabilité qui aboutit à des accords souvent bâtards, contenant les germes de crises futures. Aussi nos États, et surtout les membres du conseil de sécurité de l'ONU, appliquent-ils depuis la chute du Mur de Berlin une sorte de "principe de précaution" qui conduit à une dégradation du régime de responsabilité. Tout le monde en profite pour se cacher derrière le caractère imprévisible des événements et la complexité des jeux d'acteurs, et tout le monde s'exonère ainsi à bon compte d'une quelconque responsabilité - et par là de toute mise en cause pénale des dirigeants en exercice. Cela se traduit par des mandats de "maintien de la paix", de "reconstruction", ingérables sur le terrain pour ceux qui ont eu à les assumer. Il faut rappeler que la France a compté près de 70 morts et plus de 700 blessés sur le seul théâtre des Balkans pendant cette décennie.

- Les États ont besoin de temps pour trouver leurs marques et ne pas se laisser piéger dans des processus irréversibles en termes de responsabilité vis-à-vis des populations, qui restent toujours les grandes victimes de ces dérives. À ce titre, l'affaire du Rwanda (1994) a marqué un tournant dont peu ont mesuré les conséquences ; la Bosnie (1993) et plus encore le Kosovo (1999) avec son imbroglio juridique, ont amplifié le problème. Pour se protéger, les États ont fait glisser leurs compétences vers les organisations multilatérales et humanitaires, qui leur ont ainsi servi d'écran.
- L'affaire du Kosovo s'est traduite par un transfert de responsabilité massif du politique vers des structures de mission *ad hoc*, appuyées sur des réseaux d'assistance de circonstances. C'est aussi dans ce contexte que Messieurs Kouchner et Léotard ont eu à assumer ces nouvelles formes de délégation de pouvoir du système occidental, devenant des "pro-consuls" isolés sur le terrain, et sur lesquels tout reposait en termes de responsabilité – du médiatique au politique.
- Le monde humanitaire, et de plus en plus le monde économique – qui y voit l'opportunité de "faire des coups" ou de prendre le contrôle de terrains ouverts aux quatre vents (avec des financements multilatéraux conséquents, pour peu que l'on sache techniquement maîtriser le jeu des appels d'offres) –, se sont appropriés la maîtrise du local, sans pour autant être pilotés, contrôlés, voire jugés, sur certaines actions qu'ils mènent.

Certains grands groupes internationaux voient même dans ce domaine une opportunité de se faire une image "éthique" avec le développement d'ONG "maison", confondant parfois la valorisation de leurs actions à court terme et les valeurs d'un engagement humanitaire fondé sur le don de soi. Qui connaît les limites de la pensée marketing au sein du monde marchand doit affirmer ici que ce monde ne doit pas faire n'importe quoi, n'importe comment ; ainsi de l'utilisation de "faux nez", liés à des intérêts particuliers discutables par leur affairisme (parfois utilisés par les réseaux terroristes), qui peuvent dénaturer encore plus profondément des jeux d'acteurs déjà suffisamment sauvages et brutaux sur le terrain. La solution n'est certainement pas de s'engager dans une sorte de privatisation du monde humanitaire par le monde économique. Il faut rester décent et ne pas confondre les raisons d'être de ces univers distincts, qui n'ont pas les mêmes finalités.

Le monde humanitaire, et de plus en plus le monde économique se sont appropriés la maîtrise du local.

Protéger, assister des victimes de la guerre et rétablir la vie pour contribuer à la paix, sont des démarches qui ne s'improvisent pas, surtout avec l'amplitude des crises actuelles. Cela exige une très grande objectivité et neutralité, qui n'ont rien à voir avec les bases d'un commerce profitable. En revanche, les entreprises devraient épauler davantage les ONG et s'appuyer sur les compétences du monde humanitaire pour aider les pays en crise ; mais c'est un autre débat, qui touche aux enjeux politiques de l'action humanitaire et aux cadres d'action permis par le droit international humanitaire.

La solution n'est certainement pas la privatisation du monde humanitaire par le monde économique.

Ces dérives de la responsabilité des exécutifs, pour gagner du temps, vers des opérateurs qui s'imposent de fait, mais sans bien connaître les limites hautes et basses de l'exercice, sont très dangereuses vis-à-vis du droit international et des populations. Car le contrôle des moyens finit par justifier la fin. "Dis-moi ce que tu as en caisse, et je te dirai ce que tu peux faire !". C'est ainsi que des opérations ont été menées, la plupart du temps naïvement, avec des criminels de guerre, sous prétexte que l'argent était disponible et qu'il fallait l'utiliser ; qu'il n'y avait que ces opérateurs en mesure d'intervenir ; que c'était le seul moyen de trouver quelque issue à une situation bloquée en raison d'une absence totale ou d'une neutralisation de toute expression politique locale. Jusqu'où ce type de dérive peut-il conduire à terme ? Pourquoi, dans trois ou quatre ans, les victimes locales ne pourraient-elles pas se retourner contre ces humanitaires, ces officiers civilo-militaires ou ces entrepreneurs qui, sans le savoir, ont aidé momentanément (tous ont des contrats de 3 à 6 mois en moyenne sur le terrain) des criminels de guerre à se refaire une virginité politique, et une fortune personnelle ?

Avec l'affaire afghane, nous avons basculé dans un autre registre : celui de la légitime défense, de la légitime riposte, de la légitime ingérence et de la légitime aide humanitaire dont personne ne veut localement (à ce jour), le tout dans un contexte où tout le monde instrumentalise en plus le religieux et le sacré.

La question doit aujourd'hui être abordée de front : où se situe la responsabilité des exécutifs, des médiateurs, et des opérateurs ? **Qui est responsable de quoi et de qui sur le terrain ?** Aujourd'hui, c'est la "foire d'empoigne", avec des résultats médiocres dans les Balkans, l'Afrique des Lacs, sans parler du désastre zaïrois, du Cambodge – et sans oublier l'inextricable conflit israélo-palestinien. Tous ces champs d'action s'avèrent non seulement très coûteux mais particulièrement laborieux parce que les partages de responsabilité ne reposent sur rien d'autre qu'une protection des États occidentaux, bien légère quand la question est celle de ruptures profondes des environnements, et d'un refus de traiter ces déchirements sur le fond. Alors on paye : pour gagner du temps, pour reconstruire sans le vouloir vraiment, pour avoir cette paix minimum qui nous permet de continuer de profiter des avantages de la mondialisation et de la globalisation.

Tout cela a atteint ses limites le 11 septembre. Nous ne pourrons pas continuer à mutualiser l'irresponsabilité. Par ailleurs, le monde humanitaire, avec ses méthodes de "corsaires" ou "d'urgenciers", ne pourra pas longtemps servir d'écran et d'alibi à l'Occident face à ces "fous" qui utilisent l'arme du terrorisme de masse (en manipulant à leur seul profit les terreaux de la misère). Il est devenu crucial de redéfinir les principes de responsabilité des uns et des autres car nous sommes arrivés en "limite de compétence". Il n'y a désormais plus de place pour l'abdication des exécutifs, remplacés sur le terrain par le bricolage permanent des exaltés et des passionnés.

Ainsi, nous sommes passés progressivement de la gestion des crises à la maîtrise des conflits pour renouer avec la guerre, mot proscrit du vocabulaire. Il aurait fallu se rappeler ce fameux mot de Trotski : "*Peut-être la guerre ne vous intéresse-t-elle pas, mais la guerre s'intéresse à vous*". L'Histoire impose souvent aux naïfs des retours brutaux de réalité, à leurs dépens. Il en fut de même au niveau des états-majors des États, qui ont progressivement abandonné leurs prérogatives en termes de gestion de sécurité collective, et ont choisi de se cacher derrière les résolutions de l'ONU et des protocoles jamais ratifiés.

Dans le champ des risques technologiques, nous avons connu pareils désarrois avec les grandes crises du sang contaminé ou de la vache folle. Des pertes de repères de même nature : y aura-t-il hécatombe (comme s'il y avait retour d'une

"Peste noire") ? - ou une fausse peur ? Qui est en charge de quoi ? Qu'est-ce que l'alimentation, la santé ? Qu'est-ce que le progrès ? N'y a-t-il pas brouillage des responsabilités : entre producteurs et contrôleurs, entre experts et décideurs, entre associations et autorités ? La profondeur des problèmes, tant sur les connaissances que sur les règles de conduite des systèmes, engendra un désarroi de fond. Deux réponses ont ici été apportées : la création de nouvelles agences (en matière de santé, d'alimentation, d'environnement) ; l'introduction du principe de précaution, qui reste encore marqué par bien des maladies infantiles - notamment le glissement de la précaution à l'abstention, l'oubli du sens des proportions qui risquent de tuer le principe avant qu'il n'ait atteint sa maturité.

Des liens qui se déchirent

Il y a loin entre le "tout est sous contrôle" du verbe officiel et les perceptions des citoyens. Chacun voit bien dans les bouleversements en cours la révélation, cette fois indubitable, de mutations fondamentales à l'œuvre déjà depuis longtemps. Chacun ressent que pareilles mutations exigent bien autre chose que de petites conduites de changement tactique.

Outre-Atlantique (au-delà des discours à connotation morale et religieuse et en dépit d'écarts particulièrement mal venus à tonalité "western" ou de croisade), on a vu dans l'après-11 septembre une société civile américaine mobilisée pour défendre ses valeurs, avec une force sans précédent depuis longtemps. En quelques jours, la compassion a fait place à un formidable élan de conviction, autour de valeurs qui ont surpris de nombreux Européens, habitués à voir dans "l'Américain moyen" un être sans âme. La Nation, que nous appelons "société civile" en France, a fait un retour en force au centre de la vie politique américaine.

En France, il fallut attendre le 18 septembre pour surprendre dans la presse un entrefilet signalant une demande de quelques députés souhaitant que le Parlement soit un peu plus associé aux réflexions de l'exécutif. Le positionnement français face à la gravité de la situation fut autocratique et sans surprise. Avec le ton de circonstance, les représentants de l'État précisaient aux médias, devenus leurs seuls interlocuteurs : "Ne vous inquiétez pas, l'État maîtrise la situation ! nous nous occupons de tout ; nous réactivons nos plans Vigipirate renforcés !" (qui n'avaient pourtant jamais été suspendus). Personne n'a parlé d'associer ou de mobiliser d'une façon ou d'une autre la société civile. Cela n'a d'ailleurs pas de signification dans notre culture : en France, la société civile n'est pas au centre des préoccupations de la vie politique. Comme si la bataille contre le terrorisme (et les mafias) n'était qu'une affaire de spécialistes, et de cercles accrédités ! Comme si la méfiance, seule, marquait le regard des responsables à l'égard du citoyen, finalement suspect parce qu'il risque de "paniquer", de poser question - bref, d'exister.

Avec la détérioration des liens entre l'État et la société civile, s'est approfondie la perte de confiance réciproque entre acteurs.

Avec la détérioration des liens entre l'État et la société civile, s'est approfondie la perte de confiance réciproque entre acteurs. Dans leur grande majorité, ils se sont réfugiés dans la défiance, voire l'ignorance. Le schéma tragique qui semble souvent se dessiner, suit le modèle suivant : des décideurs publics qui s'enferment dans un autisme de plus en plus profond ; une société civile livrée à elle-même, qui se recroqueville sur des comportements grégaires, durs et concentrés sur le court terme. Chacun est perdant à ce jeu, mais la situation semble bloquée. Il nous faut agir rapidement sur cette dynamique. Les mutations d'aujourd'hui exigent une vitalité collective forte et profondément ancrée.

Une responsabilité dévitalisée

Il existe des exemples remarquables de vitalité. Ainsi la gestion de la crise de New York. Au-delà du discours sur la Nation, il y eut Rudolph Giuliani, ce maire de New York qui s'est révélé dans l'épreuve. En France, on pourrait rappeler aussi bien les crises des tempêtes de 1999 ou du Concorde, qui ont révélé des présidents d'entreprises de grande carrure.

Mais le citoyen est sans doute très marqué par des démonstrations de retrait tout aussi fortes, s'inscrivant sur fond de "responsable mais pas coupable", revendication qui ébranla profondément. Ainsi avec l'Erika ou Toulouse. Avant de s'avancer et d'assumer, l'officiel a trop tendance à attendre. Il attend les diagnostics techniques, juridiques, politiques. Il attend les communiqués de presse. L'organisation attend, et tente de trouver des protections à travers maints cloisonnements peu en rapport avec les enjeux.

Avant de s'avancer et d'assumer, l'officiel a trop tendance à attendre et tenter de trouver des protections à travers maints cloisonnements peu en rapport avec les enjeux.

Pareils décalages ont progressivement détérioré les liens entre la société et ses dirigeants. Si ces derniers se réfugient en permanence dans des expertises techniques pour expliquer qu'ils sont en charge du dossier, mais qu'ils ne sont pas responsables parce que tout est devenu complexe et que tout est dans tout… il ne faut plus attendre du citoyen la moindre adhésion, la plus petite pépite de confiance.

Dans ce même registre, on trouve le refus de mettre en cause des chefs d'État liés à des attentats (voir l'entretien avec Françoise Rudetzki). Ou l'action des ONG qui, dans les catastrophes humanitaires, demandent désormais que la notion de responsabilité soit prise en compte au niveau des États, voire à celui des grandes entreprises qui, présentes sur le terrain, ont ignoré le drame humanitaire qui se jouait à leurs portes. Cette revendication de la société civile descend jusqu'au niveau des entreprises, quand les associations de petits actionnaires exigent d'avoir en face d'eux de vrais responsables, et non des "noyaux durs" de dirigeants qui se partagent le pouvoir.

Ces exigences sont d'autant plus pressantes, qu'à tous les niveaux, on enregistre une dilution de la responsabilité - au moment où l'émergence de risques et de crises de grande ampleur exigerait au contraire l'exercice d'une autorité non floue et une transparence sur les décisions. La qualité suprême d'un système démocratique repose, d'ailleurs, sur cette notion de responsabilité dans les processus de décision - y compris et surtout dans les moments les plus cruciaux.

La société civile, de plus en plus confrontée à des espaces-temps qui se fracturent de partout, cherche ses interlocuteurs, que ce soit sur le plan politique, administratif, économique... Elle ne trouve la plupart du temps que des communiqués de presse, les dirigeants ne souhaitant plus avoir de contact direct avec les acteurs effectivement concernés. À cet effet, ils confient aux "communicants" le soin de gérer la "médiation" avec cette société civile qu'ils jugent trop exigeante, hétérogène, et ingouvernable. C'est l'inverse qui a été assumé par R. Giuliani. La simplicité des mots, l'authenticité du regard, l'exemplarité des actes, comptent davantage pour la société civile que les communiqués des experts en communication ou les commentaires des chroniqueurs de CNN. Mais cette notion de responsabilité suppose, en amont, une bonne dose de courage et de détermination.

Entre arrogance et impuissance

Lorsque nous avons une crise à assumer, nous avons tendance à nous réfugier dans la technique et la complexité des dossiers, qui nous font perdre le lien avec les groupes humains directement concernés. L'exemple de la catastrophe de Toulouse serait à examiner de très près, en partant des sinistrés eux-mêmes : comment ont-ils réagi ? Comment se sont-ils organisés ? Comment ont-ils été aidés ? Quels vides ont-ils rencontrés ? Puis en examinant les initiatives fortes qui ont été prises ou que n'ont pas su (ou voulu) prendre les grands acteurs impliqués.

Les professionnels du monde humanitaire vivent dans ces difficultés et ces paradoxes, en permanence. La plupart du temps, ils sont sur le terrain avant les administrations en charge de ces questions de solidarité, tant sur le plan national qu'international. Ils sont déjà dans les quartiers en difficulté aux côtés de la population, alors que les élus locaux et les représentants de l'État n'ont pas pris en compte les problèmes sociaux, sécuritaires, éducatifs. Ils sont même souvent de plus en plus mandatés, discrètement, en lieu et place des autorités, qui ne souhaitent pas prendre en compte ces questions sur le plan opérationnel. Dans les crises internationales, les ONG arrivent avant les armées et les diplomates et restent après leur départ. Elles occupent le champ de l'urgence et vont jusqu'à prendre en charge des opérations lourdes de développement. Elles furent parmi les premières à introduire la notion "d'environnement durable" - reprise par des centaines d'entreprises aujourd'hui, l'enjeu étant évidemment de dépasser la seule logique marketing et d'en faire une dimension de leur vision stratégique. Là aussi il faut s'interroger sur une machinerie administrative qui s'auto-bloque, avec son maelström de réglementations et de strates hiérarchiques, et se révèle incapable de se porter sur des terrains nouveaux. Dans ce domaine, nombre d'exemples pourraient illustrer l'incapacité des "systèmes" à répondre aux besoins des populations : la plupart du temps, les dossiers mettent entre trois et cinq ans pour aboutir, quand ils aboutissent.

Ces modes d'action enferment la société civile dans des logiques parallèles, sans orientation, qui sont plus des échappatoires tactiques que des voies stratégiques porteuses d'avenirs. Nous risquons, à un moment ou un autre, de payer très cher cette impuissance. Les psychopathes, nombreux dans le monde du terrorisme, "savourent" des organisations collectives, qui se complaisent trop naturellement dans la complexité bureaucratique. S'ils savent qu'ils n'auront jamais en face d'eux des responsables déterminés, qui leur répondront en temps réel, ils pourront fonctionner en toute impunité !

On constate un découplage dangereux, entre un État qui fonctionne en circuit fermé et une société civile livrée à elle-même.

L'ensemble conduit à un découplage dangereux, entre un État qui fonctionne en circuit fermé et une société civile livrée à elle-même, qui gère ses propres cheminements avec une alternance de comportements hédonistes et de conscience humanitaire. Ce n'est pas le repli des officiels sur leurs cadres de fonctionnement ni la fuite des autres dans le voyeurisme médiatique à la petite semaine qui constitueront la voie de sortie : cela ne se fait que par dépit, et approfondit plus encore le sentiment de perte de maîtrise.

Le premier pas serait une plus grande modestie officielle, aussi bien dans les revendications d'infaillibilité avant toute épreuve de vérité, que de totale maîtrise pendant l'événement. L'exhortation officielle si coutumière : "Faites-nous confiance, tout est sous contrôle !", n'est plus de mise. C'est ce qu'un responsable de l'Équipement rappelait récemment à ses collègues (il venait de subir de graves critiques à la suite d'un épisode neigeux qui avait précisément montré que l'État n'avait pas tout maîtrisé) : "*Prétendre résoudre tous les problèmes et répondre à toutes les questions serait une fanfaronnade si effrontée et une présomption si extravagante qu'on se rendrait aussitôt par là indigne de confiance*"[1].

1. "Emmanuel Kant, *Critique de la raison pure*", comme avait précisé ce responsable, sûr de son effet.

En fait, les enjeux depuis le 11 septembre sont désormais d'un autre ordre. Pour les traiter, il faut adopter volontairement de nouveaux modes de raisonnement et de questionnement. Cela pose le problème des repères qu'il faut prendre en compte et des postures qu'il faut cultiver pour sortir des discours et comportements négatifs trop communs. L'objectif n'est plus de subir les événements mais d'ouvrir des perspectives créatrices de sens et de dynamiques fortes pour nos sociétés.

Chapitre 2

"Ne vous inquiétez pas, tout est sous contrôle !"

1910. "Norman Angell publia un livre, La Grande Illusion, pour prouver que la guerre était impossible. Par des exemples impressionnants et un raisonnement irréfutable, il démontrait que, étant donné l'interdépendance financière et économique des nations, le vainqueur souffrirait autant que le vaincu : la guerre ne payait donc plus, en déclencher une serait une folie. Traduite en onze langues, La Grande Illusion devint une sorte d'évangile. Angell eut un disciple de choix dans la personne du vicomte Esher [...]."
"Lord Esher fit des conférences sur le livre à Cambridge et à la Sorbonne, où il montra que les nouveaux facteurs économiques prouvent nettement l'inanité des guerres d'agression. Au XXème siècle, proclamait-il, un conflit armé prendrait de telles proportions que ses conséquences seraient inévitables : "le désastre commercial, la ruine financière, les souffrances individuelles", seraient "si grosses d'influences restrictives" qu'elles le rendaient impensable."
Aux officiers, réunis à l'United Service Club, sous la présidence de Sir John French, chef d'état-major général, il déclara que, à cause de l'interdépendance des nations, une guerre entre elles devenait "chaque jour plus difficile et improbable".

Barbara Tuchman, *Août 14*

Qu'est-ce qui est sous contrôle ?

Dès qu'il est question de discontinuité, le terrain de l'accident - celui sur lequel excellent nos services de secours - vient s'imposer comme référence naturelle de connaissance et d'action. Dans toute situation grave, il y a des problèmes à traiter en extrême urgence. Nous l'avons vu dans le cas de New York, où il a fallu engager l'intervention rapide des services spécialisés ; déclencher sur-le-champ, à l'intérieur des entreprises, des actions de soutien au profit des familles des collaborateurs victimes de l'événement ; déclencher aussi des actions ultra-rapides pour assurer des reprises d'activités - afin de ne pas transformer un accident gravissime en arrêt de mort encore plus général.

Mais le seul cadre d'interprétation de l'accident ne suffit plus. Très fréquemment dans notre monde complexe, construit sur l'imbrication de réseaux critiques, offrant des caisses de résonance fantastiques à toute perturbation locale forte, il faut désormais penser en d'autres termes que celui de l'urgence accidentelle : d'où l'approche en termes de crise que nous avons proposée dès 1984[1]. Plus encore, les mutations profondes que nous vivons, les mises en correspondance et en dépendance de tous ces réseaux, jusqu'à présent relativement séparés, nous obligent à ouvrir d'autres grilles de compréhension : d'où l'approche en termes de ruptures, introduite en 1997[2], et que nous approfondissons ici. La défaillance localisée, qui commence à dériver en turbulence sévère - ce que nous avons étudié sous le vocable

1. Patrick Lagadec, "Le risque technologique majeur et les situations de crise", *n° 8, Annales des Mines*, août 1984, pp. 41-53.
2. Patrick Lagadec et Janek Rayer, "Des crises aux ruptures : se mettre en condition de réussite", *Administration*, Juin 1997.

de "crise" –, tend à laisser place à des déchirements beaucoup plus globaux. Pour pouvoir penser et travailler ces nouvelles difficultés, une nouvelle désignation est nécessaire – et nous avons retenu le terme de "rupture", qu'il est possible de cerner ainsi :

- **dans des univers d'abord marqués par la stabilité**, les discontinuités prennent la forme de **simples accidents**, qui appellent des interventions d'urgence permettant un retour rapide à l'état normal ;
- **dans des univers marqués au contraire par le changement**, les discontinuités prennent la forme de **crises**, qui mettent en lumière des difficultés profondes d'anticipation et d'adaptation aux évolutions en cours. La crise - heure de vérité, comme l'entendait le théâtre grec - exprime les décalages qui se font jour, et le travail de transformation nécessaire. Elle se produit en un temps court, moment de bifurcation pour le système considéré, qui peut réussir ou échouer face au défi ;
- **en périodes de grandes mutations**, les transformations ne sont plus d'abord locales et spécifiques mais globales et multiformes. Les systèmes sont contraints à des mues beaucoup plus complètes. Dès lors, les discontinuités sont moins des événements isolables que des phénomènes de très grande ampleur, que nous avons qualifiés de **"ruptures"**. Dans le cours de mutations longues se produisent ainsi des moments de ruptures, caractérisés eux aussi par la soudaineté, la brutalité. Ces ruptures expriment, pour tous les systèmes concernés, des pertes profondes de stabilité, d'identité, de relations avec leurs environnements, eux-mêmes déstabilisés et en voie de décomposition-recomposition.

Dans ces univers de ruptures, les boussoles font défaut. Les cloisons tombent les unes après les autres : entre le technologique et le social, entre le civil et le militaire, entre la ville et la banlieue, entre les affaires étrangères et les affaires intérieures, entre le savoir et l'inconnu, entre le non-significatif et le gravissime, etc. On aimerait pouvoir sérier les problèmes avant de prétendre les penser, et les traiter ; et l'on découvre avec stupéfaction que chaque problème que l'on croit avoir isolé n'est en réalité que le *symptôme*[1] de dérèglements plus vastes - ce qui ne manque pas de déclencher une forte sensation de vertige.

La tentation est grande de se bâtir de robustes enceintes de confinement, de se doter de filtres protecteurs d'inconnu avant d'aller s'exposer aux dures réalités. Mais la réalité n'attend guère, et fait payer très cher les fuites devant la difficulté.

Les situations actuelles de discontinuité se présentent, en réalité, comme une imbrication d'accidents, de crises, de ruptures. Pour mieux les approcher, il convient de clarifier plus avant chacun de ces trois niveaux de difficulté.

L'accident

Le monde de l'accident renvoie à celui de l'événement ponctuel grave, de l'intervention rapide de services spécialisés qui viennent régler le problème, selon des protocoles bien établis. De façon très synthétique, le tableau suivant caractérise ce phénomène de l'urgence - décrit par ce qu'il est et par ce qu'il fait mettre en œuvre.

1. Nous empruntons cette lecture pénétrante à Maurice Bellet, *Le Sauvage indigné*, Desclée de Brower, Paris, 1998.

ACCIDENT

Réagir vite, et dans l'ordre

- Événement connu, répertorié, aisément isolable, dimensionné à l'intérieur d'hypothèses conventionnelles ;
- Nombre limité d'intervenants, tous spécialistes d'un volet du problème et relevant d'organismes qui se connaissent ;
- Procédures d'intervention codifiées, bien connues des spécialistes mobilisés ;
- Rôles, responsabilités, hiérarchies bien établis ;
- Situation perçue comme gérable : techniquement, économiquement, socialement ;
- Durée limitée.

Une simple brèche, dans un univers stable

En bref, il s'agit d'une brèche spécifique à colmater qui se produit dans un contexte stabilisé : le système garde ses propriétés générales. L'univers de l'intervention se caractérise par les traits suivants :

- *le champ* : des cas types, délimités, identifiables à l'avance ;
- *l'attente* : des modes opératoires, des plans de secours efficaces ;
- *les acteurs-clés* : des spécialistes techniques en mesure d'apporter les réponses voulues ;
- *les organisations-clés* : des centres d'urgence, des P.C. opérationnels pour trier les données et coordonner les actions ;
- *le pilotage* : par un responsable hiérarchique qui doit veiller à la bonne marche des rouages.

Pour aider à la prise de décision, et justifier au besoin les options prises, les autorités s'appuient sur une expertise bien située, au sein des services de l'État et/ou des entreprises du secteur. La crédibilité de ces experts n'est guère mise en question par les acteurs externes : on leur demande d'abord d'être efficaces, et on leur fait d'ailleurs volontiers crédit de cette efficacité.

L'accident : il s'agit d'une brèche spécifique à colmater qui se produit dans un contexte stabilisé.

La notion de commandement est la clé de voûte de ce monde de l'urgence. *Command and Control* est le plus souvent la norme organisationnelle et politique de référence. "Un chef, une mission, des moyens", et l'efficacité sera assurée. La logique de référence est le plus souvent empruntée au monde militaire : de l'ordre, de la discipline. Une "méthode de raisonnement tactique" permet de dégager la meilleure voie d'action étant donné les instructions reçues et les contraintes de toute nature. Elle doit répondre à la matrice classique et bien connue de Joffre : "De quoi s'agit-il ?" Entre autres termes : Quoi, pourquoi ? qui, avec qui, contre qui ? quand ? comment ? où ? que faire ? Une fois que l'on a répondu à ces questions, les arbitrages sont simples, car tout le processus vise à réduire le champ de la complexité. L'objectif est de permettre une prise de décision rapide même si elle n'est pas parfaite, quitte à l'ajuster par la suite.

Sous toutes les latitudes une conviction marque ces dispositifs de réaction rapide : seule une autorité ferme et non discutée permet d'éviter confusion, désordre, panique, comportements antisociaux. Ce principe d'autorité s'affirme avec d'autant plus de vigueur que la situation est grave, de grande ampleur.

Quand il ne s'agit que d'accident bien connu et d'urgence bien isolée, la demande d'information publique n'est pas très forte : à la limite, un simple communiqué en fin d'intervention fait l'affaire. De façon générale, dans les états-majors administratifs en charge de coordonner ces interventions, la culture d'information et de dialogue est longtemps restée limitée, voire minimale.

C'est dans ce cadre de référence qu'ont été forgés les dispositifs de réponse aux situations accidentelles. Pour les catastrophes de grande ampleur, les traits indiqués étaient seulement accentués : on réunissait davantage de moyens, sous une autorité plus haut placée et plus ferme, chargée d'une coordination plus vaste, à partir de plans de secours plus développés. Cela fut complété par des plans spécialisés dont on a mesuré l'intérêt au fil des expériences, à la condition toutefois de disposer d'un mode générique d'intervention bien connu de tous et qui pouvait donner leur cohérence aux plans d'intervention particuliers.

Ce type de démarche est surtout approprié pour les univers stables. Il n'y a guère de discussion sur les buts : le rôle de l'autorité technique est d'assurer le retour rapide à l'état antérieur. Bien des qualités acquises dans ce monde de l'urgence vont rester indispensables lorsque l'univers stable va laisser place à un univers en changement, marqué par des discontinuités plus complexes, qui exigeront aussi de fortes compétences dans l'action sous haute pression. Mais, de nouvelles aptitudes devront s'ajouter aux précédentes.

La crise

La crise, c'est l'accident *plus* la déstabilisation. Elle combine : *déferlement* de difficultés, *dérèglement* dans le fonctionnement des organisations, *divergences* dans les choix fondamentaux.[1]

1. Pour une présentation développée des significations et approches du concept de crise, voir : Patrick Lagadec, *La Gestion des Crises, Outils de réflexion à l'usage des décideurs*, McGraw-Hill, Paris, 1991 ; Ediscience, Paris, 1993, pages 43-56.

Exemple : au moment de l'accident de la centrale nucléaire de Three Mile Island (1979), le gouverneur de Pennsylvanie apprend par les chaînes de radio qu'il a donné l'ordre d'évacuer 1 million de personnes, ce qui est faux (dérèglements internes dans l'information des médias) ; les services officiels sont submergés d'appels téléphoniques, à tel point qu'on ne peut plus démentir aisément les informations erronées diffusées (déferlement) ; une question domine tout : "pourquoi du nucléaire en Pennsylvanie ?" (divergence sur les choix fondamentaux).

Le tableau général est bien plus complexe que le précédent.

CRISE

problèmes "réels" ou perçus

- Difficultés quantitatives : impacts de grande échelle, larges populations concernées, interventions lourdes, coûts économiques très importants, etc. ;
- Difficultés qualitatives : problèmes hors échelle, combinés, génériques ;
- Dynamiques de boule de neige : en raison de multiples phénomènes de résonance ;
- Dispositifs de secours pris à contre-pied : procédures sous-dimensionnées, obsolètes, inapplicables, inutiles voire contre-productives ;
- Incertitudes : très fortes, impossibles à lever dans le temps de l'urgence et certainement pas par les seuls experts officiels ;
- Longue durée : elle épuise les hommes, les organisations ; les menaces se transforment dans le temps ;
- Convergence : irruption d'un nombre impressionnant d'institutions ;

- Problèmes critiques de communication : au sein des organisations responsables, avec tous les publics : médias, victimes, administrations, professionnels spécialisés, etc. ;
- Enjeux considérables, de toute nature.

Un événement qui fuse, avec mise en résonance rapide du contextee

Dès lors, la crise ne peut pas être approchée, prévenue, résolue par de simples mesures techniques, définies par des spécialistes, imposées par l'autorité. L'univers de l'intervention se caractérise par des traits nouveaux :

- *le champ* : on a affaire à des situations de grande ampleur, on sort des cas types bien répertoriés ;
- *l'attente* : au-delà d'interventions techniques efficaces, on va exiger des processus de réponse clairs, pertinents, crédibles, faisant l'objet d'une information précise ;
- *les acteurs* : on sort brutalement des P.C. opérationnels des responsables ; nombre d'acteurs nouveaux interviennent - et il faut savoir très vite identifier ces nouveaux entrants ;
- *la conduite* : elle se fait de façon beaucoup plus complexe à travers de nombreux pôles de décision ou d'influence ;
- *le dirigeant* : certes il doit toujours donner des instructions, conduire des équipes d'intervention, mais il doit assumer bien d'autres fonctions - ciment interne pour son organisation, animateur de systèmes beaucoup plus ouverts, communicateur externe vers l'ensemble des autres intervenants et du public. Et il va rapidement découvrir qu'il n'est plus unique.

La crise : c'est l'accident plus la déstabilisation. Elle combine déferlement de difficultés, dérèglement dans le fonctionnement des organisations, divergences dans les choix fondamentaux.

Avec la crise, la question de l'information du public devient centrale. Il ne s'agit plus seulement d'appliquer des solutions prêtes à l'emploi, sur des problèmes définis. Il va falloir légitimer son action, garder sa crédibilité, faire montre d'efficacité dans l'aide aux populations… en dépit de très importants déficits d'expertise, de règles de traitement, qui ne s'imposent plus avec la force de l'évidence et de l'expérience.

Avec la crise, la question de l'information du public devient centrale. Il va falloir légitimer son action, garder sa crédibilité, faire montre d'efficacité dans l'aide aux populations.

Les grandes crises des années 1980 nous ont enseigné à quel point il fallait repenser nos dispositifs et nos cultures. Même s'il ne fallait pas "jeter le bébé avec l'eau du bain" (les services d'intervention d'urgence resteraient des acteurs et des outils très précieux, mais dans un cadre bien plus large, opérant selon des principes nouveaux) plusieurs adaptations majeures devaient être considérées :

- la nécessité de disposer d'organisations capables de se mobiliser à partir de signaux inhabituels ;
- la capacité de traiter des dynamiques rapides, marquées par le désordre et la complexité ;
- la nécessité d'un pilotage de haut niveau, apte à trouver des voies de réponses collectivement crédibles et légitimes, sur des sujets toujours susceptibles de controverses publiques, mettant donc les directions générales en première ligne ;
- l'impératif d'une information ouverte sur toutes ces questions : dès lors que les risques débordaient de l'enceinte industrielle, le questionnement externe surgissait et tout refus condamnerait de façon automatique à de graves échecs, y compris sur le plan opérationnel.

Ces aptitudes fondamentales étaient loin d'être acquises. Sauf exceptions - comme l'épisode de la grande évacuation en banlieue de Toronto suite à un déraillement de wagon de chlore (1979), ou celui de l'empoisonnement au cyanure du *Tylenol* (le médicament phare de Johnson & Johnson en 1982) - ces années furent marquées par une série de fiascos retentissants. Les confusions organisationnelles (notamment à Three Mile Island) portèrent atteinte à la crédibilité de nombreuses institutions. Des désastres répétés en matière d'information du public, via les médias, firent souvent perdre aux officiels leur légitimité, parfois aussi leur dignité - en raison d'attitudes de fermeture définitive immédiatement ressenties comme de la provocation, et comme un signe d'archaïsme qui ne pouvait rien laisser augurer de bon, y compris sur le terrain opérationnel.

Les résistances furent vives du côté officiel. La rétention d'information avait été jusqu'alors le mode naturel de fonctionnement de toutes les organisations ; la culture du bunker était innée ; le silence, le démenti, la parole faussement "rassurante" (sur le mode classique : "Je ne sais rien, mais vous pouvez rassurer vos auditeurs, ce n'est pas grave") étaient des réflexes pavloviens, porteurs d'échecs assurés. Bien sûr, les vieux pays d'Europe marqués par des expériences traumatisantes (à la suite de la catastrophe de Courrières en 1906, Clemenceau décrète l'état de siège et envoie 25 000 hommes de troupe quadriller le bassin minier), engoncés dans des cultures toujours très lentes à évoluer, furent les plus frappés par cette emprise de l'archaïsme. Mais ils n'eurent pas le monopole de ces batailles engagées sur des conceptions dépassées, donc perdues d'avance : on le vit très clairement lors d'affaires retentissantes ayant concerné des firmes américaines - Bhopal en 1984 ; Institute (usine sœur de Bhopal) en 1985 ; Exxon Valdez (la marée noire sur les côtes vierges de l'Alaska) en 1989.

Après maintes capitulations, il fallut se rendre à l'évidence : le salut n'était pas dans la fermeture et le secret. Il y avait cependant un réel obstacle : non pas le manque d'outil, ou même la simple difficulté à apprendre l'usage d'un nouvel outil, mais la nécessité d'une transformation culturelle. Peu à peu, sous la pression de fiascos répétés, et d'un coût très élevé, l'information en temps de crise put être évoquée, tolérée, pratiquée, encouragée. On dut quitter définitivement les habitudes confortables du passé, si remarquablement exprimées par cette règle d'or du directeur général d'une grande entreprise chimique des années 1960 : "*Ici, personne sauf moi n'a le droit de parler à l'extérieur - et j'ai pour principe de ne rien dire*".

Une seconde leçon allait aussi s'imposer au début des années 1990, certes de façon moins évidente : tout ne pouvait être résolu par une communication médiatique plaquée sur un système peu préparé. Pour informer, encore faut-il l'être soi-même, avoir une organisation rapidement alertée et mobilisée, disposer de capacités dignes de faire l'objet d'une information, pouvoir compter sur des dirigeants fermement engagés dans la conduite des crises, avoir déjà noué des liens de confiance avant l'événement, etc. La conduite des crises imposait autre chose qu'une dotation en porte-parole entraînés en "*media-training*", autre chose qu'un affichage d'onctuosité vis-à-vis des journalistes. On découvrit qu'il y avait encore bien d'autres publics à qui s'adresser : les victimes, les proches, les impliqués ; les professionnels spécialisés, les clients, les fournisseurs, les actionnaires, les associations et autres groupements sociaux en attente d'information ; etc.

Cela supposait, là encore, des révolutions culturelles :

- de la communication interne précoce sur des sujets sensibles, quand la norme est bien plutôt la rétention d'information ;
- des modes de fonctionnement transverses au sein des organisations, quand la norme est bien plutôt la constitution de solides bastions jaloux de leurs territoires ;

- une implication des plus hauts niveaux sur des sujets et dans des situations à haut risque, quand la norme est souvent de ne pas exposer, sur des terrains aussi incertains, des positions de pouvoir si chèrement acquises ;
- des entraînements en simulation sans attendre l'accident, ce qui suppose beaucoup de modestie et de lucidité partagées ;
- un travail systématique de retour d'expérience, quand la norme est assurément d'oublier au plus vite tout épisode qui ne s'inscrit pas dans une logique de succès ;
- plus complexe encore, une pratique du questionnement collectif, quand l'habitude est de se borner à l'énoncé souverain de quelques règles simples dont le caractère définitif cache mal la fragilité (et de ces règles elles-mêmes et de l'autorité qui les énonce).
- Enfin, une large ouverture vers l'extérieur, qu'il s'agisse d'information préalable, d'information en situation difficile, de participation active et constructive à de nouvelles institutions réunissant tous les acteurs-clés - comme le sont tout particulièrement les S3PI[1], lieux de concertation dans des bassins de risques industriels importants.[2]

Bref, la conduite des crises ne relève d'aucune *check-list* simple - fût-elle de "communication". Nous en sommes là aujourd'hui avec cette tâche souvent immense : développer de nouvelles cultures et de nouvelles capacités dans les organisations tant publiques que privées pour rendre possible une prévention de crise à la hauteur des exigences de notre époque.

1. Secrétariats permanents pour la Prévention des Pollutions Industrielles.
2. Robert Andurand, *La Saga des Secrétariats Permanents de Prévention des Poblèmes Industriels*, Éditions Préventique, Bordeaux, 1996.

L'exigence de mise à niveau en ce domaine des crises n'est plus à démontrer. Dans les environnements turbulents actuels, les navigations de croisière se font rarissimes. Les alertes sont constantes et contraignent à un travail continu sur ce terrain. Dans maints secteurs, comme dans la santé ou l'alimentaire, le militaire ou l'humanitaire, on pourrait dresser des constats similaires à celui que faisait récemment le Président de British Airways devant son personnel :

"Pour tous ceux qui travaillent au sein de British Airways, 1997 a été une année de défis [...]. Nous avons connu une attaque de l'IRA à l'aéroport de Gatwick, un problème majeur sur la Livre, un problème financier majeur en Extrême-Orient, une concurrence sévère, des changements internes importants, de graves conflits sociaux et, alors que nous pensions que le pire était derrière nous, l'incendie de notre terminal à Heathrow".[1]

Et il est d'autant plus urgent d'opérer les mises à niveau nécessaires que ce terrain est en train de muter...

La rupture

Dans les années 1990, aux urgences et aux crises se sont ajoutés des phénomènes de bien plus grande ampleur que nous avons qualifiés de "ruptures". Les dossiers emblématiques furent notamment : le sang contaminé, la vache folle, les OGM, les vulnérabilités informatiques (qui ne se réduisent pas au passage de l'an 2000), la montée des violences urbaines, le changement de climat. Nous venons d'ajouter à la

1. "Rising to the challenges that lie ahead", A New Year message from Bob Ayling, Chief Executive, *British Airways News*, Friday, January 9, 1998, n° 1193, p. 1.

liste : le terrorisme, lui aussi acquis à la mondialisation, les effondrements de pays (et pas seulement les plus pauvres, comme nous l'avons vu avec le Sierra Leone en Afrique, en dépit de ses gisements de diamants, en Indonésie malgré le pétrole, ou comme nous le montre actuellement l'exemple de l'Argentine). Point focal de ces dossiers : de profondes pertes de repères.

Quelles sont les caractéristiques de ces ruptures ?

- *La discontinuité* : d'une certaine manière, la crise est rassurante parce que, même si elle risque de coûter fort cher, il y a retour possible à l'état antérieur. Avec la rupture, il y a un "avant" et il y a un "après". Il n'y a pas de retour simple à l'état antérieur après l'intervention des spécialistes comme dans les accidents ; ou même après les efforts de cicatrisation, comme dans les crises. Ces ruptures exigeront des thérapies lourdes et longues, des reconfigurations fondamentales.

Il y a un "avant" et un "après" rupture : il n'y a pas de retour simple à l'état antérieur.

- *Le développement de dynamiques globales* : tout devient interdépendant. Exemple simple : lorsque la ville de Montréal se voit privée d'électricité à la suite de la destruction du réseau électrique du sud du Québec en janvier 1998 (en raison de phénomènes climatiques inédits), la capitale économique de la province perd en même temps l'eau, les raffineries, le téléphone, les services financiers, les transports, etc. Exemple plus complexe : le changement de climat et ses répercussions multiformes, contradictoires, combinées, sur de très nombreuses zones de la planète.
- *La pulvérisation des référentiels* : ce que l'on pourrait appeler encore le grand écart mental, la perte du sens, l'abolition des règles du jeu et des conventions. Si quelque chose pouvait être tenu pour sûr, au point même qu'il aurait paru inconvenant et irrationnel de le soumet-

tre à l'interrogation, il se volatilise. Par exemple en biologie, où l'on était certain au moins d'une chose : de la barrière des espèces. Lorsque ce socle évident, indiscutable, se dérobe sous les pas, le désarroi est profond ; on n'ose même pas imaginer les pans entiers de conventions, d'hypothèses, d'assurances qui ne vont plus fonctionner. Comme si, tout à coup, on apprenait que les objets allaient cesser de tomber : on imagine difficilement le nombre de choses simples qui vont cesser de fonctionner "comme avant". Dans maints domaines, les dogmes les plus ancrés se trouvent ainsi emportés aujourd'hui, et ce processus de sape semble se répliquer partout. On pourrait résumer ce phénomène par ce paradoxe : "dites-moi quelles sont vos références les plus fondatrices et les plus chères ; s'il y a rupture, ce sont elles qui seront touchées de plein fouet". Davantage : on n'est même plus certain de la réalité effective des menaces que l'on croit pouvoir discerner : les frontières entre le problème réel et le non-sens, entre l'absence de danger et le désastre de grande envergure deviennent ténues et instables. Les mots, les catégories utilisées pour qualifier les phénomènes s'effritent, les cloisons deviennent poreuses : ainsi des différences entre "attentat" (planifié par une organisation, voulu par un individu, déclenché par "erreur"), malveillance (qui tourne mal), accident que l'on ne parvient pas à comprendre, etc. On imagine bien qu'un sentiment de vertige soit rapidement déclenché par le phénomène de rupture. C'est ce qu'exprimait un financier américain moins de huit jours après le 11 septembre ; il parlait de sa semaine précédente en la qualifiant de "*The good old days*" ("Le bon vieux temps").

- *Le singulier, l'instabilité, la cristallisation* : la rupture opère dans des contextes susceptibles d'effets papillon incompréhensibles - un petit écart ici, un bouleversement là. Les bonnes vieilles séries statistiques étaient robustes dans les mondes stables ; elles deviennent d'intéressants objets d'antiquité lorsque l'événement singulier est désormais capable de déstructurer par effet de contagion tout un système d'activités. Ainsi de la destruction des tours jumelles à New York ou des attaques terroristes en matière de santé publique. Dès lors, nos raisonnements raisonnables, fondés sur la proportionnalité des mesures de prévention comme de précaution, deviennent des casse-tête effroyables : penser un système de défense contre des missiles adverses, appartenant à de grands États avec lesquels les jeux stratégiques sont établis et connus est une chose ; penser un système de défense contre des cutters, des chaussures piégées et des kamikazes ayant signé un pacte avec la mort de masse est une tout autre affaire.

- *Le problème des situations aux limites.* On avait coutume de s'appuyer sur des preuves : désormais, ce cœur naturel du raisonnement scientifique tend à devenir un luxe accidentel, tout au moins dans l'ordre du vivant. La science expérimentale est incapable d'assurer qu'un risque n'existe pas. On avait coutume de partir du principe selon lequel l'exceptionnel ne faisait pas partie du périmètre de la responsabilité et relevait de la "force majeure". Mais, désormais, *l'aberrant* - un ouragan dans nos pays tempérés (décembre 1999) 80 cm de neige sur l'autoroute entre Aix-en-Provence et Nice avec perte de tous les moyens de communication (février 2001) ; ou l'implosion de société qui tourne à la guerre civile là où l'on s'était préparé à des guerres classiques avec un envahisseur bien identifié à l'extérieur des frontières (Beyrouth, Ex-Yougoslavie, etc.) - tend à s'imposer comme mode structurant du quotidien.

L'aberrant tend à s'imposer comme mode structurant du quotidien.

- La *séquence expertise-information-décision* était bien établie : elle est pulvérisée, surtout quand l'adversaire ne passe pas par l'itinéraire planifié, le terroriste par les portiques de détection (ou que les portiques ne peuvent pas détecter l'engin…). Auparavant, le décideur pouvait interroger ses experts officiels, obtenir des diagnostics et en conserver jalousement le monopole, prendre ses décisions, et enfin informer en toute connaissance de cause, quand et s'il en décidait ainsi ; désormais, le décideur se saisit des phénomènes alors que les problèmes sont déjà sur la place publique ; de multiples experts interviennent, l'ignorance (et non plus seulement l'incertitude) est au centre de l'expertise, il faut décider dans la plus grande instabilité (le fait de ne pas informer, ou au contraire d'informer, pouvant précipiter dans la turbulence sévère).

Dans ces contextes de ruptures, **le management classique est pris à contre-pied**. Il a été pensé et outillé pour la conduite des situations structurellement stables. Il se trouve désormais, le plus souvent, en univers instable, traversé par des surprises radicales ; pris dans des phénomènes globaux, confronté à des ignorances impossibles à combler, voire à cerner, soumis à des régulations très aléatoires, exposé à des *krachs* d'opinion aussi brutaux que soudains. Des décideurs centraux se trouvent brutalement sur la touche. Ainsi des instances publiques de contrôle alimentaire lorsque le grand groupe de distribution Carrefour, à un moment de la crise de la vache folle (octobre 2000), impose sans autre forme de procès ou de coordination sa norme et ses options, ce qui bouleverse les perceptions publiques – facteur-clé dans les grandes crises de confiance. Aux fonctionnements administratifs "normaux" fait place la dynamique du corsaire, qui peut même devenir à l'occasion celle du pirate cherchant, par quelque coup de bravoure, à s'emparer de positions favorables dans le champ de l'opinion (quitte à adopter une posture inverse peu de temps après sur un autre dossier moins médiatisé). À l'inverse, des partenaires secondaires, voire marginaux ou totalement inconnus jusqu'alors, peuvent devenir centraux : ainsi des *hackers* du monde entier qui se sont mobilisés juste après le 11 septembre pour, en 48 heures, infester de virus les sites et réseaux Internet supposés être des plates-formes d'informations terroristes.

Le politique a de plus en plus de difficultés à trouver ses marques et ses leviers.

Le politique a de plus en plus de difficultés à trouver ses marques et ses leviers dans pareil univers. Quel que soit le domaine, jusqu'à ce que se produise le drame, il est prié de laisser la place aux forces du marché ; le voici soudain sommé d'intervenir comme sauveur dans un chaos avancé, y compris par les plus farouches militants d'un retrait de l'État. On attend de lui qu'il engage une action forte, alors même que les cultures, les attentes profondes, sont traversées de bouleversements particulièrement instables, contradictoires, difficiles à saisir. On le convoque pour qu'il fournisse des solutions miracles, quand la seule réponse possible est d'ouvrir avec les partenaires des chemins nouveaux. Le constat fait partie du défi de la rupture : par construction, les grandes structures, qui étaient adaptées pour la conduite des affaires dans l'état du monde précédent, ne le sont plus dès lors qu'un saut qualitatif est en cours vers un autre état du monde. Davantage : nos grandes structures sont très mal équipées, culturellement, pour imaginer même que ce type de défi pourrait les concerner.

Il en résulte un phénomène de **tétanisation**. Résultat : on ne parvient même pas à mettre la question à l'ordre du jour. Non seulement avant les événements précipitants : "Ne soyons pas pessimistes !". Mais même après le déploiement des évidences sur le terrain. Ceux qui font profession de "pragmatisme", en refusant toute question non immédiate et évidente avant, font rapidement preuve d'une surdité stupéfiante au moment où le tocsin retentit :"Il ne s'est rien passé le 11 septembre". Lorsque l'on en arrive tout de même au pied du mur, la réponse se perd dans les sables :"Si c'est à ce point grave, ce n'est plus mon problème"...

Mais il nous faut encore faire un pas de plus dans l'examen : nous n'avons pas à affronter telle ou telle rupture spécifique, mais bien des **chaînes de ruptures**. Ce que nous devons envisager, c'est d'être désormais engagés dans un mouvement brownien de ruptures qui s'enchaînent les unes aux autres et dans lesquelles il est impossible de trouver des centres bien identifiables.

De toutes parts, les difficultés s'accumulent. Nous sommes aujourd'hui confrontés à des dynamiques globales, qui ne laissent aucun élément hors du jeu, interdisent les approches analytiques classiques - par séparation des composantes et remontée graduelle dans l'ordre de la complexité. Ces dynamiques s'appliquent à des systèmes interdépendants, qui apparaissent soudain infiniment plus enchevêtrés qu'on ne le pensait jusqu'alors. Quand on cherche à sérier des problèmes, on bute sur des *symptômes*, tout problème renvoyant à des questions plus vastes dépassant le lieu, le moment, la discipline, les acteurs au premier abord considérés. À l'instant même où l'on perçoit les décompositions en train de s'opérer, des recompositions sont à l'œuvre, en suivant des logiques et des dynamiques qui échappent largement aux possibilités de compréhension et/ou d'action des acteurs ; de surcroît, au moment où ces jeux fondamentaux se déroulent, les logiques antérieures peuvent fort bien continuer à fonctionner en apparence, ce qui accentue encore le vertige.

Pareils décalages risquent rapidement d'entraîner des réactions de dénégation, d'évitement, de rationalisation qui vont doper instantanément la perte de contrôle. Cela aussi fait partie du tableau des ruptures. Nous y reviendrons en examinant les pathologies qui vont de pair avec les trois niveaux de discontinuité identifiés. Pour l'instant, arrêtons-nous sur une définition de cette notion de rupture, et sur un tableau synthétique.

Les ruptures sont des discontinuités brutales et irréversibles qui provoquent décomposition et recomposition des principes fondateurs et régulateurs d'un ensemble de systèmes interdépendants.

RUPTURES

un avant / un après

- Dissolution des repères fondateurs et structurants : sens, règles du jeu, conventions, dogmes, normes, connaissances, hypothèses scientifiques les plus indiscutées, identités, cartes mentales, perceptions, langage, etc. ;
- Globalité et cristallisation : on passe des problèmes aux symptômes ; de dysfonctionnements spécifiques à des enchevêtrements de problèmes interdépendants ; le local se trouve pris au piège de problèmes globaux qui se cristallisent brutalement sur un point particulier ; les ruptures appellent les ruptures, avec démaillage de proche en proche ;
- Enjeux : refonder de nouvelles visions, légitimités, partage de pouvoir, modalités générales d'action ; non des questions de "gestion", mais des questions politiques ;
- Diagnostics : hors de portée, exigeraient des percées fondamentales (scientifiques, organisationnelles, culturelles) ;
- Procédures d'intervention : hors de leurs domaines de référence ;
- Durée : dans le temps long d'une mutation (mais il y a des épreuves immédiates et répétées) ;
- Cartes d'acteurs : pulvérisées, illisibles, en recomposition ; maillages d'acteurs ouverts et flous ; les acteurs centraux n'ont plus les leviers de la situation ; des acteurs à la marge opèrent des changements soudains de centres de gravité ;
- Non-communicabilité : alors que l'on perçoit un profond déficit de communication, on se heurte à des impossibilités : des acteurs émergents, absents, impossibles à atteindre ; des pertes de repères, de liens, de mécanismes, de langages.

Moments critiques dans des processus de mutations globales

Quels sont les pièges ?

Ce qui provoque le plus de stupéfaction dans les situations de discontinuité, ce sont assurément les problèmes de posture et les énormes défaillances que l'on observe dans les réactions individuelles et collectives. Comment des responsables de ce niveau ont-ils pu réagir pareillement ? Par exemple, prévenir le cabinet d'un responsable d'une menace imminente et précise en se contentant d'adresser un fax ou un mail, sur une adresse incertaine, et s'en aller en week-end avec le sentiment du devoir accompli... Les exemples sont innombrables et, même après des décennies de travail spécialisé dans le domaine, l'analyste va d'étonnement en étonnement. Très régulièrement, il y a même un refus définitif de tout examen post-crise, doublé d'un solide évitement de toute préparation sur ces terrains. La raison de ces pathologies est claire : sauf préparation forte à ces sujets très inhabituels, il n'y a guère d'espoir d'échapper aux pièges pernicieux des accidents, des crises et encore davantage des ruptures.

Bien que ce sujet prête plus, pour les experts, à l'énumération de ce qui ne marche pas, on peut tout de même tenter, pour le lecteur, quelques repérages essentiels.

L'apathie

Un événement grave se produit, une menace imposante se dessine. Le premier piège à combattre est celui de l'absence de réaction. On attend. On attend que les choses reprennent leur cours, que la parenthèse se referme par miracle, que les choses soient claires, que l'on ait les preuves absolues du fait qu'il faut bien intervenir, que l'on dispose d'une réponse magique, etc.

Le principal manque est souvent ici un minimum de culture d'urgence : une capacité de réaction rapide, sur une question qui n'était pas inscrite à l'agenda.

Qui se révèle paralysé par l'exigence de détecter rapidement des signaux de dysfonctionnement, par la nécessité de faire un rapport immédiat à qui de droit de la situation, par l'impératif d'action en dépit du danger, sera incapable de se mouvoir dans les grandes situations de turbulence. La "culture de dossier", qui tient le responsable à distance de la réalité et de ses risques, prépare mal à l'action en situation de turbulence. Comme c'est précisément ce type de culture qui permet d'accéder aux plus hauts postes, et comme ceux-ci consistent souvent à donner des impulsions non traçables qui n'auront de conséquences qu'à long terme, la prise en charge effective des situations très "chaudes" est souvent hors culture dans les grandes organisations.

C'est le reproche constant qui fut fait aux Nations Unies dans le drame des Balkans. Avec cette caricature récurrente[1] où l'on voit un guichetier mal réveillé répondant à la question : *"on riposte ?"*, par la formule rituelle : *"remplissez le formulaire en trois exemplaires".*

Le bunker

La crise, et plus encore la rupture, exigent des capacités de réplique collectives puissantes, cohérentes, courageuses, innovantes - sur des terrains très surprenants, extrêmement ouverts, à haute visibilité et à hauts risques. Instantanément, une organisation non préparée fabrique des anticorps grâce

1. Plantu, 15 mars 1994, *Le Monde.*

auxquels elle tentera de se protéger de cette intrusion bien barbare. Comme si elle se barricadait à la hâte, en placardant sur son épais portail : "Ne pas déranger". À chaque phase de la crise des familles de pièges s'ajoutent aux précédentes.

Avant la crise, le blocage obstiné

Les organisations balkanisées, qui ne se sont dotées d'aucun schéma ni outil de réaction d'urgence, qui ne s'entraînent jamais, et dans lesquelles tout questionnement de sécurité non conventionnel est banni, sont des candidates sérieuses au fiasco rapide en cas de crise. Vont souvent de pair avec ce tableau : une concurrence farouche et inquiète en interne (chacun étant perçu et défini comme un fusible commode plus que comme un partenaire potentiel) ; une défiance vis-à-vis de l'extérieur (perçu comme la menace majeure, appelant avant tout un contrôle strict de l'information).

La crise dispose là d'un remarquable terrain de prolifération. Et il ne suffit pas, pour remédier à ce pauvre état des lieux, de sommer un collaborateur de rédiger un plan de crise, ou d'engager un "communicant" : si les dirigeants ne s'engagent pas personnellement, et n'engagent pas une véritable action de mise à niveau, le fiasco sera rapidement au rendez-vous. Car il n'y aura pas seulement insuffisances techniques et organisationnelles : nous avons là des symptômes de fragilités profondes qui se cristalliseront au premier signal de crise.

À l'émergence de la crise, le recroquevillement instantané

Aux premiers signaux de situation anormale, les réflexes d'une organisation non préparée vont immédiatement précipiter dans la crise. C'est tout d'abord l'enfermement dans l'absence totale de réaction, confirmant l'apathie déjà évoquée. Maintes raisons sont trouvées pour justifier cette posture :"ce n'est pas si grave","si c'était grave, ça se saurait" ; "ce n'est pas nous";"ce n'est pas encore prouvé";"attendons d'être sûr";"les textes ne disent pas que c'est moi !".

La tendance instinctive va être de rechercher avec acharnement des raisons prouvant qu'il ne se passe rien - et on va en trouver, même si cela exige des contorsions extraordinaires dans la lecture de la réalité."Ce n'est pas l'Erika, c'est un dégazage", s'écrie-t-on immédiatement lorsque qu'un maire fait état d'oiseaux morts sur sa commune du Sud-Finistère, au mois de décembre 1999. "Ce n'est pas l'Erika, c'est un gros dégazage", réplique-t-on, lorsqu'il apparaît qu'il y a décidément beaucoup d'oiseaux morts, là où les plans ne prévoient pas d'arrivée de nappes.

Tout questionnement est bloqué : chacun ne procède que par réponses définitives permettant de clore à l'avance toute interrogation, à commencer par celles qui pourraient porter sur les points les plus sensibles. On travaille avec un système de représentation de plus en plus rigide et restrictif, avec les quelques informations initiales rassurantes (et d'ailleurs le plus souvent fausses), et en ne tolérant que les seules informations ne remettant rien en cause.

Au grand étonnement des officiels, le message obligé : "Tout est sous contrôle" sera immédiatement entendu comme un aveu d'impuissance et d'alerte maximum.

Vers l'extérieur, s'il n'y a pas eu préparation, la communication réflexe sera immanquablement du type :"Nous ne savons encore rien, mais vous pouvez vous rassurer : ce n'est pas grave"; "De toutes les façons, tout est prévu". Au grand étonnement des officiels, le message obligé : "Tout est sous contrôle" sera immédiatement entendu comme un aveu d'impuissance et d'alerte maximum :"Sauve qui peut".

Que l'on y ajoute des démonstrations maladroites de dissimulation ou quelque flottement opérationnel, et la crise sera déjà maîtresse du théâtre des opérations avant même que la situation ait véritablement été identifiée comme digne d'attention.

Au développement de la crise et jusqu'à la fin : le désarroi impuissant

Surprises par l'étrangeté de l'événement qui n'entre pas dans les niches administratives et disciplinaires établies, ébranlées par la rapidité avec laquelle la confusion s'est déjà rendue maîtresse des lieux, paralysées de voir projetées en pleine lumière des questions que l'on avait tout fait pour ne pas laisser affleurer, les organisations génèrent rapidement des comportements aggravants.

Des organisations qui se déstructurent : chacun s'efforce tout d'abord de mettre à l'abri son territoire bureaucratique. Et de solides lignes de démarcation sont érigées, là où il aurait fallu le plus grand partage d'informations et de compétences. Le cloisonnement se fait par métiers, par territoires, par niveaux géographiques, par niveaux hiérarchiques, et plus sûrement encore par clans, ce qui achève de pulvériser les organigrammes théoriques. On observe aussi, pêle-mêle, la disparition de hauts responsables, des affichages formels sans implication réelle, des désorganisations générales : chaque niveau fait le travail du niveau inférieur, mais pas le sien.

Tout manque de préparation sera immédiatement très dommageable : la cellule de crise se réunit tardivement ; les personnes idoines ne sont pas présentes ; il y a désespérément trop peu de monde pour réagir. Puis, soudain, quand un "chef" arrive, des "foules" affluent et paralysent encore davantage le groupe. La composition de la cellule reste très approximative. Elle connaît la confusion rapide... Chacun est plongé dans ses téléphones, à la recherche de détails techniques très spécifiques quand il faudrait du recul stratégique ; la cellule se coupe du terrain, de l'ensemble de l'organisation. On s'agite, on s'épuise, mais aucun travail de réflexion en recul n'est engagé : on "suit" la crise, heure par heure, toujours de loin, et sans anticipation.

Doublant ce chaos, certains petits groupes connaissent une pathologie bien plus pernicieuse, mise en lumière par le psychosociologue américain Ian Janis : la "pensée de groupe". Dans son bunker, un groupe de personnes d'une même culture, soumises à forte pression, en arrive à développer des attitudes très pénalisantes : illusion d'invulnérabilité, foi sans borne dans la moralité indiscutable de ses décisions ; rationalisation pour éviter toute remise en question ; vues stéréotypées des autres acteurs ; autocensure ; illusion d'unanimité ; pressions sur les déviants par des "chiens de garde de l'orthodoxie". Quand cette pathologie frappe, elle conduit à des opérations ahurissantes dont tout le monde se demandera ensuite comment elles ont pu être imaginées, organisées, choisies, etc. L'exemple le plus célèbre est celui de la Baie des Cochons (1961), Janis ayant montré dans ses études à quel point l'équipe de pilotage de la Maison-Blanche avait subi ce syndrome pernicieux. Après coup, une marque caractéristique de ces épisodes est la stupéfaction de chacun sur le thème : "Comment des gens aussi brillants, solides et sûrs ont-ils pu se laisser aller à de telles extrémités, à de telles décisions et de tels comportements ?"

Ajoutant encore aux difficultés, on constate l'émergence de logiques de décision très frustes : les actions en tout ou rien, les grands coups de barre, l'incohérence, le raisonnement strictement technique (alors que le problème est à l'évidence bien plus profond et global), et rapidement la recherche de solution miracle (qui explosera dès sa mise en œuvre). Ces réactions ont un facteur commun : en situation de crise, les décideurs tendent à produire des réponses en évitant tout questionnement organisé - trop insupportable quand le stress est élevé.

On déplace le fardeau de la conduite politique sur les experts, en en faisant des décideurs, puis des communicants, avant de les rendre boucs émissaires.

Du côté de l'expertise, l'organisation non préparée va s'enfermer dans des attitudes également aux antipodes de ce qui serait nécessaire. Au lieu de tenter d'éclairer les difficultés résistantes, on va tout faire pour trouver des expertises "optimistes", des experts disant qu'il n'y a "aucun problème". Et l'on déplace le fardeau de la conduite politique de l'affaire sur les experts, en en faisant des décideurs, puis des communicants, avant d'en faire des boucs émissaires.

Une communication qui signe les défaites : pendant de longues années, le point d'achoppement critique a été la communication. Le désordre que l'on vient d'évoquer n'est naturellement pas porteur d'une communication claire, nette et responsable. En outre, bien des convictions d'un autre âge continuent à hanter les esprits, dès que la crise fait son apparition : "Si c'est grave, on donne des ordres, pas de l'information" ; "Si on informe, ce sera la panique" ; "On communique seulement quand on sait avec assurance, et que l'on peut rassurer" ; "On ne communique rien tant que toute la chaîne hiérarchique n'a pas validé le message" ; "Une personne et une seule a le droit de s'exprimer."

Ce référent conduit rapidement à ce que l'on peut qualifier "d'anti-manuel pour un fiasco médiatique". Appliqué avec constance jusqu'à l'exemple type de Tchernobyl, il reste un fond culturel très présent : silence, absence, dérobades ; démentis systématiques ; déclarations "rassurantes" ; manque total d'humilité ; dégagement sur d'autres responsables ;

incapacité à fournir de l'information de base ; mise en cause de ceux qui informent.

Et l'on peut en arriver à des communications suicidaires. Dans ce cas, cela coûte aux officiels le dernier point d'appui à ne pas perdre en crise : la dignité. Lorsque ce crédit n'existe plus, c'est l'ouverture à toutes les dérives, l'impossibilité de dialogue, et même de cicatrisation. Le responsable pourra bien tenter de "communiquer", de "payer", il devra expier. Certaines situations qui ont été vécues dans les Balkans ou au Rwanda illustrent ces problèmes de dérives de communication face à des massacres de population. Dans le domaine des crises post-accidentelles, les exemples sont très nombreux, de Tchernobyl à l'Erika.

Il n'y a pas que le médiatique. On en a enfin pris conscience, il y a aussi les victimes, leurs familles. Ici encore, dans les organisations non préparées, le réflexe immédiat sera de fuir toute relation. Si cette fuite est contrariée, on risque fort de constater de l'agressivité à l'encontre des victimes et de leurs familles, ce qui achèvera d'aggraver encore souffrances, récriminations, incompréhensions.

De façon générale, l'idée réflexe qu'en cas de crise les populations deviennent nécessairement des masses hostiles et dangereuses entraîne vers des sur-crises rapidement impossibles à gérer. Le mot d'ordre : "Ne bougez pas, vous devez attendre les ordres, les cars militaires vont arriver, ils vous conduiront dans des centres de regroupement où vous serez triés" - entendu dans tel ou tel exercice de crise - est un révélateur exigeant une correction radicale.

Des systèmes qui se délitent : de nombreuses cellules vont devoir travailler ensemble : très rapidement plus d'une dizaine de cellules dans les cas d'importance. Des réseaux de grande efficacité sont à établir rapidement. L'impréparation interne et externe se traduit, ici encore, par de l'impuissance, source de confusion immédiate. Fondamentalement, les systèmes non préparés perdent en très peu de temps leurs propriétés d'ensembles organisés : on observe des écheveaux de cellules non reliées entre elles, s'informant de façon accidentelle, tardive et sur les points les moins critiques. Comme il n'y a pas de capacité de recul, ni au sein des différentes cellules, ni à l'échelle du système, la désintégration de l'ensemble est assez rapidement obtenue. Les médias finissent par battre la mesure dans ces univers marqués par l'éclatement.

En fin de crise, l'éclipse aggravante

La phase terminale des crises pose des problèmes également récurrents. Au premier signe favorable, les cellules relâchent leurs efforts et se dispersent. La crise rebondit alors furieusement. Quand, après moult rebondissements non gérés, la crise lâche finalement prise (comme une épidémie qui a trop détruit pour poursuivre encore ses ravages), elle laisse un terrain favorable pour d'autres crises. Les passages de témoins, entre les acteurs mobilisés pour le temps de la crise et ceux qui peuvent prendre le relais sur le long terme (par exemple les services Clients, Juridique, Assurances ; les associations de victimes...), se montrent défaillants. Cela entraîne des difficultés très importantes, dans la durée, et alors qu'on ne dispose plus des moyens exceptionnels que la crise avait permis de réunir.

Après la crise, le syndrome de l'oubli qui scelle d'autres échecs

Sitôt l'événement passé, le mot d'ordre est l'oubli et le retour à la situation antérieure, alors que les crises exigent un travail important de cicatrisation attentionnée, des initiatives fortes pour répondre aux questions de fond qui ont généré la crise - et qui ont été générées par elle. De surcroît, l'absence d'analyse du traitement collectif de l'épisode ne préparera pas à mieux conduire les épisodes suivants. Pire : de fausses leçons seront retenues qui constitueront autant de pièges pour l'avenir.

Dans cet univers, l'idée même d'apprentissage sera en décalage complet avec la volonté d'oublier le plus rapidement possible : elle aura donc le plus grand mal à se traduire dans les faits. Il faut d'ailleurs le souligner avec force : un organisme trop mal préparé refusera avec la dernière énergie tout retour d'expérience un peu sérieux : "Qu'on ne reparle plus jamais de cette affaire !"

L'autisme

Quand on passe de la crise spécifique à la rupture plus globale, on accroît encore singulièrement les difficultés. Et les pièges sont encore plus pénalisants. Ils concourent tous à renfermer les décideurs sur eux-mêmes, à les couper d'une réalité trop difficile à manier.

Des grilles d'analyse bloquées

On se trouve rapidement, dans les ruptures, face à des bouleversements du monde qui exigeraient des grilles d'interprétation profondément renouvelées. Or, dès que les boussoles s'affolent, on aura le réflexe instinctif de vouloir faire entrer les réalités observées - de force et jusqu'à l'absurde - dans des schémas dépassés ou totalement inadaptés. La faille intellectuelle profonde guette donc à tout moment, et les mécanismes de correction fonctionnent mal en raison des angoisses ressenties. Et plus la sensation de malaise affleure, plus on se cramponne à ses lectures.

Henry Kissinger rapporte ainsi, dans ses mémoires, comment les multiples composantes de l'administration américaine lurent la percée des lignes israéliennes en 1973 comme le résultat d'un piège israélien, en dépit de maints signaux d'alerte indiquant "clairement" qu'il ne s'agissait pas du tout de cela, bien au contraire. "*Chaque responsable politique connaissait tous les faits.[…] [Mais] la conception que nous avions de la rationalité nous empêchait de prendre au sérieux l'idée que quelqu'un allait déclencher une guerre impossible à gagner, pour restaurer le respect de soi de son peuple. Nous n'avions pas les moyens de nous prémunir contre nos idées préconçues […]. La faille était d'ordre intellectuel […]. Certes, il y avait des questions qui ne demandaient qu'à être posées pour nous conduire au cœur du sujet. Mais personne ne les posa, pas même moi, et c'est ce qui semble rétrospectivement inexplicable.*"[1]

Ce type de piège a joué à plein dans l'affaire de l'Encéphalopathie spongiforme bovine en Grande-Bretagne, telle que l'a analysée la commission d'enquête présidée par Lord Phillips[2]. Le mot "*belief*" revient constamment pour expliquer l'attitude de chacun. Quelle était cette croyance fondatrice ? : "*L'ESB n'est pas un risque pour l'homme, tout au plus, peut-être, un risque théorique*". Il y avait consensus : "*Au*

1. H. Kissinger, *Les Années orageuses*, Fayard, Paris, 1982, p. 530-538.
2. Patrick Lagadec, "Retour d'expérience : théorie et pratique. Le rapport de la Commission d'enquête britannique sur l'Encéphalopathie Spongiforme Bovine (ESB) au Royaume-Uni entre 1986 et 1996", *Cahiers du GIS* "Risques Collectifs et Situations de Crise", n° 1, juillet 2001, 170 pages.

plus profond d'eux-mêmes, ils avaient la conviction que cela n'arriverait jamais" ("In their heart of hearts they felt that it would never happen"). Cimentant le tout, une crainte commune s'imposait, "l'hystérie collective" : *"Tous avaient peur que le public réagisse de façon irrationnelle".* Dès lors, l'action stratégique reste totalement décalée au regard des risques encourus. Il en résulte des lenteurs étonnantes dans l'application des mesures : par exemple deux ans et demi pour établir une circulaire interdisant la dissection des yeux de bovins dans les écoles ; dix années pour couvrir tout le champ des activités intéressées, notamment les cosmétiques qui faisaient usage de sous-produits (domaine hors grille d'analyse) exposés à la maladie.

Des outils radicalement décalés

Capteurs, outils d'observation, outils d'intervention ne sont ni pensés ni calibrés pour détecter et traiter des phénomènes inscrits dans des logiques étrangères aux logiques de référence. Henry Kissinger relate ainsi les non-sens auxquels conduisaient l'application des règles classiques lors de l'organisation inédite - donc insaisissable par la bureaucratie - du déplacement-rupture de Richard Nixon en Chine en 1970 : "*Le chef du détachement de la Sécurité se distingua en réclamant la liste des individus subversifs dans chaque localité que le Président était susceptible de visiter. Cela soulevait un problème intéressant car, en Chine, les républicains conservateurs seraient à coup sûr classés dans cette catégorie, et si nous demandions le nombre de sympathisants communistes, nous obtiendrions le chiffre troublant de 800 millions.*"[1]

1. H. Kissinger, *À la Maison-Blanche : 1968-1973*, Fayard, Paris, 1979, tome 2, p. 840.

Une expertise hors limites

De nombreux abîmes apparaissent en matière d'expertise. L'expert, sur bien des sujets, ne peut plus répondre aux demandes élémentaires de l'opinion et des décideurs :"quel est l'ordre de grandeur des risques possibles ?" ; et même :"y a-t-il véritablement problème ? un diagnostic est-il possible ? dans quels délais pourrez-vous nous éclairer, lever les doutes les plus critiques ?" Sur les problèmes émergents, la connaissance se heurte à de nombreux murs :

- souvent, on ne peut opérer que sur des signaux très faibles (des traces, en matière de risques techniques) : par construction, on est fréquemment proche du non-significatif pour les modèles scientifiques ;
- on s'appuie sur des *a priori*, sur des modèles dont les hypothèses fondatrices (barrières entre espèces, notions de seuils, par exemple) deviennent soudain sujettes à caution ou très difficiles à manier ;
- on dispose de moyens très limités : il y a peu d'équipes disponibles, peu de spécialistes mobilisables quand bien même on pourrait les payer ;
- la demande est très difficile, voire impossible, à satisfaire : notamment si l'exigence n'est pas seulement de rechercher l'existence d'un phénomène (l'habituel pour la science expérimentale), mais de prouver la non-existence absolue et définitive d'un quelconque risque (ce qui devient rapidement le problème dans les dossiers mal engagés) et précisément ceux sur lesquels on a laissé entendre que le risque était nul.

Toute question ouverte par un expert sera rapidement traduite en code cathodique, qui bouleversera le champ de la décision.

Ajoutons que l'expertise pose un problème sérieux au décideur. Il ne suffit pas de séparer, sur le papier, l'évaluation scientifique et la gestion politique. N'importe quelle question ouverte par un expert sera rapidement traduite, en code cathodique, par l'exclamation :"Houlâââ ! Mais qu'est-ce que je vois encore ?"[1], qui bouleversera instantanément le champ de la décision, ses chances de pouvoir contrer les dynamiques de déstabilisation à l'œuvre. Ce fut là un problème récurrent dans le dossier de la vache folle.

Une communication en crise : l'effet Larsen généralisé

Entre 1980 et 1990, on a fort heureusement compris que les carences d'information étaient mortelles lors des situations difficiles : ce fut l'essor de la communication de crise. Aujourd'hui, faute de rigueur, de réflexion, le monde de l'information se découvre à son tour en crise, sur ces mêmes situations de haute tension. L'effet Larsen, c'est-à-dire le recyclage hyperbolique de tous les "bruits", marque les dynamiques d'information. En cas d'événement, les opérateurs ouvrent en grand tous les robinets des images ; les images "choc" sont diffusées en boucle ; les programmes sont allongés à la mesure de ce que fait la concurrence elle-même ; des experts sont invités à venir remplir la bande son. Le tout est rapidement hors maîtrise des opérateurs eux-mêmes, contraints dans une large mesure par des impératifs économiques de plus en plus pressants. Quand il faudrait du recul, de la réflexion, de l'analyse, on observe une loi dominante d'emballement généralisé qui échappe à tous les acteurs. Et les mouvements browniens d'Internet exacerbent le tableau.

L'effet Larsen (recyclage en permanence de tous les "bruits"), marque les dynamiques d'information.

Cela devient caricatural lorsqu'un événement majeur se produit. Sur la moindre information potentiellement inquié-

1. Plantu, "Listériose, vache folle, dioxine", dossier sur la "Malbouffe", *L'Express*, 24 février 2000.

tante, les grands réseaux se mettent en mode Larsen, recyclant en permanence les bruits les plus incertains dans leur signification et leur construction (voire leur manipulation) ; le consommateur d'images se met quant à lui en mode de zapping accéléré, à la recherche de signaux toujours plus stridents (la question de savoir si cela a encore quelque rapport avec la réalité devenant finalement accessoire). Nous sommes aujourd'hui piégés par ces effets de saturation médiatique qui s'amplifient de crise en crise, avec des images en boucle accélérée. L'exigence de vérification de l'information tend à disparaître : l'annonce doit même se faire avant l'événement si possible, pour avoir encore quelque valeur marchande dans la concurrence mondialisée. L'intervention doit tenir dans les 7 secondes, obéir au code binaire (désastre assuré / risque nul), et se couler dans des grilles de lecture ultra-simplificatrices - ce qui est propre à doper toute situation de pré-crise, à rendre la crise irrémédiable - et ingérable. Ingérable, donc mal gérée, la crise deviendra, *de facto*, un bon objet médiatique.

Les motifs pouvant justifier un examen de son univers d'action par la profession elle-même, puis par d'autres acteurs, sont nombreux et sérieux.[1]

1. Voir :
   - Patrick Lagadec, Joseph Scanlon, "Responsables et médias lors des grandes situations de crise : des mutations à étudier - Réflexions sur l'affaire de l'Airbus Alger-Marseille (24-26 décembre 1994)", *Administration*, n° 168, juillet-septembre 1995, p. 197-210.
   - Patrick Lagadec, Françoise Rudetzki, "Les Victimes d'attentats et les médias", *Administration*, n° 171, Avril-Juin 1996, p.197-207.
   - Patrick Lagadec, "Les médias en situation de crise - Constats et questionnements à partir de la couverture des actes de terrorisme", CNRS, Séminaire du Programme "Risques Collectifs et Situations de Crise, Actes de la treizième séance, 1er avril 1999 (p. 63-136).

Ces défauts de rigueur et ces impossibilités d'examen prennent tout leur sens en matière de terrorisme. La thèse n'est évidemment pas de choisir le *black-out* d'information. Comme le soulignait un chef de la police de New York : "*Si vous ne donnez pas une couverture médiatique à ce que font les terroristes - en imposant un black-out sur les informations - ils vont faire quelque chose de si spectaculaire que vous serez contraint de lever votre censure...*"[1]. Dans le même sens, les observations du Pr. Crocq (spécialiste des catastrophes dans le domaine de la psychologie) sont à prendre en considération : l'image médiatique permet d'évacuer le stress. Attention donc, une fois encore, aux idées de *black-out.* Mais il ne faudrait pas passer sous silence l'observation d'un journaliste américain, reprise par Joseph Scanlon, professeur à l'École de Journalisme de Toronto : "*Les journalistes ne laissent ni les présidents ni les membres du Congrès contrôler leurs émissions ou leurs écrits ; ils ne laissent pas les milliardaires les contrôler. Nous ne voulons pas que le gouvernement nous dise comment couvrir une affaire. Mais il y a des circonstances dans lesquelles, en réalité, nous permettons aux terroristes de faire très exactement cela.*"[2]

Qui refuse toute préparation, toute question, sur ces terrains sera rapidement manipulable - et manipulé.

L'enfermement obstiné

Avant les premiers signes de rupture, ce qui a toujours prévalu fait partie du décor naturel, est vécu comme toile de fond éternelle. Dès que les premier signes de rupture émergent, si on est peu préparé, un réflexe se déclenche (et

1. Patrick Lagadec, *La Gestion des Crises*, McGraw-Hill, 1991, p. 132.
2. *ibid*, p. 131.

d'abord chez ceux qui ont le plus à perdre d'une éventuelle mutation) : la dénégation. La raison sera mobilisée pour combattre, toutes statistiques classiques à l'appui, les quelques données "anecdotiques" brandies par des "empêcheurs de tourner en rond". L'attitude est tout à fait compréhensible : comment envisager sereinement la perspective de perte irrémédiable des références qui donnent sens et structure à toute une organisation de vie ? Aucun deuil ne s'opère sans grande résistance. Et l'on ira jusqu'à mettre le rationnel au service de l'absurde.

Certes, ce n'est bien sûr pas parce qu'un acteur, situé à la marge, clame n'importe quelle nouvelle non conventionnelle qu'il est *de facto* porteur d'une alerte fondée. On connaît l'adage, qui pose nécessairement de graves problèmes aux organisations confrontées à des environnements turbulents : "Il faut 100 sages pour contrer les élucubrations d'un seul fou".

Les organisations semblent souvent craindre davantage l'effort de lucidité que le risque du fiasco, et même de la disparition pure et simple.

Piège encore : même si une alerte est sérieuse, les développements funestes n'obéissent pas à des lois de nécessité mécanique. L'Histoire n'est pas cadenassée dans des logiques simples, que l'on pourrait connaître et planifier à l'avance.

Reste une question et un critère d'examen : les organisations sont-elles en mesure d'entendre les alertes, et de les traiter ? Elles semblent souvent craindre davantage l'effort de lucidité que le risque du fiasco, et même de la disparition pure et simple.

La rupture met trop radicalement en question les territoires et les partages de pouvoir pour être aisément acceptée et traitée de front, de façon ouverte. Il faudra des preuves solides, voire dramatiques, pour que l'on accepte d'écorner ici ou là les prérogatives de tel ou tel. Avant ce stade, tous les mécanismes de négation, d'évitement, de rationalisation, d'exclusion auront été utilisés. Certes de façon moins grossière dans les organismes bien rodés, mais le défi demeure massif pour toutes les crises graves.

Avant de quitter le *Titanic* - navire que l'on sait insubmersible : "*Dieu lui-même ne pourrait faire couler ce navire*", selon le mot d'un officier à l'embarquement - pour un frêle esquif, il faudra des preuves irréfutables. Les ruptures se gardent bien de les fournir.

On connaît, dès lors, des phénomènes collectifs de repli sur soi, qui sont de plus en plus fréquents et interviennent généralement au moment même où il faudrait entamer les conduites de changements les plus cruciales.

> C'est le cas, par exemple, avec la gestion de la crise actuelle en Asie centrale (Afghanistan, Pakistan, Ouzbékistan...). Alors que l'ensemble des acteurs, français notamment, devraient faire front commun, pour mettre en œuvre sur le terrain des initiatives combinées, chacun se referme sur son terrain d'excellence et reproche à l'autre de ne pas comprendre l'exclusivité de son expertise. Cela se traduit par des pertes de temps considérables, des combats de chapelle puérils, et des invectives permanentes sur ce que doit être le rôle de chacun. Le résultat à l'arrivée est marginal, voire, pour certains chroniqueurs, "pitoyable", alors que l'Occident est confronté à un rendez-vous crucial avec son devenir. L'humanitaire devient encore plus doctrinaire quant à son domaine d'action ; le militaire s'enferme dans un exercice classique de la guerre et évacue toute maîtrise de l'environnement ; le civil se referme sur les données financiè-

> res de la récession des uns et la reconstruction des autres ; quant au politique, il se complaît en colloques et tables rondes, avec quelques fonctionnaires et universitaires, pour donner l'illusion que la situation est maîtrisée. Tout cela débouche généralement sur de nouvelles crises plus aiguës qui accentuent davantage encore le problème à traiter, et sur des processus d'irresponsabilité collective difficiles à surmonter, chacun reportant sur l'autre le soin d'ouvrir le jeu.
>
> Les responsables occidentaux ont déjà montré leurs limites au Liban, au Cambodge, ou dans les Balkans où les gestions des crises avec ou sans le support des organisations internationales ont piétiné pendant plusieurs décennies, pour des résultats dérisoires et des drames humains encore trop présents.

Les phénomènes collectifs de repli sur soi s'intensifient et interviennent généralement au moment où il faudrait entamer les conduites de changements les plus cruciales.

Un problème structurel existe aussi pour les ruptures les plus graves. Par définition, les personnes en position de responsabilité sont aux commandes du système mis en cause. Leurs représentations, leurs références, leurs intérêts ne les porteront pas spontanément à introduire elles-mêmes les mutations exigées par la crise.

En juin 2001, dans un séminaire qui réunissait en Europe des dirigeants occidentaux, face au discours affirmatif d'un responsable de l'administration Bush qui venait vendre aux Européens le concept de bouclier antimissile américain, l'hypothèse avait été émise que ce type de raisonnement, sûrement idéal par rapport à une menace balistique identifiée, ne résisterait pas trente secondes face à une agression déterminée du type terrorisme de masse. À l'appui de cet argument, il avait été rappelé que si l'on prend le ratio des destructions induites par une arme, on a l'échelle de l'inconcevable qui est la suivante (pour reprendre l'analyse de Guillaume Bigot) : *"avec 300 kg de munitions chimiques, il est possible de tuer 3000 personnes ; ce fut l'arme inadmissible de la guerre de 14 ou de celle des Irakiens contre l'Iran ou les Kurdes lors des guerres de 1985. Avec une bombe à hydrogène de 200 kg, il est possible de tuer instantanément l'équivalent d'une cité de 400 000 personnes. Ce fut l'impensable de la guerre froide. Mais avec 30 kg de virus, il est possible de tuer 3 à 4 millions de personnes"*[1]. C'est l'inconcevable de la menace biologique, récupérée par certains pays du Sud ou brandie par des réseaux terroristes. Il fut répondu à l'orateur que ce type de menace comme le terrorisme de masse n'était pas à l'ordre du jour et que les USA comme ses alliés connaissaient bien les États qui allaient leur envoyer des missiles. Le niveau de persuasion affichée était incapable de prendre en compte l'idée que *"multiplier par 100 milliards une bactérie d'anthrax est un jeu d'enfant ; il suffit simplement de le chauffer pendant une journée dans un flacon de glucose"*[2]. Alors, de là à imaginer un Mohammed Atta avec ses kamikazes contre les tours du World Trade Center ; voire plus tard des *"hackers"* neutraliser des réseaux électroniques, des centres nerveux mondiaux, bloquant de fait tous les réseaux de vie avec les effets en chaîne inimaginables ! Tout ceci est du domaine "farfelu". Cela est entendu pour tout esprit conventionnel, mais l'histoire n'est faite que de situations "farfelues" et celui

1. Guillaume Bigot, *les sept scénarios de l'Apocalypse*, Flammarion, 2001.
2. *Ibid.*
Dans une récente conférence du même type à Washington (décembre 2001), Xavier Guilhou s'est vu invité par les mêmes à explorer davantage les modes d'approche de l'inconcevable, le 11 septembre étant passé par là. Cela n'empêche pas les Américains de se lancer dans leur bouclier antimissile.

qui a envie de générer une rupture sera toujours du côté du "farfelu" contre la pensée établie, avec la flèche contre le bouclier. L'histoire montre qu'il trouve assez régulièrement le point faible - et pulvérise les meilleures doctrines stratégiques du moment.

Se positionner dans ces contextes effervescents - qui sont ceux de tous les grands domaines d'activité, bien au-delà des seules crises internationales - devient particulièrement ardu. Des organisations peu préparées n'auront aucune chance de trouver des voies de sortie dans ce nouvel univers, même si, bien sûr, aucune préparation ne saurait dissoudre le tragique de l'histoire.

On ajoutera la nécessité de se pencher sur les pathologies propres aux cercles dirigeants eux-mêmes, lorsqu'ils sont confrontés à des ruptures. Barbara Tuchman, de son point de vue d'historienne, développe à ce propos une thèse qu'il faudrait sans doute examiner dans l'analyse des situations de rupture :

> *"La sottise est l'enfant du pouvoir. Nous savons tous, à force d'avoir entendu répéter la formule de Lord Acton, que le pouvoir corrompt. Nous sommes, en revanche, moins conscients du fait qu'il engendre la sottise ; du fait que le pouvoir d'ordonner provoque souvent l'incapacité de penser."* [1]

C'est précisément pour ne pas laisser le champ libre à cette "sottise" que les efforts de questionnement et de préparation sont indispensables.

1. Barbara Tuchman, *La marche folle de l'histoire - De Troie au Vietnam*, Robert Laffont, Paris, 1985, p. 36 (*The March of folly*, Knopf, New York, 1984).

Partie 2

"LE MONDE TU N'AS PAS À LE PRÉVOIR, MAIS À LE PERMETTRE"[1]

« Nous vivons une période de cassure, comme il y en eut au cours de l'Histoire. Peut-être l'Histoire n'est-elle, au fond, faite que de ruptures. »
Dans une situation semblable, entre le vieux monde et celui de l'industrie naissante, le jeune Hegel écrit : « Si la réalité est inconcevable, alors il faut forger des concepts inconcevables.»

Jean Duvignaud, *Le Monde, 18 janvier 1994*

1. Antoine de Saint Exupéry.

Chapitre 3

Le pire des risques est de ne pas en prendre

"N'ayons peur de rien d'autre que de la peur elle-même"

J. F. Kennedy

Une gouvernance totalement assumée

Nos environnements se fracturent de plus en plus vite, et de plus en plus gravement. La discontinuité n'est plus du tout de l'ordre de l'exceptionnel, située à la marge : crises et ruptures s'installent au cœur de notre quotidien, deviennent la scène sur laquelle nous tentons d'inscrire quelque régularité. Brutalement, la question de la gouvernance redevient cruciale. Elle suppose de se pencher sur le principe de responsabilité et, au-delà, sur le niveau d'implication des dirigeants comme de la société civile dans la résolution des problèmes. Il fut un temps où les responsables, tant au niveau des États qu'au niveau des entreprises, pouvaient esquiver ces questions trop improbables pour être tenues pour sérieuses, trop incertaines pour ne pas justifier une large pratique de délégation. Aujourd'hui, il n'y a plus d'esquive possible. Il n'y a plus de protection par l'évitement qui puisse encore tenir : rester à l'écart n'est pas un bon "parapluie". L'importance des risques, qu'ils soient écologiques, humanitaires, sécuritaires, provoque une recherche de responsabilité juridique systématique, doublée d'une mise en cause plus générale pour atteinte à la dignité humaine.

Le fondement : le principe de responsabilité

Qu'il s'agisse de risques technologiques ou de menaces internationales, les fondements de la responsabilité ont été bouleversés. Les exemples sont très nombreux. Ils concernent des présidents de multinationales (Exxon, Union Carbide, Total, etc.) - mis en cause par de très nombreuses "parties civiles", et sujets à de puissantes vagues de dénonciation de la part de populations indignées par les attitudes de repli - quand ce ne sont pas les collaborateurs, les actionnaires, les clients, qui se révoltent. Ils concernent aussi désormais des généraux en opération extérieure - accusés de ne pas avoir su enrayer à temps un génocide.

Jusque récemment, la responsabilité pouvait se borner aux situations considérées comme "normales", le reste relevant de la "force majeure" et de mécanismes *ad hoc*. Aujourd'hui, le décor est radicalement inversé : la responsabilité est d'abord recherchée pour ces univers de l'exceptionnel auparavant hors d'atteinte. Et quiconque tente de se soustraire à l'examen, en arguant d'une cloison technique (notamment juridique) ou du caractère exceptionnel ou incompréhensible d'une situation (qui, jadis, garantissait une exonération de responsabilité), est instantanément objet de condamnation sans appel par l'opinion.

Aujourd'hui, la responsabilité est d'abord recherchée pour ces univers de l'exceptionnel auparavant hors d'atteinte.

À ce propos, les juges commencent à pratiquer un élargissement du champ des responsabilités, voire une "mutualisation" des responsables pour éviter de se trouver confrontés, comme c'est de plus en plus le cas, à une multiplication de délégations de pouvoir qui dénature cette délégation de responsabilité. C'est ainsi que nous avons pu voir ces dernières années des chaînes hiérarchiques de grands groupes mondiaux, voire des chaînes de commandement militaire, faire l'objet de condamnations, à tous les niveaux, pour non-exercice de ladite responsabilité.

La difficulté est d'autant plus aiguë que le champ d'interprétation semble brouillé : ainsi, dans le drame de Toulouse, l'impossibilité de qualifier, sans incertitude, les causes de l'explosion rendent les positionnements classiques (fondés sur des certitudes) hors de propos. Mais la société pose désormais ses exigences : la réponse ne peut plus être réservée, maintenue dans le registre de l'esquive, en attendant une clarification technique. Il revient aux acteurs de prendre ce problème à bras le corps - en sachant bien qu'il faudra inventer, prendre des initiatives, tisser de nouvelles relations, définir de nouveaux principes.

Depuis le 11 septembre, la scène internationale, de plus en plus instable et illisible, pose elle aussi très clairement cette question de la responsabilité - les modèles d'hier se révélant totalement inadaptés pour résister à la violence des événements. On le voit clairement sur toutes les zones en proie à de grands bouleversements, comme en Asie centrale : une action humanitaire dans l'impasse (quelle indépendance et quelle autonomie au milieu de cette armada d'agences et d'acteurs multinationaux et de la logique unipolaire imposée par les États-Unis ?) ; des actions civilo-militaires qui ont atteint aussi leurs limites et ne peuvent plus fonctionner en isolé, au seul profit des armées ; des politiques de coopérations bilatérales étroites qui se confinent dans des opérations socio-économiques marginales ; des opérateurs publics et économiques également sans assises. Les conduites qui valaient encore hier ne sont plus à la mesure des chocs en cours. L'impuissance laisse le champ libre aux dérives mafieuses, qui alimentent les nouvelles formes de terrorisme de masse et gangrènent de plus en plus notre monde de zones de non-droit extrêmement violentes.

Dans ce contexte, il faut remettre chacun à sa place et bien redéfinir la responsabilité des uns et des autres, sans se cacher derrière toutes les pesanteurs, depuis l'immoralité naturelle des grands jeux planétaires, la "précaution diplomatique", jusqu'aux pseudo-délégations de pouvoir qui n'en ont jamais été. Si l'on considère cette question majeure des grandes implosions dans le contexte international, le vrai questionnement est de savoir quelle doit être désormais :

- **la responsabilité des États** : il se pourrait qu'elle soit actuellement d'assurer réellement et pleinement le respect des principes fondateurs des Droits de l'homme et d'une certaine dignité humaine qui sont portés par l'Occident. Cela ne pourra pas se faire avec du "zéro mort" si nos États vont jusqu'au bout du raisonnement. La défense de ces principes n'est pas futile et ne se sous-traite pas. S'il y a défaillance, celle-ci doit être pénalisée, systématiquement. Que Milosevic et d'autres criminels de guerre de l'ex-Yougoslavie ou du Rwanda se retrouvent devant le TPI est le minimum que nous puissions imaginer. Ce n'est pas une question de simple normalité au regard du droit international pour avoir bonne conscience ; c'est surtout nécessaire et vital pour la crédibilité et la légitimité de nos fondements en termes de sécurité internationale. Ne pas assumer ce type de décision est de l'ordre de l'irresponsabilité - et pourrait être très grave étant donné le potentiel de déstabilisation que recèlerait toute démission sur ce terrain. La difficulté est que l'on préfère l'incantation de la raison d'État à une vraie prise de responsabilité transparente et vérifiable. L'exercice de la responsabilité au plus haut niveau de l'exécutif est sûrement l'exercice le plus difficile dans une collectivité, et ceux qui ont à l'assumer ne doivent jamais perdre de vue la sensibilité de leur fonction.

- **la responsabilité des médiateurs** : face à des guerres de plus en plus dures et complexes, qui exigent le développement de nouveaux liens, des médiateurs (ONG, associations, chargés de mission, etc.) tiennent des rôles de plus en plus importants. Leurs mandats doivent être clairs et nets, pour éviter qu'ils ne soient contraints de donner, sous la pression des événements, une quelconque légitimité et crédibilité à des acteurs qui ne le méritent pas. Dans ce cas, ils doivent avoir les moyens et l'autorité pour exercer une administration transitoire le temps qu'il faut. Cette notion d'autorité est très importante pour rétablir des liens forts entre les exécutifs et les opérateurs, qui se comprennent de moins en moins. Si les médiateurs se contentent d'être des "médiatiques", le processus de "reliance" au sens anglo-saxon est perverti, et il n'y aura pas de partage de valeurs entre les acteurs. Il faut bien se rendre compte que ces derniers ont des niveaux de conscience qui sont aux antipodes aujourd'hui. Les exécutifs veulent profiter de leur pouvoir, alors que les opérateurs bâtissent des contre-pouvoirs. De ce fait, les uns et les autres cultivent la méfiance, voire une indifférence réciproque. Si les médiateurs n'ont pas la marge de manœuvre nécessaire et une réelle autorité, le niveau minimum de confiance à générer ne sera jamais obtenu, et la situation se refermera sur la perversité des jeux de pouvoir. C'est toute la question de l'ingérence qu'il faut désormais traiter, non plus de façon intellectuelle, mais de façon concrète.

- **la responsabilité des opérateurs** : à ce niveau opérationnel, la question est celle de la bonne utilisation des moyens mis à disposition par la communauté internationale pour permettre à des pays de sortir le plus vite possible des situations de guerre, sans rentrer dans les dérives mafieuses qui submergent de plus en plus ces contextes. Pour autant, il ne faudrait pas basculer à 180° et tomber dans le piège d'une privatisation. Pour être plus efficace, dans ce domaine comme en d'autres, la seule issue reste dans la transparence des opérateurs et des opérations, et il ne faut pas en avoir peur. Pourquoi ne pas imaginer, par exemple, une agence d'évaluation indépendante qui permettrait de clarifier beaucoup de dysfonctionnements qui nuisent à l'image de l'action humanitaire aujourd'hui ?
- **la responsabilité de tous** : c'est dans ce but que sont créées de plus en plus d'associations et d'ONG, pour pallier les déficiences des liens transverses entre les opérateurs sur le terrain des crises, tant au sein de nos frontières qu'à l'international. L'exemple de l'association AUDE, qui fut créée en 1999, lors de la crise du Kosovo, illustre bien ce besoin de mettre en œuvre des

démarches plurisectorielles pour contribuer à décloisonner les relations entre opérateurs, médiateurs et institutions sur le terrain de la reconstruction du pays. Le constat était et reste le suivant : chacun est arrivé à sa limite en termes de compétences et d'efficacité face à l'ampleur des crises sur le terrain, qui touchent désormais plusieurs millions de personnes chaque fois.

Il n'y a pas d'issue viable et durable sans un minimum de cohérence et de cohésion entre les politiques, les diplomates, les civilo-militaires, les humanitaires, les opérateurs économiques et publics.

Il n'y a pas d'issue viable et durable sans un minimum de cohérence et de cohésion entre les politiques, les diplomates, les civilo-militaires, les humanitaires, les opérateurs économiques et publics. Ceci suppose une capacité de management et de coordination transverse, qui existe aujourd'hui notamment dans les pays anglo-saxons, et que nous recherchons encore en France. Elle nécessite aussi une capacité d'écoute et de partage d'expériences qui pourrait être animée par ces instituts qui gravitent par exemple en France autour du Premier ministre et qui traitent de ces dimensions pluridisciplinaires relatives à la gestion des crises, aux questions de sécurité internationale, au rétablissement de la paix et au développement durable.

Mais, au-delà de tout cet inventaire d'institutions indispensables et nécessaires, la vraie question est de savoir qui peut porter et assumer cette coordination. Dans un pays qui se complaît dans la "guerre des boutons" entre administrations, entre public et privé, entre humanitaire et militaire... il va falloir à un moment donné décider qu'un principe d'unité minimum devienne la règle, au risque de voir notre rayonnement sérieusement compromis face aux autres pays. Actuellement, faute d'une vraie coordination transverse de nos talents, de nombreuses initiatives sont tirées vers le bas ou ne peuvent pas voir le jour. Seuls des jeux de courtisans ou de réseaux plus ou moins légitimes s'octroient le soin de réguler, selon leurs intérêts particuliers, le destin de la collectivité. Toutes ces dérives et querelles sont ridicules et déplacées face aux impératifs du moment, surtout depuis le 11 septembre. La définition de principes autour de cette responsabilité collective - qui fut en amont de nos politiques de sécurité et de défense dans les années 1960 - va s'avérer à nouveau indispensable lorsque nous constatons que de vraies réflexions sur ces questions sont en train de voir le jour en Europe sous l'impulsion des Britanniques et des pays nordiques.

Après Nagasaki et Hiroshima, nous étions entrés dans l'ère nucléaire ; depuis le 11 septembre nous sommes entrés dans le terrorisme de masse, avec en toile de fond une inversion de la gestion des menaces qu'il nous faut prendre désormais en compte différemment.

Que les humanitaires ne pensent pas qu'ils sont les seuls à pouvoir faire la paix, les militaires les seuls à empêcher la guerre et les entreprises les seules à produire du bien-être.

Mais que chacun soit à sa place : que les humanitaires ne pensent pas qu'ils sont les seuls à pouvoir faire la paix, les militaires les seuls à empêcher la guerre et les entreprises les seules à produire du bien-être. Sans tomber dans l'utopie d'une coalition idéale mais impossible, il devient de plus en plus crucial de faire émerger les fondements d'une bonne concertation et coordination entre les acteurs de la diplomatie internationale.

Le même type de raisonnement s'applique à la maîtrise des risques technologiques, aux questions de sécurisation économique, à la protection de la chaîne du vivant, à la stabilisation des univers socio-économiques et à la mise en œuvre de processus de développement durable. À chaque fois se pose la question de la responsabilité des dirigeants au niveau des États, voire des institutions supranationales qui émergent, des médiateurs, des opérateurs et des structures transverses (associations, ONG...) qui assurent des missions de mise en réseau d'expertises et de compétences.

Ainsi, la pathétique impuissance pour rebâtir les quartiers sinistrés de Toulouse - problème qui dépasse de toute façon le niveau local - trouve-t-elle son origine dans ce déficit général de clarification et de prise de responsabilité. Il est urgent de répondre à ce vide, sans laisser le terrain à l'insoutenable, au désespoir, qui pourraient nourrir toutes les dérives.

Précisément, pour ces grandes situations d'implosions locales :

- la place des opérateurs mérite aussi de solides réexamens, sur la base des réussites déjà enregistrées, notamment par Hydroquébec au Québec ou EDF en France, à la suite de graves destructions de réseaux dues à des intempéries hors du commun. On a vu en ces occasions de grands opérateurs assumer, avec énergie et intelligence, de nouvelles aires de responsabilité et gagner par là une forte considération, non seulement de leurs clients, mais bien de la société. Qui, désormais, ne se montre pas capable des mêmes démonstrations, est vite relégué au rang de petit prédateur mercantile indigne de se voir confier de grandes responsabilités en matière de réseaux vitaux.
- la place des médiateurs est également à valoriser considérablement : afin de ne pas laisser un vide grandissant entre, d'une part, les imposantes structures étatiques, configurées pour traiter les problèmes de sécurité immédiate et les grands problèmes d'architecture générale, et d'autre part les citoyens, qui ont à se retrouver dans des tissus de vie bien plus proches de leur quotidien.

Ces perspectives supposent deux mutations majeures : une implication personnelle beaucoup plus forte des dirigeants ; un déplacement décisif du rôle concédé au citoyen - le plus souvent vu comme une "gêne", écarté de ce fait des processus de réplique. Ce citoyen doit devenir ressource à part entière. Conduire les mutations culturelles et opérationnelles vers pareille dynamique est aujourd'hui une responsabilité essentielle dans la fonction de dirigeant.

Le maillon faible : l'implication personnelle

Parfois, dans les crises limitées, il arrive encore que l'on puisse "tricher" un peu. **En temps de rupture, on ne triche plus**.

Notre handicap : nous avons développé de remarquables capacités de gestion pour les situations stables et sans enjeux majeurs, qui n'appellent que des logiques d'accompagnement pour amener en permanence des cohortes d'administrés-usagers sur quelques repères non discutés, à travers une communication de bon aloi ou du passe-passe verbal. Lorsque l'on se trouve dans une situation où les repères n'existent plus, nos outils traditionnels se révèlent vite comme des quincailleries obsolètes.

Dans les situations de haute instabilité, s'il n'y a pas un leader, entouré d'une équipe, qui déploie une force et une conviction hors du commun, il ne se passe rien.

L'expérience le montre avec une constance remarquable : dans les situations de haute instabilité, s'il n'y a pas un leader, entouré d'une équipe, qui déploie une force et une conviction hors du commun, il ne se passe rien. Il faut des hommes et des femmes d'un courage, d'une vision, d'une énergie sans commune mesure avec ce que nos systèmes sont capables de fournir à travers leurs élites, formatées pour exceller dans les seuls univers stables. Le problème est bien que **le cœur de l'action n'est plus dans l'application d'un appareillage** technique conduisant à une gestion optimale des facteurs, **mais dans l'implication directe de personnes de grand courage,**

aptes à lever d'autres énergies créatrices, sur fond de confiance fondamentale et d'exigence sans fard.

Il ne suffit plus de faire profession d'optimisme - optimisme verbal, garanti par un refus consensuel de lucidité partagée. L'optimisme affirmé ici n'est plus une couverture pour une démission de bon aloi ; il part de la lucidité, et se prolonge par un véritable engagement de responsabilité partagée. Pour cela, il ne faut pas vivre dans la terreur de l'implication personnelle.

> Un modèle type de ce genre de prise de conscience au pied du mur est celui de telle vénérable entreprise du secteur des grands travaux internationaux, âgée de plus d'un siècle, vieille dame de la Bourse, totalement sécurisante à travers son magnifique portefeuille d'activités. Elle se retrouva pourtant avec 1,8 milliards de pertes potentielles, pour un capital de 2 milliards. En interne, on prit conscience très tardivement de la situation - et de la façon la plus brutale : la société était condamnée. C'est bien là toute la différence entre crise molle et rupture incontournable. La crise, pour cette entreprise, c'était 100 millions de pertes - supportables - chaque année. Elle s'y est habituée et au fil des ans elle a fini par trouver des "astuces" pour prolonger sa vie. Elle essaya de tricher jusqu'au bout, jusqu'au moment ultime où il fallut bien ouvrir les yeux - et, ce qui évite toute prise de responsabilité inquiétante, lorsqu'il fut trop tard pour agir. Dans ce cas, pourtant, une solution fut trouvée. Avec l'irruption d'un dirigeant qui sut se montrer à la hauteur des enjeux humains à la clé. Son secret ? le courage personnel, et une authenticité totale dans les liens immédiatement tissés avec les acteurs. Le positionnement ? non pas rassurer,

mais partager le fond de la prise en charge : "Voici ce que je puis faire à mon niveau ; à vous de trouver ce que vous pouvez et devez inventer au vôtre - et faites-le, ce n'est pas moi qui vais vous dire ce qui se passe dans votre périmètre de responsabilité, vous le vivez en direct chaque jour". Ce fut l'émergence de multiples pôles d'initiatives et de responsabilités au sein de l'entreprise. Et l'entreprise, au bord du gouffre, fut sauvée. Ou plus exactement : se mobilisa pour se sauver elle-même.

Ce fut aussi le cas du maire de New York, Rudolph Giuliani : "*Il a montré plus de confiance en nous que nous en avions envers nous-mêmes. Il a été courageux quand cela était nécessaire, brutal quand cela était approprié et sensible sans être vulgaire. Il n'a pas lâché prise et n'a pas reculé devant la douleur autour de lui*".[1]

Ce qui vaut à ce niveau vaut aussi pour un pays, voire pour un continent. Il ne faut pas croire au désespoir de la fatalité ! Tout est réversible si on le décide. Il ne suffit pas de vouloir, encore faut-il avoir le courage de **décider**.

Le point zéro : la préparation effective des responsables

Le véritable rendez-vous n'est pas tant dans la définition des perspectives et des exigences (nous disposons d'un nombre suffisant de brillants penseurs pour apporter toutes les pré-

1. *Time magazine*, décembre 2001 repris par *Le Monde*, 25 décembre 2001, p. 2.

cisions nécessaires et nous avons aujourd'hui plus d'experts qui réfléchissent sur l'état du monde et sur son futur que dans toute l'histoire de l'humanité réunie), que dans la mise en place des conditions à satisfaire pour que ces projets puissent être inscrits dans les faits : l'essentiel reste de se préparer. Même avec les convictions les meilleures, si on ne dispose pas d'une capacité opérationnelle effective, de réflexes suffisants pour inventer de façon créative à l'heure de l'épreuve, et se garder collectivement des pathologies les plus classiques, on continuera à être prisonniers des dérives insaisissables de nos œuvres.

L'entraînement

Se préparer, c'est naturellement accepter d'entrer dans des démarches d'acquisition de connaissance, de repères, pour affronter ces situations de discontinuité. Nos méthodes de préparation, comme on le voit dans l'entretien avec Bertrand Robert, sont largement obsolètes. Il faut les réinventer.

On est le plus souvent polarisés sur des thèmes comme les exercices ou, plus récemment, les analyses critiques de l'expérience. Mais c'est d'un ensemble cohérent d'actions d'appui dont on a besoin - sinon les peurs sont trop violentes pour qu'il n'y ait pas d'évitement, les erreurs trop vives pour qu'on les analyse. Les urgences sont aujourd'hui de mobiliser des dirigeants sur ces questions, d'inscrire cet intérêt dans la durée, d'ouvrir des questionnements et d'être capable d'opérer sur des champs intuitifs - en ne se contentant pas de sous-traiter la fabrication de *check-lists* tactiques "certifiées conformes".

De grands basculements sont à opérer : faire comprendre que l'aberrant s'est installé au cœur de notre quotidien, et donc que l'apprentissage des situations de discontinuité n'est pas un luxe hors de propos ; faire ressentir que le développement positif des organisations, aujourd'hui, passe par cette nouvelle aptitude à se mouvoir dans l'instable, et donc qu'il ne s'agit pas de s'enfermer dans des visions noires de la vie des organisations ; faire admettre qu'on ne peut plus apprendre uniquement par voie d'essais / erreurs sur le terrain, car les essais grandeur nature sont d'un coût à la fois exorbitant, indigne et funeste. Il faut aussi faire admettre que les mécanismes de défense constamment mis en batterie à chaque fois que l'on propose d'engager quelque opération de préparation **ne sont plus tolérables** - surtout s'ils viennent du sommet. Ce qui était perçu comme de la simple "résistance au changement" doit être lu comme du refus clairement disqualifiant, car portant atteinte à la pérennité d'organisations dont on attend qu'elles jouent leur rôle, et comme de l'irresponsabilité inacceptable, car porteuse potentiellement de fiascos d'un coût humain et social prohibitif et insupportable.

Si ces changements de vision sont opérés, alors il deviendra possible d'engager les véritables opérations de préparation dont on manque cruellement aujourd'hui ; de former les intervenants dont on va avoir besoin ; de développer des actions à l'échelle qui devrait être la leur désormais.

La sélection

Le constat est sans appel : ce sont les moments forts de l'existence qui peuvent servir de socle pour lancer des dynamiques qui feront émerger des solutions créatrices. Pour opérer en univers de rupture, notre lot désormais, il faut donc rechercher des personnes atypiques, qui ont vécu des choses fortes, dotées d'une grande capacité d'écoute - précisément pour briser les problèmes d'autisme. Il faut prendre des hommes et des femmes de projet, même s'ils ne sont pas gérables selon les logiques établies. Ce sont des personnes qui ont l'habitude de s'affronter à des choses impossibles, de marier les champs du possible et de conduire des aventures humaines exceptionnelles.

Les profils dont on va avoir le plus besoin n'ont pas des "CV sur étagères" et sont souvent quasiment rejetés par le système.

Les profils dont on va avoir le plus besoin n'ont pas des "CV sur étagères" (et sont souvent quasiment rejetés par le système). Les systèmes qui excellent dans le tri d'individus forgés sur le même moule (des clones ?), qui ignorent la capacité d'innovation personnelle et encore moins collective, qui font de la prise de risque hors des chemins balisés un motif de rejet instinctif et structurel, sont remarquables pour la conservation d'un ordre, au sein d'environnements stables, protégés de toute intrusion externe, parfaitement hiérarchisés et cloisonnés, limités à quelques acteurs centraux partageant les mêmes intérêts et les mêmes références. On sait qu'ils sont particulièrement pénalisants dès lors qu'il faut affronter des univers de changement où l'irréel et l'imaginaire sont les points de départ de tout cheminement. Il va falloir comprendre, et en prendre acte, qu'ils sont tout simplement mortels dès lors que le problème sera de prendre des responsabilités de pilotage dans des univers de ruptures.

Si la première exigence, pour les dirigeants, devient la capacité à affronter des ruptures profondes et constantes, il faudra bien choisir ces dirigeants en fonction des capacités requises pour ce type de responsabilité - et probablement faire des facteurs de rejets qui ont dominé dans le passé, des motifs positifs de sélection (tout en se gardant de l'absurde, naturellement). Cela posera inévitablement des problèmes difficiles : comment détecter des personnes capables de remettre en cause leurs schémas - sans être terrorisées à l'avance par le spectre de l'avenir non verrouillé, de l'écoute d'autrui, de l'information ouverte, du pouvoir partagé ? capables de tisser des liens positifs avec d'autres, pour susciter de la créativité collective dans les situations de surprise ? capables de tracer des chemins, en dépit des profondes réticences de leurs bureaucraties ? Pareille recherche de créativité devra également prévaloir tout au long de la carrière : pour que les personnes ne soient pas laminées par le caractère souvent étouffant des systèmes (d'autant que ces personnes fonctionnent avec des logiques tribales et en réseau qui sont contradictoires avec les systèmes institutionnalisés) ; pour que les sélections vers le sommet ne privilégient pas, comme c'est souvent la règle, les éléments qui ont donné les meilleures satisfactions en tant que "rouage", simples courroies de transmission, évitant au système toute question, toute remise en question, se bardant toujours de tous les fusibles voulus permettant de se protéger en toute circonstance de ses démissions à la petite semaine.

Pareilles perspectives comportent certainement des risques de "ruptures d'attelage". Toutes les institutions ont un besoin impératif de personnes en mesure de faire marcher les organisations telles qu'elles sont, dans des cadres bien fixés, selon des règles depuis longtemps bien établies. Parfois, le passé est même sacralisé à un point qui peut faire désespérer : "Avant, c'était mieux", nous disait et redisait, au cours d'une enquête de terrain, un salarié que nous avions rencontré pour comprendre les turbulences qu'il vivait. Valoriser outre mesure le critère de créativité, la capacité à se mouvoir dans le non conventionnel, pourrait donc avoir de sérieux effets pervers. Cela suppose une bonne compréhension par le corps social des enjeux qui se posent, ce qui nécessite la meilleure information possible de chacun des acteurs sur les évolutions potentielles de son environnement.

Des citoyens réintégrés

Dès qu'il est question de risques, et plus encore de crise, *a fortiori* de ruptures, la culture de gouvernance - surtout en pays latin - est marquée par l'idée que l'on est *de facto* en situation potentiellement insurrectionnelle. Les hypothèses de base ne sont jamais discutées : le citoyen, emporté par la terreur, livré à lui-même, libéré des carcans qu'on lui impose au quotidien, va "paniquer" et se livrer à des comportements antisociaux immédiats, ingérables et promis à monter aux extrêmes.

Les films catastrophes reflètent tout à fait ces croyances de base, largement partagées[1]. Dans la réalité, même la personne qui réagit au mieux, dans le calme, verbalisera de façon surprenante son expérience. Ainsi dans tel reportage récent, un journaliste demandait au survivant d'un crash aérien s'il avait "paniqué"... La réponse ne souffrait aucune réserve : "*Oui, et quelle panique !*". Le journaliste alla au-delà de cette première et incontournable question, pour demander tout simplement à la personne ce qu'elle avait fait. Réponse : "*Je me suis levé, j'ai aidé au passage un voisin en difficulté et je suis sorti de la carlingue en feu*". Troisième question du journaliste : "*Mais comment êtes-vous sorti ?*". Réponse, spontanée : "*Par la porte !*". Et, conclusion rassurante, car entrant bien dans la logique non discutée : "*Mais qu'est-ce que j'ai paniqué !*"

Avec un pareil cadre mental, les conclusions opérationnelles sont nombreuses et s'observent sous toutes les latitudes.

1. Les études scientifiques ne cessent de répéter que ces représentations sont fausses dans 95 % des cas : Thomas E. Drabeck, *Human system response to disaster - An inventory of sociological findings*, Springles-Verlag, New York, 1981.

Dans la phase de prévention, on ne donne pas volontiers d'informations sur les risques : pour éviter d'"inquiéter".

Dans la phase accidentelle, on cherche surtout à "rassurer", pour éviter toute "panique".

Dans la phase post-accidentelle, on tente surtout de faire "oublier", pour que le citoyen ne s'attarde pas trop longtemps en ces contrées instables, à haut risque pour lui et pour les responsables.

La réticence envers l'information conduit à priver les citoyens de moyens de réaction, ce qui renforce considérablement la dépendance et l'angoisse. Elle peut s'avérer extrêmement dangereuse si les informations voulues ne sont pas données par les responsables. Dans le même temps, le citoyen abandonne tout sens de la responsabilité : il aura tendance à tout attendre de l'État, et donc à se borner à une attitude revendicative et critique tout au long de l'épisode. "Puisque je suis condamné à ne rien faire en tant que citoyen, je vous condamne à tout faire en tant que responsables - et à le faire sans faille." Davantage : "comme je sens que je ne suis pas partie prenante - on ne me fait pas fondamentalement confiance - je refuserai de devenir le bon réceptacle de l'information sur les risques", ainsi que le prévoient désormais les dispositions sur l'information des populations. Un cercle vicieux se met en place.

C'est là que des ruptures fortes doivent être engagées. Bien évidemment sans naïveté : il peut fort bien tout de même y avoir des situations difficiles à affronter. Mais on aura au moins mis en place des conditions plus favorables.

Cette perspective fut exprimée avec netteté dans le rapport de retour d'expérience qui suivit la destruction d'une large part du réseau électrique québécois en janvier 1998. Il faut souligner que ce retour eut la particularité d'être conduit au plus près des habitants, ce qui permit de recueillir des avis autres que ceux des seules agences responsables. Et cela lui permit de préconiser des logiques opérationnelles rarement exprimées de façon aussi nette et novatrice :

> *"Il faut que le rôle des centres d'hébergement à l'endroit des personnes sinistrées soit clarifié et mieux circonscrit. Selon les vœux mêmes de la population, ces centres devraient être considérés comme un dernier recours. [...] Si l'évacuation s'impose, il est normal que l'hébergement soit assumé par les familles, les amis ou les voisins. Ce n'est qu'en l'absence d'autres solutions que l'on devrait faire appel aux centres de service. Cette "priorisation" claire correspond au comportement effectivement observé des sinistrés. Ces derniers n'ont eu recours aux centres d'hébergement que dans la mesure où ils avaient épuisé les autres possibilités.*
>
> *Dans ces centres, l'État ne peut assumer tous les besoins pour tout le monde. Il est malsain que les centres d'hébergement aient été perçus par certains comme le lieu où ils pouvaient être entièrement pris en charge, quelles que soient les ressources auxquelles ils pouvaient faire appel par ailleurs. Un message devrait ainsi être clairement adressé : l'implication de l'État, lors d'un sinistre, se heurte à certaines limites, qui ont pour corollaire la responsabilisation des citoyens. Cette responsabilisation est partie intégrante de la culture de sécurité civile. Elle doit émerger dès la phase de préparation au sinistre et* ***conduire les citoyens à développer des réflexes d'autonomie relative*** *face aux centres d'hébergement.*
>
> *Il serait nécessaire que le programme de sécurité civile des municipalités comprenne, en priorité, des mesures facilitant le maintien des sinistrés dans leur domicile. À cette fin, on doit faire passer au premier rang la sauve-*

garde ou le rétablissement des services réguliers : livraison d'eau potable, systèmes normaux d'approvisionnement alimentaire, etc. Il ne s'agit pas de prévoir des systèmes lourds d'approvisionnement à domicile, mais plutôt d'utiliser, dans la mesure du possible, les circuits de distribution existant en temps normal. Très concrètement, une telle "priorisation" signifie que l'on préfère faciliter l'accès à un groupe électrogène pour l'épicier du quartier plutôt que de mettre en place des modalités de distribution gratuite de nourriture dans les centres d'hébergement. En permettant à l'épicier d'assurer ses activités habituelles, on aura en fait rétabli l'approvisionnement alimentaire du quartier tout en préservant l'autonomie des personnes affectées.

Lors de la phase de préparation, un effort spécifique d'éducation de la population doit être consenti afin que celle-ci comprenne qu'il lui revient d'assurer sur une période minimale son autonomie en cas de sinistre. Des objectifs quantifiés illustrant cette préoccupation pourraient être proposés, comme ***une autonomie de subsistance de trois jours, mise en œuvre par chaque citoyen et applicable en toute période****.*

Dans toute la mesure du possible, on doit prévoir d'impliquer les sinistrés eux-mêmes dans le fonctionnement des centres d'hébergement. Cette préoccupation résulte du souci de ***responsabiliser la population face à un sinistre****, de ne pas "infantiliser" les sinistrés et de contribuer ainsi, en dernière analyse, à construire une culture de sécurité civile".*[1]

1. Roger Nicolet, "Pour affronter l'imprévisible : les enseignements du verglas de 98 - Rapport de la commission scientifique et technique chargée d'analyser les événements relatifs à la tempête de verglas survenue du 5 au 9 janvier 1998", Les Publications du Québec, Gouvernement du Québec, 1999, p. 235-236.

Dans le même esprit, des suggestions sont actuellement diffusées aux États-Unis pour donner des leviers d'action aux citoyens en cas d'attaque terroriste de grande envergure. Certes, les conseils donnés peuvent paraître peu réalistes et gros d'effets pervers, mais l'important est de noter ici l'esprit de la dynamique suggérée : on rend le citoyen actif et non victime passive ou potentielle ; on ne lui dit plus de ne rien faire en attendant que les autorités ramènent les choses à la normale, mais bien au contraire de se remettre en mouvement. Dans un petit ouvrage largement diffusé en librairie aux États-Unis[1], un ancien policier de New York expose les mesures de préparation à prendre, les *check-lists* à établir, les préparations à engager, au niveau des citoyens pour les aider à faire face à de grandes situations d'urgence. Ce qui est étrange, pour qui baigne dans une culture d'urgence réservée aux seuls officiels, c'est d'observer la réplication des outils officiels pour un usage privé, au ras du sol en cas de "collapsus". En bref, on peut retenir les points suivants de la *check-list* suggérée :

Il faut rendre le citoyen actif et non victime passive ou potentielle : il faut lui dire de se remettre en mouvement.

1. Établissez votre réseau : constituez votre équipe (tous les numéros de contact)
2. Désignez votre chef d'équipe
3. Préparez vos listes de contact en trois niveaux de priorité
4. Décidez d'un PC de commandement, dans un domicile hors de votre région, qui puisse être équipé en moyens de liaison
5. Choisissez un point de rendez-vous, que chacun rejoindra avant de se rendre au PC de repli

1. B. Stanton, *The Anti-terror checklist*, RegonBooks, Harpertorch-Haper-Collins, New York, 2001.

6. Choisissez un lieu de repli où vous irez vous mettre à l'abri, à confortable distance de votre lieu de vie habituel
7. Apprenez la géographie, et repérez trois itinéraires alternatifs pour vous rendre à votre lieu de repli
8. Assignez des responsabilités (qui se chargera des enfants, des personnes âgées, des animaux de compagnie, de la sécurisation de la maison ; qui restera en support, etc.)
9. Argent : pour être en mesure de régler quatre nuits d'hôtel, les frais de nourriture, de carburant, de médicaments, etc.
10. Préparez-vous aux surprises ? si les membres du groupe ne peuvent pas communiquer entre eux ? si quelqu'un ne peut pas remplir ses responsabilités ? si le moyen de transport prévu ne fonctionne pas ? si des membres de votre réseau ne peuvent pas sortir de la zone de danger en raison d'un bouclage de la zone ?
11. Trousse d'urgence : tous les biens de base que vous devez avoir préparé pour votre départ
12. Calfeutrage de votre domicile, en cas de quarantaine
13. *Check-list* finale.

L'esprit de la démarche est clair : on donne aux citoyens quelque chose à faire, on leur donne des leviers d'action - ce qui permet de réduire sensiblement l'angoisse, et peut certainement, sauf effet pervers, augmenter les chances de sortie de crise positive.

Ces méthodes et principes sont souvent décentralisés et donc utilisés par les grands groupes industriels qui sont très exposés sur le plan international à des risques politiques avec émeutes locales (Afrique, Indonésie...) ou à des catastrophes naturelles (tremblement de terre, éruption volcanique...). L'objectif est de réduire le plus en amont possible les risques vis-à-vis des personnes en les rendant autonomes et maîtresses de leur survivance. Cette démarche les rend au quotidien plus vigilantes, plus responsables et contribue de fait à la performance du processus de gestion des crises qui est mis en place au sein de ces organisations.

L'observation des gestions de crise sur le plan international montre aussi combien ce management de l'"*empowerment*"[1] de ces populations est une clé importante de résolution des problèmes. Après la chute du Mur de Berlin, les Allemands de l'Ouest ont mis en place un dispositif assez lourd mais efficace pour éviter que les populations de l'ex-RDA tombent dans une sorte d'apathie et de dépendance vis-à-vis de la RFA. Il faut se rappeler que les Allemands, à l'époque, ont eu a intégrer en quelques mois plusieurs millions d'immigrants de l'Est (soit l'équivalent de deux à trois fois la valeur des déplacements de populations sur les Balkans). Toutes ces migrations ont été absorbées de façon décentralisée dans chaque *land,* dans chaque municipalité, avec un souci de ne pas enfermer ces populations dans une victimisation et une assistance durable mais au contraire de les responsabiliser très vite. Cette stratégie a coûté des milliards de marks à l'Allemagne, l'a épuisée financièrement mais lui a évité une instabilité géostratégique majeure qui aurait pu naître du vide créé par la chute du Mur. Et pourtant, malgré *l'Ospolitik* qui était pratiquée par l'administration, l'Allemagne, du fait de son opulence, ne semblait pas mûre pour ce

1. Les Américains utilisent le terme "*empowerment*" pour expliciter ce type de logique, utilisé déjà en entreprise (notamment chez General Motors sous l'impulsion de son prédisent, Lee Iacotta), mais surtout chez General Electric avec son illustre président Jack Welch.

type de management. L'action et la détermination du Chancelier Kohl ont été à ce niveau décisives. Au même titre que celles de Churchill pour les Anglais pendant la seconde Guerre mondiale – la responsabilisation des citoyens ne vaut que par l'engagement des dirigeants. Il en fut de même en Pologne mais là, le travail de responsabilisation fut mené par l'Église catholique et non par les institutions politiques.

D'autres exemples peuvent alimenter cette réflexion, en particulier les actions menées sur le terrain par les ONG ou par les dispositifs civilo-militaires européens qui ont été déployés en ex-Yougoslavie. À nouveau ces opérateurs ont cherché face à l'ampleur des crises, à résoudre les problèmes rencontrés par les populations en les rendant acteurs de la reconstruction de leur pays.

Les opérateurs doivent chercher à résoudre les problèmes rencontrés par les populations en les rendant acteurs de la reconstruction de leur pays.

Toutefois, la difficulté de ces théâtres d'opération par rapport aux crises politiques de l'Europe centrale fut d'arriver à surmonter le niveau de traumatisme physique et psychologique supporté par les populations du fait de l'atrocité des guerres civiles. Il en est de même lors des grandes catastrophes avec les tremblements de terre, raz de marée, éruptions volcaniques (Kôbé au Japon, Taiwan, Mexico, Naples). Dans ce cas de figure la démarche la plus performante est celle menée par les ONG, en particulier autour de micro-projets partant de la cellule familiale, du quartier, de la vallée. Cela suppose de pouvoir décomposer les moyens financiers mis en œuvre par les fonds donateurs (Union européenne – Banque mondiale) en micro-financements, voire en micro-crédits, pour rendre le maximum d'acteurs responsables de la reconstruction de leur espace de vie – ce fut le génie de Bernard Kouchner au Kosovo. Cela n'empêche pas, en arrière-plan, les institutions qui ont en charge la gestion de ces crises, de supporter le rétablissement des grands réseaux de vie qui exigent des financements lourds et des moyens d'une autre nature. Mais ce rétablissement des grosses infrastructures et des institutions est quasiment impossible à mener quand les populations restent dans la survivance humanitaire, la précarité et s'enferment dans une "victimisation" de leur quotidien. C'est ce qui se passe actuellement en Afrique, avec les drames que l'on a pu connaître dans la région des grands lacs, au Soudan ou au Zaïre. Ces dérives font le lit de tous les extrémismes et intégrismes, et font plonger des continents entiers dans la barbarie. Les débats actuels autour du concept de "développement durable" posent sur le fond la question du bien fondé des actions menées par nos outils institutionnels et financiers, vis-à-vis des pays frappés par ces guerres civiles et ces déstabilisations régionales.

Ces débats sont aujourd'hui assez aigus lorsque l'on constate les décalages qui existent entre la société civile et les États. La société civile se révèle en effet de plus en plus innovante sur ce plan de la gestion des crises. Elle est de plus en plus engagée sur le terrain avec des résultats probants, même s'ils restent encore marginaux et dispersés. Par contre, les États ont du mal à se sortir de leurs doctrines politiques de coopération Nord/Sud et du développement refermé sur des logiques de grands projets. Leurs approches de type macro-économique et géopolitique, qui alimentent souvent les mafias locales, se heurtent aux initiatives micro-économiques et sociologiques de la société civile qui essaye de sortir les populations de la survivance et de redonner à la vie locale des perspectives d'autonomie. Avec l'affaire du 11 septembre et surtout avec les opérations militaires menées par l'administration américaine en Asie centrale et au Moyen-Orient, le conflit risque d'être très violent entre le monde humanitaire avec ses 20 ans d'expérience de micro-projets sur le terrain et le monde diplomatico-militaire qui raisonne avec le rayon d'action des B.52. Il en est de même en France avec l'affaire AZF à Toulouse, où les mouvements associatifs doivent faire face à un même décalage entre les besoins (une ville ayant subi un quasi-bombardement) et les forces existant pour y répondre, qui ne sont pas du tout configurées à l'échelle voulue (quand elles ne sont pas étrangement absentes).

Des initiatives audacieuses

Serions-nous condamnés à la fatalité entre ces États lourds, peu innovants, et des sociétés civiles réduites à inventer de nouveaux comportements et modes d'action par souci de survivance ? Pour stimuler les échanges, on pointera ici des avancées parmi les plus intéressantes repérées ces dernières années en France (bien entendu sans souci de photographie exhaustive) dans le domaine des grandes discontinuités. Derrière l'apparente inertie institutionnelle, des avancées importantes sont en marche, dans de multiples secteurs, et selon des voies riches d'une grande diversité.

Certes, ces initiatives se situent sans doute davantage dans le domaine des crises que dans celui des ruptures, mais l'important est de mesurer les percées positives réalisées, qui préparent à d'autres chantiers plus ambitieux.

Exploration / préparation de nouveaux défis

Préparation aux nouveaux terrains de crise : avec les préfets (1995-2000)

Dans la deuxième moitié des années 1990, un certain nombre de séminaires réunissant une quinzaine de préfets ont pu être organisés. Les principes régissant ces séminaires furent les suivants :

- focalisation sur **les nouveaux terrains de crise, les nouvelles attitudes** à développer : ces séminaires furent conçus comme des moments privilégiés d'échanges d'expériences et d'élaboration d'enseignements, non comme des "stages de formation" apportant des contenus préétablis ;

- consultation de chaque préfet avant l'opération, pour qu'il puisse donner son avis sur l'architecture générale de l'opération, les contenus souhaités ;
- apport par chacun de ses propres expériences de crise, sous forme de présentations d'une durée d'environ un quart d'heure examinant : données-clés sur le cas ; difficultés et surprises ; logiques de réponses apportées ; enseignements et interrogations pour l'avenir ;
- invitation comme "grands témoins" d'intervenants extérieurs à l'administration, venant apporter leur propre expérience dans le domaine des crises ;
- recours à des études de cas, fondées sur des retours d'expérience engagés de façon spécifique par les animateurs[1] auprès de préfets ayant vécu des crises dans un passé tout proche.

C'est ainsi que, pour le dernier séminaire organisé, autour du thème des grandes tempêtes de fin 1999 et du naufrage de l'Erika (décembre 1999), plusieurs préfets ayant été directement concernés par chacun des événements furent rencontrés avant le séminaire et que les enseignements principaux qu'ils tirèrent de ces épisodes purent être rapportés au groupe. Le séminaire se tint à La Rochelle, lieu parmi les plus concernés par les deux événements. Les grands témoins choisis furent un haut responsable de la prévision de Météo-France, le responsable des questions de crise à Électricité de France et le directeur local de l'entreprise, le directeur de la sécurité d'un grand groupe industriel mondialisé, spécialiste de sorties de crise avec une expérience internationale sur une trentaine de théâtres d'opérations.

1. Patrick Lagadec et Delphine Hédary, Auditeur au Conseil d'État.

La clé de ce projet fut l'implication directe, personnelle et continue du directeur général de l'administration, appelé à d'autres fonctions en septembre 2000. Ce cas a bien validé le modèle : sans pareille implication (y compris sur des détails, en raison du poids des résistances), ce type de projet n'est ni envisageable ni viable, car au-delà de ce partage d'expérience et cette réflexion sur les méthodes, il suppose des changements culturels non seulement à l'échelon territorial mis bien plus encore à l'échelon central.

Préparation des directeurs de salle de crise : SNCF, 1995-2002

La SNCF est engagée dans de multiples initiatives pour développer ses capacités de prévention et de pilotage de crise : retour d'expérience systématique à chaque crise significative, exercices renouvelés à l'échelon de la direction générale, formation à la communication de crise, etc. Un point très peu habituel est à retenir de son action de préparation : la formation en continu de cadres appelés à diriger la cellule de crise de la direction générale. Cette cellule a pour fonction, non la régulation des circulations des trains (il y a un centre opérationnel pour cela), mais bien l'analyse stratégique de toute dynamique de crise, la préparation des options fondamentales d'action et de communication de la direction générale. Depuis 1995, une action continue de formation de ces cadres a été poursuivie : ils sont réunis deux à trois fois par an, pour se voir rappeler leurs rôles, s'entraîner sur des scénarios de surprise - de moins en moins conventionnels (par exemple des problèmes de santé publique), échanger avec des personnes extérieures à l'entreprise.

Cette action multiforme repose sur un point d'appui capital et constant : l'investissement d'une personne chargée d'animer la politique de préparation aux situations de crise.

Même dans les organisations ainsi habituées à consacrer de l'énergie à la préparation de ces épisodes délicats, sans une impulsion forte et continue, les meilleures résolutions sont rapidement oubliées.

Anticipation des crises : les "levrauts" d'EDF

L'anticipation et la veille font partie intégrante de toute politique professionnelle en matière de crise. Pourtant, les efforts restent souvent limités sur ce front, et trop conventionnels - ce qui laisse régulièrement démuni lorsque l'on se trouve confronté à des surprises, phénomène de plus en plus régulier dans les contextes en forte mutation. On relèvera ici l'avance considérable prise par une petite équipe d'Électricité de France, la "Cellule de veille environnementale", qui, depuis plusieurs années, s'attache à détecter les crises potentielles pouvant affecter l'entreprise. De façon imagée, les animateurs de ce travail indiquent qu'il s'agit de "*capturer les levrauts, avant qu'ils ne deviennent des lièvres*" (ou, a-t-on complété récemment : "*avant qu'ils ne deviennent des vaches folles*").

Cette cellule est composée d'une trentaine d'experts, choisis pour leur diversité d'expérience, et elle fonctionne suivant le principe du réseau. Les méthodes de détection comportent naturellement des voies courantes comme l'observation et l'analyse approfondies des événements survenant à l'étranger (voir le cas du Québec ci-après) ou dans d'autres secteurs industriels ; l'examen des tendances lourdes dans l'évolution de notre société ; des démarches théoriques d'experts en prospective ou en créativité ; la connaissance des acteurs. La cellule s'appuie aussi très souvent sur l'écoute des signaux d'alarme émis explicitement à l'intérieur de l'entreprise mais qui sont négligés dans un premier temps. La cellule a constaté que cette dernière voie de décryptage était extrêmement féconde : elle fournit en général des renseignements très précis sur des événements très probables. La difficulté est de capter ces alarmes et convictions, naturellement dérangeantes pour toute structure. La réponse mise en place est un réseau informel de recueil d'alerte, tout membre de l'entreprise pouvant - en toute confidentialité - faire connaître à la cellule son sentiment sur de possibles surprises. En support, la cellule a lancé un Observatoire de l'Air du Temps, pour observer les tendances et ruptures dans certains domaines tels que la consommation, la culture, la santé, le droit, l'économie, les nouvelles technologies.

Pour cerner les "levrauts", plusieurs dimensions ont été retenues :

- la probabilité, en 4 niveaux : très probable ; tout à fait possible ; à ne pas écarter ; accidentel.
- l'impact potentiel, en 4 niveaux également : capital (survie de l'entreprise) ; majeur (marche de l'entreprise durablement mise en danger) ; moyen (difficulté pour la marche de l'entreprise) ; faible (simple difficulté de parcours).
- l'agenda d'apparition : progressif (on est à l'abri d'une surprise) ; chaotique (on ne peut exclure une apparition relativement rapide, à l'issue d'un processus imprévisible) ; aléatoire (résulte d'un risque probabilisable, de type accident) ; hostile (apparition possible immédiate si telle était la volonté d'un acteur tiers).
- le degré de contrôle technique sur le problème : fort (le problème est technique et peut être résolu par l'entreprise) ; moyen (la résolution du problème dépend prioritairement d'un autre acteur qu'EDF) ; faible (le problème est d'ordre sociétal et échappe à l'entreprise).

Une fois cernés ces levrauts, des stratégies d'action peuvent être suivies, à partir des repères suivants :

- réduire les probabilités d'apparition des événements redoutés ;
- faire évoluer l'agenda en fonction des situations ;
- diminuer les conséquences défavorables ;
- et surtout : traiter effectivement les levrauts, en y consacrant les moyens adaptés ; on retrouve ici le principe fondamental de lien étroit entre gestion de crise et prévention des risques. Mais, décider de ne rien faire, peut être aussi un traitement possible de certains levrauts.

La création de la Cellule de veille environnementale par EDF provoque des changements de mentalités qui encouragent la démarche de prévention.

Une opération de retour d'expérience menée en 2000 a montré que sur les 26 crises marquantes connues par l'entreprise entre mi 97 et mi 99, 80 % de ces crises avaient été "vues" par la Cellule de veille environnementale. La crise de 1999 des tempêtes avait été identifiée, ce qui avait permis de ne pas être pris complètement au dépourvu.

Au-delà des identifications possibles des crises, l'existence même de la démarche et de la cellule provoque des changements de mentalités qui, notent les responsables de cette initiative, encouragent la démarche de prévention.

Retours d'expérience innovants

Ouverture à l'étranger : EDF et le Québec (1998)

En janvier 1998, le réseau électrique d'Hydroquébec est très gravement atteint par des chutes exceptionnelles de pluies verglaçantes. EDF s'engage rapidement dans un retour d'expérience pour connaître les enseignements-clés tirés par ses collègues québécois de cet épisode inédit qui a entraîné, par effet domino, un effondrement d'une série de réseaux vitaux (eau, raffinerie, téléphone, etc.). EDF monte une mission ambitieuse (une semaine sur place) conduite par le directeur en charge des questions de crise à la tête de l'entreprise, et forte de plusieurs spécialistes des diverses directions ; mieux : la mission accueille aussi un expert extérieur et deux journalistes. La mission se rend à Montréal dès que la situation locale est à nouveau stabilisée (avril 1998).

Sur place, maintes informations sont recueillies, mais plus encore les grandes caractéristiques de la situation vécue, les grandes logiques de réaction suivies par les Québécois ou suggérées par leur expérience :

- le caractère inédit de la situation : l'importance du phénomène, totalement hors norme ;
- le piège de diagnostic, dont il faut se garder : non pas une panne, mais un effondrement de réseau ; il ne s'agit pas de réparer des dysfonctionnements localisés, mais de reconstruire un réseau ;
- l'extrême difficulté pour poser un diagnostic initial de la situation, notamment du fait de l'inaccessibilité des zones les plus critiques ;
- la nécessité de prévoir une réplique en s'appuyant sur les ressources techniques et humaines de l'ensemble du continent ;
- la nécessité de faire de la pédagogie interne forte, car les spécialistes internes vont devoir appliquer des méthodes de réparation provisoire spontanément ressenties comme indignes d'un opérateur ;
- les difficultés de communication lorsque les zones les plus touchées, les plus avides d'informations, sont privées d'énergie, donc de télévision ;

- la nécessité d'une implication forte du président, qui doit être présent tout à la fois directement sur le terrain, au sein de ses équipes centrales pour tracer les lignes de réponse stratégique, aux côtés du Premier ministre pour les grands points de presse journaliers ;
- l'innovation organisationnelle à apporter aux équipes d'intervention : Hydroquébec monte 30 missions fortes de 150 personnes, comprenant outre des techniciens, des personnes en charge d'accueillir des renforts (notamment étrangers), des personnes chargées de l'information et des relations avec les élus ;
- la mise en place d'une capacité organisationnelle complexe, en mesure de faire face aux multiples surprises et instabilités de la situation, tout en tenant des caps à court, moyen et long terme.

À son retour, la mission diffuse des notes techniques et stratégiques sur l'expérience. Davantage : elle organise des séminaires dans ses filiales étrangères et dans plusieurs régions françaises - en invitant à ces réflexions les grands services de l'État (zones de défense) et aussi des journalistes - pour partager les enseignements de l'expérience québécoise, s'interroger sur ce que pourrait être une situation de cette ampleur en France, simuler des scénarios et des réponses à ces éventualités.

Il faut développer une aptitude à s'intéresser aux crises des autres, à aller les étudier de façon approfondie, à faire au retour de la pédagogie interne et externe.

Moins d'un an et demi après, EDF était au front sur les deux ouragans de décembre 1999. Les grandes leçons apprises à Montréal furent immédiatement rappelées, adaptées et appliquées. Résultat : instantanément, chacun comprit qu'EDF était préparée à ces épisodes totalement hors norme.

Ce qu'il faut retenir de ce cas est l'aptitude, encore très peu développée, à s'intéresser aux crises des autres, à aller les étudier de façon approfondie, à faire de la pédagogie interne au retour, et – plus innovateur encore – à associer des acteurs externes (autorités, journalistes) à des réflexions ouvertes sur les vulnérabilités pouvant affecter l'entreprise et le pays.

Dans cette même ligne d'innovation, l'entreprise publique engagea dès la fin de l'épisode des tempêtes une grande consultation sur Internet pour nourrir un retour d'expérience – lui aussi ouvert – sur sa propre conduite dans l'épisode climatique qui venait d'affecter la France et son réseau électrique.

Ouverture au public : l'initiative d'ESCOTA (juin 2001)

Les 27 et 28 févier 2001, à la suite d'une tempête de neige d'une intensité inédite en cette région (80 cm de neige en quelques heures), l'autoroute reliant Aix-en-Provence et Nice était coupée en plusieurs points. 4 000 à 5 000 automobilistes et des milliers de poids lourds se retrouvèrent pris au piège. Par miracle, on ne compta aucune victime. Immédiatement, les critiques pleuvent sur la société d'autoroute en charge du réseau : pourquoi ne pas avoir fermé l'autoroute plus tôt ? Pourquoi une absence totale d'information des automobilistes ? Pourquoi une absence quasi complète ou tout au moins très tardive de secours ?

La société ESCOTA (Autoroutes Estérel-Côte d'Azur-Alpes) aurait pu, en s'inscrivant dans les habitudes ordinaires, renvoyer les critiques en désignant d'autres "coupables" : la météo, qui n'avait pas prévu des intempéries aussi extrêmes ; les poids lourds, qui n'avaient pas respecté les interdictions de circulation prises à leur endroit et qui déterminèrent le blocage du réseau ; les services de l'État, lents à donner l'autorisation de fermeture de l'autoroute (l'exploitant n'a pas de pouvoir en ce domaine) puis à faire respecter cette fermeture, etc.

ESCOTA allait choisir une stratégie d'innovation assez inédite - organiser un retour d'expérience public, avec tous ceux qui souhaiteraient y participer (il y eut annonce large dans les journaux) : services de l'État, maires, journalistes, syndicats de transporteurs routiers, clients automobilistes, associations concernées par le réseau autoroutier (souvent très critiques), responsables pétroliers des aires de services, etc.

La rencontre publique se tint le 20 juin 2001, quatre mois après les événements. Pour un double travail :

- un retour sur l'expérience et les doléances adressées à la société ; l'écoute fut placée au centre de la réunion : pas de tribune, seulement des tables (mais pas de plan de table) pour favoriser les échanges, avec prise de parole de chaque table à la suite d'un temps de réflexion ;
- un travail collectif sur les innovations à apporter pour inventer de nouvelles modalités de sécurité dans le domaine des grands réseaux autoroutiers. Sur ce second point, la société présenta des projets techniques relevant de sa responsabilité ; mais elle engagea chacun (par exemple les camionneurs, les opérateurs des aires de services, ses clients) à réfléchir aux nouvelles fonctions qu'ils pourraient assurer pour concourir à la sécurité générale sur un réseau aussi complexe qu'une autoroute.

L'impression dominante fut la surprise, positive, des multiples participants, constatant qu'une expérience n'était pas immédiatement oubliée : les responsables en tiraient des enseignements ; chacun des acteurs était invité à être partie prenante d'une réflexion nouvelle sur la sécurité de ces réseaux - qui, jusqu'à présent, échappait largement à tout examen systémique et "citoyen"[1].

1. Un film pédagogique a été réalisé pour garder trace de l'expérience :"la sécurité des réseaux vitaux - retour d'expérience public", Escota, oct. 2001.

L'important est que la dynamique ne se soit pas arrêtée à une rencontre, fût-elle réussie. Plusieurs mois après cette action, sur les premiers événements neigeux de l'hiver 2001, des effets positifs ont pu être enregistrés - sous le trait d'une réactivité collective bien plus forte qu'antérieurement. De l'avis de l'exploitant, les capacités d'ensemble, c'est-à-dire avec les pétroliers, les clients, les dépanneurs, la gendarmerie, les stations services, etc. ont été grandement améliorées grâce au retour d'expérience réalisé.

Fertilisation croisée

Des initiatives ouvertes pour explorer de grandes incertitudes : Danone (1999 –)

La sécurité alimentaire est, à l'évidence, une exigence de base pour une entreprise comme le Groupe Danone. Celui-ci s'est doté des outils appropriés pour anticiper les risques et les maîtriser. Connaissance des matières premières achetées, traçabilité, maîtrise des processus de production, structures *ad hoc* de connaissance et de contrôle sont des éléments-clés pour cette politique.

Mais, si cette démarche de qualité est adaptée pour des risques connus et identifiés, elle ne suffit plus pour la conduite des dossiers profondément marqués par l'incertitude, ou même l'inconnu. Sur ces dossiers, il s'agit de partager les interrogations, de donner l'information disponible, de mieux percevoir aussi les inquiétudes diffuses ressenties par les consommateurs. En d'autres termes, de ne pas traiter ces sujets extrêmement instables et difficiles comme cela a pu être fait ici ou là en matière d'OGM.

Le Groupe Danone est parti du principe que cette mise en commun et en débat des connaissances et des inconnues est indispensable dans le traitement des questions scientifiques extrêmement complexes qui se présentent désormais. C'est une question d'intelligence de la décision, de confiance partagée. Le Groupe a donc engagé des rencontres d'une forme originale : autour d'un scientifique, qui fait le point sur l'état de la science et permet d'avoir un apport extérieur dans le débat, des représentants d'associations de consommateurs débattent avec les représentants de l'industrie alimentaire sur des sujets de préoccupation émergents, sur la base d'un partage de la connaissance comme de la **"non-connaissance"**. Le premier thème traité a été celui des résidus de pesticides en tant que "perturbateurs endocriniens" : ces résidus, qui sont ressentis par les consommateurs comme l'un des tout premiers risques alimentaires, peuvent entraîner des désordres hormonaux. D'autres réunions ont permis d'aborder les allergies, l'ESB (encéphalopathie spongiforme bovine) ou les mentions à faire figurer sur les étiquettes.

S'il est encore trop tôt pour en tirer des conclusions définitives, ces premières séances semblent montrer le bien-fondé de l'organisation de débats ou de contacts ouverts très en amont dans l'examen des risques. L'écoute et la crédibilité de chacun des participants s'en trouvent renforcées.

Jeter des ponts entre des expériences très diverses : les travaux de la fondation Villette-Entreprises (2001)

L'intérêt d'échanges entre des organisations diverses sur le thème de la prévention et de la conduite des crises est souvent mis en avant. La difficulté de développer ces échanges est constatée de façon tout aussi régulière. Il faut donc relever le travail mené sur six mois (janvier-juillet 2001), dans le cadre de la fondation Villette-Entreprises (basée à la Cité des

Sciences et de l'Industrie de Paris), pour faire travailler ensemble une vingtaine d'entreprises (extrêmement diverses : automobiles, assurances, pharmacie, secteur électronique, transports, etc.) sur les thèmes de la crise et de la confiance[1].

Sur la base d'entretiens menés auprès de correspondants dans les entreprises engagées dans la démarche, d'initiatives lancées à la suite de ces entretiens, de rencontres plénières, les participants ont pu :

- se situer dans le vaste domaine de la préparation aux crises : depuis l'absence totale de préparation aux innovations les plus en pointe, en passant par le niveau moyen où l'on ne dispose que d'un dispositif de base.
- partager des thèmes d'intérêt commun :
  - ❑ comment engager un minimum de préparation dans les organismes les plus réfractaires ? Comment vaincre la fragmentation organisationnelle ? Comment impliquer les dirigeants ?
  - ❑ comment dépasser les déficits de préparation, qui subsistent même lorsque l'on pense avoir développé des dispositifs d'urgence ? Comment développer de nouvelles formes d'exercices, de retours d'expérience ?
  - ❑ comment se préparer aux crises émergentes, les plus complexes et les plus surprenantes ? Comment favoriser les innovations fortes, indispensables pour relever le défi des mutations de l'environnement et des crises qu'elles provoquent ? Comment recruter des hommes et des femmes adaptés à ces univers de mutations fortes ? À quels nouveaux maillages faut-il songer, en interne comme vers l'externe, pour per-

1. Ce projet fut conduit par Bertrand Robert (Argillos) et Patrick Lagadec avec l'appui de Christophe Tardieu (fondation Villette-Entreprises).

mettre à l'organisation de vivre ces mutations et d'en tirer parti ? Comment progresser encore quand on a déjà assuré des bases d'excellence ? Si l'on progresse, comment opérer les greffes internes ?

- partager aussi sur les questions les plus sensibles :
- que faire en situation de blocage ? Comment donner une place aux dossiers inextricables, ceux pour lesquels, précisément, les organisations ne sont pas configurées ?
- comment reconstruire de la confiance ? Comment traiter un socle de défiance ?
- comment sortir du fatalisme partagé ? Comment introduire soi-même des ruptures, par nature difficiles, dans des univers où chacun vit la situation comme un destin ne permettant aucune sortie à portée de la main ?

Naturellement, sur une aussi courte période de temps, il ne pouvait être question de trouver des "réponses" opérationnelles immédiates. Mais l'essentiel était ailleurs : ouvrir des espaces d'échanges, sur des sujets sensibles, souvent impossibles à traiter en interne.

Développer des compétences de sortie de crise : l'expérience des Affaires Civilo-Militaires (ACM) (1994-2001)

Dans les années 1990, quelques experts et personnalités dont l'Amiral Lanxade (à l'époque chef de l'État-Major particulier du Président de la République) ont pris conscience de l'inefficacité de nos modes de gestion des crises internationales en France, face à un environnement international qui se fracturait et devenait plus violent. Confronté sans cesse aux cloisonnements (militaire / diplomatique), aux incompréhensions entre l'administration et le privé, aux préjugés entre politiques et sociétés civiles en particulier avec le monde humanitaire, il décida de rompre ces nœuds gordiens qui limitaient toute action sur le terrain et nuisaient au rayonnement des interventions de la France. À cet effet, il créa en 1994 le dispositif connu désormais sous l'acronyme d'A.C.M. : "Affaires civilo-militaires". L'idée maîtresse était d'introduire de la transversalité entre les compétences du monde civil et celles des armées, et de continuer à décloisonner les relations entre défense / diplomatie / humanitaire / économique et société civile dans la gestion des crises internationales.

L'idée des ACM est d'introduire de la transversalité entre les compétences du monde civil et celles des armées.

Le terrain d'expérimentation fut celui de la Bosnie entre 1994 et 1998 avec des difficultés considérables de mise en œuvre, de coordination entre les opérateurs au sein des institutions à Paris, de compréhension entre les acteurs sur le terrain. Les événements en Macédoine et au Kosovo au cours de l'hiver 1998, et surtout en 1999, permirent de faire mûrir l'ensemble des dispositifs concernés et de sortir des "bricolages" ambiants. Pour la première fois, le Premier ministre décida de nommer à ses côtés un chargé de mission pour gérer la globalité de la gestion de la crise des Balkans, en la personne de l'ancien ministre Roger Fauroux. Celui-ci, par sa grande expérience, sa personnalité et son implication personnelle sur le dossier, réussit enfin à faire prendre conscience aux autorités françaises qu'il fallait mettre à plat le dispositif de gestion des crises, le décloisonner et mieux le coordonner. Grâce à plusieurs opérations pilotes conduites par les A.C.M. en Macédoine et au Kosovo, mais aussi à des missions exemplaires accomplies par les ONG françaises sur le terrain, au cours des hivers 1999 et 2000, des mesures ont été prises au plus haut niveau de l'État pour mettre en place une nouvelle architecture plus appropriée de gestion des crises. Il fut décidé de confier au SGDN (Secrétariat Général de la Défense Nationale) le soin de faire vivre cette décision avec les deux piliers que constituent dans ce type de contexte les Affaires Étrangères et l'Agence Française de Développement. Pour autant, les dispositifs civils et économiques (dont le puissant ministère de l'Économie et des Finances) qui sont cruciaux dans ces gestions de sortie de crises semblent être les parents pauvres de ce choix politique.

Il ne fallut pas moins de 7 années pour capitaliser les expériences civilo-militaires et humanitaires acquises sur ce terrain et pour prendre en compte les études faites à ce propos par de nombreux instituts qui ont "débriefé" les opérateurs à tous les niveaux (IHEDN, FED, CREST[1], Forum du Futur, DESS Marne-la-Vallée). Il fallut surtout la détermination et l'expérience pluridisciplinaire de deux hommes : l'Amiral Lanxade en 1994 et Roger Fauroux en 1999/2000 pour aboutir à un début de cohérence et de cohésion.

Le nouveau dispositif qui se met en place devrait arriver à point nommé avec l'amplitude des crises en cours (Balkans - Asie centrale) et en gestation (Moyen-Orient - corne de l'Afrique - Méditerranée). Désormais les dimensions qui devraient être valoriées derrière ces partages d'expérience sont les suivantes :

- identification et gestion des viviers d'expertise pour assumer des missions civilo-militaires, en situation aiguë, et des missions d'évaluation et d'assistance pour les institutions françaises et européennes.
- mise en place pour chaque opération de cahiers des charges des modes d'action des uns et des autres et

1. L'Institut des Hautes Études de la Défense Nationale, la Fondation pour les Études de Défense et le Centre de Recherche en Économie et Statistique.

redéfinition du cadre des responsabilités de chacun (militaires-humanitaires-diplomatiques-entreprise).

- mise en place de modes de communication avec des médiateurs institutionnels et associatifs pour favoriser la création de liens transverses cohérents et coercitifs entre les opérateurs et la structure de coordination des crises.[1]
- refonte des missions de l'Agence Française de Développement pour mieux prendre en compte les opérations de gestion de sortie de crise qui sont hors de son champ de compétence classique.
- présence plus forte de la diplomatie dans le management des donateurs internationaux et plus grande implication des organismes privés et publics spécialisés au sein et auprès des organisations multinationales (Union européenne, Banque mondiale,...).

Bien sûr, tous ces points ne sont pas réglés, et il faudrait encore un peu de temps pour arriver à quelque chose d'idéal, un peu similaire à l'organisation anglaise. Mais, depuis le 11 septembre, il y a urgence et l'ensemble de l'organisation et des réseaux de compétence vont être éprouvés par la réalité des faits, voire la brutalité des événements à venir. L'essentiel a sûrement été défini ; il reste désormais à trouver les hommes *ad hoc*, à les mettre en réseau et à définir les protocoles qui permettront aux organisations de travailler avec cohérence et cohésion.

1. Connue sous l'appellation des "trois piliers" : ministère des Affaires étrangères, Secrétariat Général de la Défense Nationale, Agence Française de Développement.

Il reste par contre à trouver un grand patron à tout cet ensemble parfaitement ordonnancé. À plusieurs reprises, les membres de la société civile ont demandé qu'à défaut d'un Conseil National de Sécurité (comme aux États-Unis), la France confie cette gestion de sortie de crise à une personnalité indiscutable placée auprès du Premier ministre. Cette animation de niveau politique, comme l'a assumé de façon temporaire l'ancien ministre Roger Fauroux, est absolument indispensable.

Son absence actuellement sur l'Asie centrale génère plus des conflits d'intérêt entre ministères et à l'intérieur de chaque administration que les décloisonnements attendus et espérés par la société civile. Une telle dynamique de gestion de sortie de crise n'a d'intérêt que s'il y a quelque part un pilote avec une vision stratégique et de l'autorité politique sur tout cet assemblage de compétences et d'expertises qui ne peut pas fonctionner *in intuitu personce*.

Pour toutes ces avancées, les bilans ont été faits et les enseignements tirés. Les responsables en charge de ce type de dossiers ont désormais à mettre en œuvre des initiatives de même nature, ou à les prolonger, à fédérer les énergies et les talents nécessaires. Toutefois, la difficulté de l'exercice repose sur la capacité de créativité et de dépassement de ces responsables, qui sont pour la plupart habitués à fonctionner dans des environnements stables et hiérarchisés. Ce n'est pas parce que l'on a compris le pourquoi et le comment que l'on est capable de faire, même si l'on est "habilité" à faire. Conduire des crises, et encore plus des ruptures, exige des aptitudes et une éducation qui sont parfois contradictoires avec les certitudes et la formation de beaucoup de responsables.

Mais prenons garde à ne pas nous tromper de perspective. L'essentiel n'est pas de collectionner des outils, des plans, des *check-lists* (même s'ils peuvent être particulièrement utiles aux personnes et aux groupes déjà entraînés) mais bien d'assumer pleinement les exigences de la responsabilité, chacun à sa place : des dirigeants totalement impliqués, des citoyens remis, eux aussi, dans la boucle de la responsabilité.

CHAPITRE 4

"PASSEURS DE FRONTIÈRES"

La lecture la plus fréquente des phénomènes de rupture s'inscrit dans un registre défensif : on mesure d'abord ce que la rupture représente de perte, de mort d'une certaine organisation du monde. Beaucoup ont essayé de se rassurer en entourant nos organisations et sociétés de certifications en tout genre supposées garantir une "maîtrise totale" de nos environnements. La prétention du zéro défaut, zéro mort, risque zéro a fini par nous couper du monde réel.

Pourtant, il est possible de s'inscrire dans un registre opposé, résolument positif et volontaire. Prendre comme postulat la fin du risque zéro et accepter le principe de rupture environnementale et historique comme socle de la réflexion et de l'action permet de libérer sa vision existentielle, d'entrer dans des univers nouveaux, de transformer les rapports de pouvoir. Il faut simplement savoir se mettre en condition de réussite pour entrer dans le domaine de façon créative.

Désormais, pour reprendre une analyse de Janek Rayek[1], "*il s'agit moins d'imaginer l'inimaginable que de s'entraîner à lui faire face*". Cela suppose nécessairement quelque ouverture sur le plan psychologique et comportemental. À nouveau il s'agit moins de travailler sur les registres de la certitude que sur ceux de l'aptitude.

Cette partie propose un ensemble de "ruptures pédagogiques et managériales" afin d'aiguiser :

- une aptitude à la veille, pour s'entraîner à mieux discerner ce qui se fissure au cœur de son système mais aussi ce qui émerge aux marges ;
- une aptitude pour travailler sur les "convergences d'intuitions" ;
- une aptitude au management en réseaux ;
- une aptitude au questionnement actif sur le sens, les valeurs, les perceptions ;
- une aptitude à intégrer en permanence la surprise stratégique et le non conventionnel.

Cette démarche nécessite un travail de fond sur soi-même, et certainement quelques grilles de lecture minimales pour faire face à un ensemble de représentations, de valeurs, de

1. Janek Rayer, "Pédagogie des ruptures", in *Ruptures créatrices*, Éditions d'Organisation, 2000, p. 549-564.

références qui ne fonctionnent plus et qui ne peuvent se satisfaire d'artifices de gestionnaires. Ce cheminement d'ordre culturel et cette volonté d'ouverture, de dialogue, d'échanges transverses, sont sûrement les points les plus cruciaux qu'il convient d'avoir à l'esprit en entrant dans ce chapitre.

Retrouver des capacités d'action

Pour faire face aux accidents

Si le dirigeant veut pouvoir faire face aux ruptures, il lui faut avoir quelque aptitude à traiter des "simples" urgences accidentelles. Il lui faut ainsi, sous l'empire du stress, être en mesure de répondre avec efficacité aux exigences suivantes :

- vigilance et suivi : pouvoir capter une information grave, tenir une main courante ;
- réactivité : agir et rendre compte (intervenir à son niveau, alerter avec rigueur, selon les protocoles établis), rechercher activement des informations supplémentaires et discriminantes ;
- champ de vision et anticipation : mobiliser efficacement tous les acteurs nécessaires, effectuer les montées en puissance voulues, de façon organisée ;
- adaptabilité : s'ajuster à haute vitesse à des situations changeantes ;
- efficacité tactique : décider sans évitement ni atermoiement, trancher dans l'incertitude, veiller à la qualité des chaînes de responsabilité, à la bonne connaissance par tous de ces lignes de référence ;
- coordination : mettre en œuvre et intégrer des compétences multiples, traiter des moyens très divers sans plonger dans la confusion ;
- capacité opérationnelle : mener à bien de façon professionnelle les missions voulues, sans ajouts de difficultés supplémentaires ;

- habitude d'entraînement exigeant : personne ne s'en dispense ;
- retour d'expérience après chaque intervention.

Plus on montera en complexité, plus on devra savoir innover, ouvrir largement les réflexions et les champs d'analyse, jongler avec les multiples facteurs et dimensions en présence. Mais il ne faudra jamais oublier ces facultés professionnelles cardinales des spécialistes de l'urgence - sans lesquelles, d'ailleurs, la plupart des urgences accidentelles dériveraient rapidement en crises.

Pour faire face aux crises

Nous ne reviendrons pas ici en détail sur toutes les connaissances qui doivent être acquises par les responsables[1], mais nous dégagerons l'essentiel : un tableau synthétique reprenant la grammaire générale de prévention et de la conduite des crises (ci-après). **Pour mettre en œuvre cette grammaire, un certain nombre d'exigences sont à satisfaire.**

1. On trouvera des explications plus approfondies dans les ouvrages précédents de Patrick Lagadec.

TABLEAU DE RÉFÉRENCE POUR LA PRÉVENTION DES CRISES

Phase réflexe :
éviter la disqualification immédiate

- Décrypter, alerter, mobiliser
- Prendre en charge : traiter l'urgence, circonscrire la crise et son traitement
- Poser des actes réflexes : recueil organisé d'informations, livre de bord
- Communiquer : en interne et avec l'extérieur : victimes, médias et groupes cibles

Ne pas laisser un terrain ingérable

Phase réflexion :
pour "embrayer" sur l'événement,
pour comprendre ses racines

- Dessiner la carte des acteurs, et leurs relations pour la durée spécifique de cette crise
- Ouvrir le questionnement, caractériser la situation en évitant sous- et sur-estimation
- Ouvrir les réseaux, sortir de son bunker
- Construire le système de conduite, autour du (ou des) décideur(s) essentiel(s)
- Mettre en place une capacité de réflexion stratégique, et la protéger
- Dégager des positionnements fondamentaux (réfléchir aux "rubicons" à franchir)

Ne pas tourbillonner avec la crise

Phase conduite :
des soins intensifs, des transformations en profondeur

- Conduire un système fragilisé

- Diriger les cellules de crise, en maîtrisant les pathologies classiques
- Maîtriser l'expertise : qui peut dire quoi, dans quel délai, avec quelle fiabilité (limites de validité), avec quelle crédibilité, quelle légitimité ?
- Répondre aux exigences de communication
- Conduire la crise jusqu'à son terme, conduire l'après-crise
- Veiller aux transformations profondes nécessaires

Résoudre la crise, agir sur ses causes profondes

Une capacité de veille, d'alerte, et de mobilisation

Décrypter : les collaborateurs d'une organisation doivent savoir que tout retard dans l'information initiale sera extrêmement pénalisant. Chacun doit donc être particulièrement attentif à toute convergence de signaux indiquant le développement d'une situation anormale ou à potentiel de crise dans l'opinion. La capacité de détection est directement liée aux prises de conscience développées dans l'organisation. Pour être performant, il faut être préparé à la surprise, à l'anormal - ce qui n'est pas inné. Il existe de nombreux paramètres pouvant être pris en compte pour tenter de mesurer le potentiel de crise d'une situation : importance effective ou perçue des conséquences ; caractère insaisissable ou trop clairement répréhensible des causes ; caractère spectaculaire ou fortement émotionnel de l'épisode ; état général du contexte, des précédents.

En matière de signal, on se trouve face à un dilemme de base : soit on privilégie la *sensibilité*, et l'on a des seuils de déclenchement d'alarme tirés vers le bas (avec l'inconvénient d'avoir de fausses alarmes en nombre éventuellement important) ; soit on privilégie la *spécificité*, et l'on évitera beaucoup mieux les fausses alarmes - mais avec le risque de ne pas détecter certains phénomènes sérieux. Chaque organisme devra opérer ses arbitrages. Le prix à payer pour un dispositif privilégiant la sensibilité est supérieur, du moins "avant la crise", comme on le dit de l'assurance. Mais, en regard, il faut prendre en compte le fait que les seuils de déclenchement de crise, aujourd'hui, sont de plus en plus bas et que le coût des crises est de plus en plus élevé. Il est donc sans doute urgent, dans de très nombreux organismes, de revoir les arbitrages hérités du passé. Des arbitrages explicites doivent être opérés, en sachant bien que les turbulences les plus dangereuses sont souvent les turbulences de ciel clair.

Mais il ne faut pas se cacher des difficultés encore plus sérieuses.

La plupart des systèmes d'information sont bâtis sur des modes d'intelligence dit "cognitifs". Le mode opératoire est simple : "je vois, j'identifie, je classe, donc je connais". Le système peut fonctionner pendant longtemps sur lui-même et alimenter ainsi des bases de données de plus en plus précises et segmentées. Beaucoup de processus de "management de la connaissance" connus sous leur nom anglo-saxon de KM (*knowledge management*) auraient tendance à nous enfermer dans ce type de certitude et d'aboutissement du raisonnement.

Il faut commencer par repérer d'abord les signaux que l'on ne "connaît pas" et admettre que l'on cherche en plus dans un espace-temps qui se fracture et se recompose.

Or, lorsque l'on passe à la crise et bien plus encore à la rupture, l'environnement n'est plus lisible avec ce système de base. Au contraire, il faut commencer par repérer d'abord les signaux que l'on ne "connaît pas" et admettre que l'on cherche en plus dans un espace-temps qui se fracture et se recompose. C'est comme si le veilleur devait chercher, au milieu d'un kaléidoscope en mouvement permanent, le ou les signaux qui feront l'image suivante. Cela signifie qu'il faut avoir, à côté du système cognitif qui ramène sur des champs rationnels, un autre système de gestion de l'information plus "intuitif" pour identifier ce qui sera la racine du mouvement perturbant qui va recomposer toute l'énergie de l'environnement et des jeux d'acteurs. Le modèle cognitif est satisfaisant dans un univers stable. Il explose dès que les environnements sont mutants. Seules les organisations intuitives et sensorielles résistent et savent survivre dans les périodes de transition comme celle que nous vivons actuellement. Ces modes de gestion de l'information supposent, outre de la souplesse, de la flexibilité dans l'acquisition de l'information, et plus encore de l'humilité dans son interprétation.

Seules les organisations intuitives et sensorielles résistent et savent survivre dans les grandes périodes de transition.

On peut alors, en complément de l'approche de veille, prendre le problème par l'autre bout et porter l'attention sur les traces que laisse le phénomène perturbateur. L'expérience est nette : pour les crises insidieuses ou les plus complexes, on note très souvent une augmentation significative du degré d'incohérence dans le système (qui traduit une mobilisation précoce des mécanismes de défense au sein de l'organisation). Ainsi : des obstacles systématiques viennent s'opposer à l'examen et au traitement de la situation (il est impossible de monter une simple réunion sur le sujet) ; les seules discussions sur le problème ont lieu hors des enceintes normales (à la cafétéria, dans les couloirs) ; aux inquiétudes externes ne répond qu'un calme plat en interne ; des certitudes étrangement fermes, des assurances trop définitives sont mises en avant, qui ne sont pas en rapport avec l'incertitude de la situation, mais traduisent bien l'inquiétude interne ; des acteurs importants sont absents et ne jouent donc pas leur rôle ; des arguments techniques d'un niveau totalement décalé par rapport aux enjeux sont mis en avant et empêchent tout examen sérieux. La question n'est certes pas encore clarifiée, mais on sait au moins, aux effets qu'elle produit, qu'elle est sérieuse - et donc qu'il serait dangereux d'attendre qu'elle se clarifie toute seule.

Mobiliser : pour des raisons d'efficacité et de cohérence, pour prévenir des oublis dommageables, on peut fournir des fiches pré-formatées pour caractériser le phénomène détecté. L'outil est parfois informatisé. L'important est de bien introduire dans le formulaire des éléments permettant de saisir rapidement l'existence de signaux de crise, effective ou potentielle. Et de conserver à ces outils le maximum de souplesse, en se gardant notamment de bâtir un système refusant toute transmission au cas où le formulaire ne serait pas rempli dans tous les détails voulus. Les pratiques actuelles sont généralement à améliorer, en prévoyant explicitement deux entrées dans ces fiches :

1. L'approche analytique : les faits élémentaires connus dès l'origine ;
2. L'approche "enveloppe" : les développements possibles de l'événement, à travers un tout premier effort d'anticipation, bien au-delà de la situation immédiate.

Dans tous les cas, on inscrira très explicitement ces fiches dans la durée, en spécifiant bien que toutes ces informations seront complétées ou modifiées ultérieurement.

L'acheminement de l'information, lui aussi, doit être pensé et testé en fonction des problèmes spécifiques de l'organisation. Celle-ci doit avoir défini avec beaucoup de soin les responsabilités et présences des personnes susceptibles d'être sollicitées. Cela existe souvent, mais un audit de "fiabilité" du système et des outils est nécessaire : au premier examen, on s'aperçoit très souvent de failles béantes - d'ordre technique, organisationnel ou culturel. Des personnes non convaincues de l'utilité d'un dispositif d'information rapide ne parviendront jamais à utiliser de bonne façon le matériel, fût-il le meilleur.

Il faut éviter de passer soudain du calme de base à la mobilisation générale et donc accompagner graduellement les signaux indiquant le développement d'un processus anormal.

Le principe est d'éviter de devoir passer soudain du calme de base à la mobilisation générale. Il s'agit d'accompagner, graduellement, les signaux indiquant le développement d'un processus anormal. Aux premiers indices, une veille un peu plus soutenue et ciblée qu'en période de croisière est mise en place. Lorsqu'un faisceau suffisant de présomptions est réuni, l'état de veille renforcée peut être décrété. Il sera utile de préciser quelles sont les personnes susceptibles de déclencher ce stade déjà plus avancé de la mobilisation. Mais on évitera de placer des verrous trop contraignants : quitte à resserrer le dispositif après expérience, on pourra établir des procédures assez ouvertes, prévoyant que différents responsables et spécialistes ont aussi la responsabilité du passage en veille renforcée si la personne désignée n'est pas immédiatement joignable. La veille renforcée pourra naturellement comporter plusieurs paliers. L'essentiel est que le suivi interne soit toujours en phase avec le développement de la situation. Jusqu'au moment où les convergences apparaissent suffisantes pour que l'on passe véritablement au déclenchement du dispositif de crise (ou que l'on classe l'affaire si rien finalement ne le justifie).

Une architecture de pilotage

Il est impossible de fixer *a priori* une architecture définitive, y compris pour une même organisation. On peut cependant définir des modules de base, à adapter en fonction des circonstances. Trois pôles principaux sont à prévoir :

- **une cellule Direction** : elle a en charge la conduite la plus fondamentale de la réponse. À elle de fixer les grandes orientations, de veiller aux équilibres fondamentaux, d'assumer les choix cruciaux. Le plus haut dirigeant devra assumer un rôle majeur de communication à certains moments-clés de la crise. Son rôle n'est pas de s'agiter et de s'épuiser mais d'être toujours apte et en mesure de décider et de communiquer à bon escient. Dans l'analyse des "*success stories*", les dirigeants les plus exemplaires sont ceux qui ont su gérer leur sommeil et leur stress pour être toujours en mesure d'exercer pleinement leur responsabilité - sans la déléguer à quiconque, qu'il s'agisse d'un expert juridique ou d'un gourou de la communication.

- **une cellule Gestion** : elle a pour fonction d'apporter un appui stratégique global aux intervenants de terrains ("PC avancé"), de traiter les problèmes dans toute leur complexité organisationnelle (remontée et traitement des informations, appui aux unités les plus exposées, coordination générale des réponses, gestion de l'expertise lourde, interfaces avec les multiples acteurs externes, etc.) ; à elle de présenter à la cellule de Direction générale des options étudiées pour les choix les plus délicats. Cela suppose que les opérateurs choisis aient un minimum d'entraînement pour ne pas sombrer - le mieux est l'ennemi du bien - dans un technicisme pointilliste qui efface la décision.
- **une cellule Communication** : elle a en charge l'interface avec le monde de la presse et avec tous les publics en attente d'information (public interne, victimes, etc.) ; il lui revient de faire connaître les messages de l'organisation, mais aussi (ce qui est souvent oublié) de faire connaître aux cellules "Direction générale" et "Gestion" les demandes et attentes en matière d'information, comme la tonalité et les éléments-clés de ce qui se dit tant en interne qu'à l'extérieur. Elle peut être divi-

sée en sous-sections : élaboration des messages ; diffusion des messages ; suivi des médias et autres demandeurs d'information.

En complément à ce dispositif, une quatrième cellule doit intervenir sans délais.

- **une cellule Logistique** : sa fonction est de fournir à chacune des trois autres cellules les moyens techniques nécessaires à la bonne réalisation de leur mission. Cette cellule est importante, et l'expérience montre que les événements vont toujours contre une logistique idéale. Les ruptures de réseau d'énergie, de communication, de transports sont souvent le point de départ d'une crise et aussi la fin du fonctionnement d'une cellule de crise si la logistique n'a pas intégré cette nécessité de fonctionner "au pire" plutôt qu'à "l'idéal" : il faut à tout moment être capable de passer en mode dégradé. Dans ce domaine, les militaires, les humanitaires et les professionnels de la protection civile ont une grande pratique, intéressante à étudier.

La qualité du travail collectif dépend de la clarté de cette répartition de tâches. La cellule logistique veillera notamment à bien afficher, dans les salles respectives, des schémas donnant l'organisation générale du dispositif, avec les noms précis des responsables des différentes fonctions, leur point de contact et leurs relèves. Les repères visuels sont importants dans ces situations, où chacun risque rapidement de perdre ses marques, d'oublier les rôles attribués, de commencer à introduire de la confusion. La qualité des interfaces entre les cellules est également un facteur primordial : liaisons téléphoniques, messages écrits, "officiers de liaison".

L'organisation physique de l'espace a une grande importance. Il faut pouvoir travailler en lien étroit entre les divers pôles de responsabilité, tout en évitant le schéma trop classique des foules réunies dans un même lieu. Mais, si on se sépare, il faut être attentif à garder les liens nécessaires. On évitera aussi les salles fermées, qui conduiront plus encore que normalement à des effets de "bunker". L'essentiel est d'avoir pensé et testé à l'avance ces dispositions, ce qui suppose, là encore, une organisation et des dirigeants ouverts à ces questions.

Et naturellement, il faut avoir développé des capacités de réactivité fortes, pour être en mesure de faire face en cas de sinistre majeur et de cadre d'action fortement dégradé, voire détruit. Ce fut le cas par exemple à New York, où le centre de crise prévu, situé dans les tours jumelles, fut anéanti instantanément. Les responsables furent en mesure de fonctionner en mode dégradé - et de façon remarquable : le centre de crise perdu avait été dimensionné pour héberger 60 organisations ; le centre de crise de substitution fut capable de faire fonctionner plus de 242 organisations deux jours après l'événement - plus de 300 au troisième jour. C'est là, à l'évidence, une "première" qui mérite d'être signalée. La clé est bien l'aptitude collective à une réorganisation très innovante et ultra-rapide en situation de forte surprise, voire de destruction majeure.

Des aptitudes à cultiver

Pour la Direction : le point-clé est la capacité de leadership en univers déstructuré. La première responsabilité du dirigeant est le positionnement fondamental de la réponse, le choix de la "posture" appropriée. Comme le dit Henry Kissinger : "*Le rôle le plus important d'un dirigeant consiste à prendre sur ses propres épaules le poids de l'ambiguïté qui préside aux choix difficiles. Cela fait, ses* *subordonnés disposent de critères pour se guider et peuvent passer à l'exécution de leurs tâches"*.[1]

Mais c'est là aussi la dimension la plus délicate de la gestion de crise : les informations sont souvent lapidaires, on ne dispose pas d'une expertise suffisante, les "modèles" à disposition sont incapables de tenir compte de la multitude des interactions en cause et reposent sur des hypothèses (visions du monde, valeurs, rapports entre acteurs) qui sont remises en question par la crise. Observer une trop grande "prudence", c'est courir le risque d'agir "trop tard et trop peu" ; mais opter pour une hardiesse décisive, c'est courir le risque d'être trop en avance sur le cours des événements, de ne rencontrer qu'incompréhensions et impossibilités techniques, et finalement de précipiter soi-même la crise.

La première responsabilité de la Direction est le positionnement fondamental de la réponse, le choix de la "posture" appropriée.

Dans la plupart des vraies crises, on est confrontés à un problème impossible à trancher à l'avance. Et le tout se complique singulièrement si, comme dans les réalités sociales, telle ou telle communication conduit à transformer la situation, dans un sens qu'il n'est pas d'ailleurs toujours possible de prévoir. Ces difficultés structurelles peuvent conduire à des actions totalement inutiles, à des sous-réactions ou des sur-réactions dramatiques ; à des coups de génie, qui seront parfois des coups de chance. On découvre toute l'importance de l'*événement*, qui peut se nouer de façon surprenante, et ne se réduit pas à la traduction de lois générales.

L'équipe dirigeante aura le plus grand intérêt à solliciter l'appui d'un "observateur-analyste" de haut niveau (interne ou externe à l'organisation) dont le rôle sera d'observer le

1. Henry Kissinger, *Les Années orageuses*, Fayard, 1982, p. 614-615.

fonctionnement d'ensemble du dispositif et le développement de la crise ; de s'interroger sur les failles possibles, les grandes erreurs d'analyse et de trajectoires, les blocages prévisibles - et d'en faire rapport à l'équipe dirigeante.

Pour la Gestion : l'essentiel réside dans la capacité à maîtriser le déferlement et la complexité. La somme de facteurs auxquels doit être attentif le responsable "Gestion" est impressionnante. Mais il lui faut avant tout éviter de se laisser prendre par tous les soubresauts de la crise.

Pour la Gestion, l'essentiel réside dans la capacité à maîtriser le déferlement et la complexité.

Il devra surtout veiller à conserver une cellule maîtrisant son propre fonctionnement. "Comment travaillons-nous, comment allons-nous nous organiser pour le stade suivant de la crise ?" sont des interrogations qui doivent toujours primer sur l'activisme ("vite, décrochons les téléphones, organisons une téléconférence avec tout le monde, lançons des ordres dans toutes les directions").

Pour la Communication : l'exigence est la capacité à tisser du lien, informationnel, symbolique et humain. Quelques repères doivent avoir été bien intégrés avant la crise.

- Fondamentalement, il faut comprendre la communication comme une dimension stratégique de la conduite de la crise, non comme une simple "annexe" intervenant en bout de chaîne, quand il n'est vraiment plus possible de se taire.
- La communication est à inscrire dans une logique d'action, non d'attente : il ne suffit pas simplement de "répondre", mais de développer une action continue de communication en s'efforçant de compter à tout moment parmi les meilleures sources d'information, d'être le point d'émission de l'information la plus crédible.

- De même, la communication ne doit pas être seulement "descendante" : les médias peuvent apporter souvent de très bonnes informations, qu'il faut savoir écouter et même solliciter au plus vite (dès le début de la crise car ils sont généralement les premiers informés, tout au moins sur les faits bruts).
- Il faut toujours intégrer le fait que les concurrences seront rudes sur ce terrain de la communication : les canaux officiels ne seront pas les seuls à fonctionner et ils sont généralement beaucoup moins performants que les canaux informels et tous les réseaux transverses, surtout lorsque l'on est en situation non conventionnelle.
- Il faut toujours anticiper le fait que, tout au moins dans certains secteurs, communiquer est trop nouveau et trop contraire à la culture de référence : des "gaffes" magistrales seront donc immédiatement commises dans un point ou l'autre du système. Il conviendra rapidement d'anticiper, en faisant, tant en interne que vers l'extérieur, une communication ferme et très précoce sur les références qui prévaudront en matière d'information. On se préparera psychologiquement à devoir reconnaître rapidement les éventuelles erreurs de communication commises à l'origine de la réaction à l'événement.
- Il faut rapidement discerner quels médias comptent le plus pour quels publics, suivre ce qui est diffusé, être en mesure d'intervenir (auprès des médias, des tutelles, etc.) en cas de message médiatique erroné ou dangereux (cas des prises d'otages notamment).
- En matière logistique, on veillera naturellement à ce que la cellule "Communication" soit en lien très étroit avec les autres cellules, et puisse se diviser en plusieurs cellules (pour un traitement spécifique de divers publics) ; bien évidemment, on se sera doté avant la

crise d'un poste de radio, d'un téléviseur (au minimum), d'une ligne AFP, etc. On aura aussi, avant la crise, des fichiers "presse" à jour avec les coordonnées des principaux journalistes du domaine et de la région. Avant la crise, on aura pris contact avec des organismes extérieurs capables d'apporter des appuis logistiques de grande capacité (par exemple pour des envois massifs, des appels téléphoniques en grand nombre, etc.).

Pour la Communication, l'exigence sera la capacité à tisser du lien, informationnel, symbolique et humain.

Cependant, même si la dimension médiatique est capitale, il ne faut jamais oublier que bien d'autres acteurs ont besoin d'information, à commencer par les personnels en interne, les victimes et leurs familles, etc. Il conviendra donc de s'assurer que ces autres dimensions de la communication soient bien prises en charge par des sous-cellules spécialisées, en lien étroit avec le reste du dispositif.

La question des victimes et de leurs proches mérite aujourd'hui une attention soutenue car il apparaît qu'elle a souvent été trop ignorée, ou instrumentalisée à travers les seules procédures juridiques. De même aujourd'hui faudrait-il se garder de ne faire que de la "communication" avec ces personnes : souvent, des liens établis à l'initiative des directions générales seront des gestes indispensables. Le plus élémentaire respect exige de sortir ici des logiques médiatiques : le "lien" est l'essentiel, la "com" très rapidement plus qu'insupportable. Les exigences sont notamment les suivantes :

- développer des moyens d'intervention pour apporter une aide autre que de type strictement "action et médecine d'urgence" ;
- former, avec l'aide des associations les plus concernées, des personnes capables d'intervenir auprès des proches des victimes, de façon beaucoup plus humaine

qu'on ne le fait souvent (l'usage du téléphone est le plus souvent à proscrire) ;

- du côté des pouvoirs publics, introduire, avec l'aide de la justice, des pratiques comme la réunion des familles de victimes un peu après les faits pour leur donner de l'information sur l'événement, ses suites, leurs droits, les aides qui peuvent être trouvées (corriger le cas échéant les informations erronées qui ont pu circuler).

Pour la "Logistique" : il s'agit de préparer les supports nécessaires et de faire face à tous les dysfonctionnements. Avant la crise (dans la mesure où c'est faisable, sinon il faudra le créer à haute vitesse dans les toutes premières heures de la crise), on aura préparé la (ou les) salle(s) de crise : accès, matériels de liaison, moyens audiovisuels, tableaux de bord, systèmes informatiques *ad hoc*, fiches d'information, documents de crise avec numéros de téléphone exacts, accords pour l'installation de numéros verts et de capacités télématiques. On aura aussi préparé les questions de restauration, d'hébergement (après deux jours, la formule sandwich-lit de camp n'est plus viable), de transport rapide de dirigeants sur un site. On aura songé aux questions de secrétariat, de traduction.

Dès le début de la crise, il faudra être en mesure : de se mobiliser en un temps record, d'activer le dispositif de crise, d'opérer les basculements nécessaires entre le fonctionnement normal et le fonctionnement en salle de crise, d'apporter des réponses immédiates aux défaillances qui ne manquent pas de se produire (panne de batteries, panne de photocopieuses), de faire face aux surprises majeures (coupure électrique, panne d'ascenseur ou de climatisation, etc.).

La cellule d'appui Logistique a aussi le rôle capital d'organiser l'accueil des personnes arrivant au centre de crise, pour éviter le trop grand désordre. Pendant la crise, les cellules rencontreront un nombre élevé de difficultés matérielles, certaines classiques, d'autres inédites. La cellule Logistique devra anticiper ces demandes… et faire des merveilles de bricolage en temps réel.

La Logistique devra préparer les supports nécessaires et faire face à tous les dysfonctionnements.

La culture d'une telle unité de préparation et d'intervention est sans doute assez éloignée de celle qui prévaut généralement dans les services généraux en charge des questions logistiques. L'observation de bonnes règles, l'absence d'urgence sont plutôt au cœur du métier. Inutile donc de réprimander à chaque occasion difficile les personnes de ces services ; inutile de créer, à chaque occasion, de la récrimination dans ces services qui se verront toujours accusés d'avoir agi trop tardivement et en prenant leur temps. Il importe plutôt, à l'intérieur de ces services, de développer prises de conscience préalables et entraînements adaptés, en valorisant les capacités de réactivité et de bricolage inventif.

Pour faire face aux ruptures

Pour opérer en contexte de rupture, le plus important est d'avoir pu réunir des conditions générales offrant des assises fortes, des aptitudes appropriés à l'anticipation, la réaction, l'invention de dynamiques collectives. Ce chapitre 4 sera précisément consacré à l'examen de ces conditions à réunir qui peuvent grandement aider à acquérir une posture favorable. Il importe également, dans un souci directement opérationnel, d'apporter des repères d'action aux responsables.

Une direction pleinement impliquée

Dans les urgences, le spécialiste technique est l'opérateur central, et le dirigeant doit s'assurer qu'il n'y a pas de problèmes particuliers de mise en œuvre. Dans les crises, une action globale est à engager, et le dirigeant a pour première fonction d'assurer un cap, une cohérence, une présence symbolique forte. Dans les périodes de ruptures, le dirigeant prend une place beaucoup plus cruciale. C'est là pour lui *le* rendez-vous majeur avec l'exercice de la responsabilité. Les exigences opérationnelles, à ce plus haut niveau, sont les suivantes.

Décryptage et mobilisation. Il s'agit de percevoir sans délais les énormes enjeux liés à la situation. Très vite, sans rechercher d'expertise définitive, sans même exiger que l'analyse soit bien validée par l'intellect, il faut prendre à bras le corps l'événement, ouvrir le questionnement (alors même que l'on sait que l'on n'aura pas les réponses), "ressentir" les failles qui s'ouvrent, les chaînes de risques et de dérives, les effets dominos possibles, etc. Cela suppose une mobilisation personnelle extrêmement forte, impliquant l'affectif et pas seulement le rationnel dûment formaté. Car, en situation de basculement, le ressenti prime sur le calculé. Le problème est que nous ne sommes pas très habitués à écouter le non-cartésien, et cette pauvre capacité devient vite un handicap majeur : on tend à refuser de façon encore plus radicale toute logique non "linéaire" et non "quadrillée" dès lors que les enjeux sont de grande ampleur.

On tend à refuser de façon radicale toute logique non "linéaire" et non "quadrillée" dès lors que les enjeux sont de grande ampleur.

Naturellement, dans le même temps, il faut être en mesure de traiter l'urgence s'il y en a (par exemple, intervenir auprès des familles des collaborateurs, comme ce fut le cas dans l'attaque des tours jumelles le 11 septembre pour les dirigeants dont l'entreprise a été touchée). Mais il faut garder une large capacité cérébrale et émotionnelle pour pouvoir effectivement accueillir, considérer et traiter les dimensions de rupture de l'événement.

Recul et questionnement. Il s'agit d'engager immédiatement un effort continu d'interrogation, à 360°, pour se préparer au plus grand nombre de dérives, de surprises, d'effets domino. Le radar tourne en permanence, et il reconstruit en permanence les lectures des données, les anticipations, les questionnements. Maintes contradictions vont apparaître : il ne faut surtout pas réduire hâtivement les lectures, écraser les plans, rendre linéaires les phénomènes, écrêter les courbes, écarter ce qui ne rentre pas dans l'épure classique : bien au contraire. On portera son attention sur les marges, les aberrations, les irrégularités, tout ce qui ne "colle" pas avec le normal. On s'engagera résolument dans l'ouverture de plusieurs tableaux de lecture contradictoires, non homogènes. Et l'on gardera toujours un tableau intitulé "surprise incompréhensible", pour être en mesure de changer immédiatement de posture intellectuelle et affective si les modèles construits s'avèrent inadaptés. Les questions à garder à l'esprit sont du type :"Et si toute notre lecture était fausse ? Et si toutes nos hypothèses implicites nous piégeaient ?". S'il y a vraie rupture, par construction comme on l'a vu précédemment, le piège premier est précisément dans les cadres mentaux eux-mêmes qui peuvent interdire au décideur de s'approcher de la réalité, de la lire, de la traiter. Les faits comme les acteurs doivent recevoir ce type de traitement flexible : il s'agit de se rebâtir des cadres de perception et de traitement profondément transformés, et ajustables.

Ouverture des champs d'action. La ligne à suivre :"ouvrir les murs de Berlin". Il s'agit de commencer à se construire des logiques non conventionnelles, nouvelles, qui permettront de mieux rejoindre la dynamique de l'événement pour s'y greffer et intervenir dessus. Cela suppose que l'accent soit mis d'abord, non sur la technique, mais sur les acteurs. Il faut, là encore, ouvrir radicalement le champ conventionnel, en considérant les acteurs "surprise", les bouleversements des jeux d'acteurs, les nouveaux entrants.

Réflexion stratégique en recul. Le dirigeant doit savoir mettre en place et faire usage d'un groupe ou d'un réseau de réflexion stratégique. Sa préoccupation première ne doit pas être de s'acharner à exiger une expertise technique, qui sera nécessairement longue à venir - et il lui faut d'ailleurs faire l'hypothèse rapidement qu'il ne disposera d'aucune expertise scientifique un tant soit peu assurée dans toute la première phase des événements, et sans doute bien au-delà. L'urgence est de mettre en place une capacité propre de réflexion stratégique : deux ou trois personnes, ou des groupes de réflexion sur le fond, sur les grandes surprises. Ces groupes doivent être composés de personnes habituées à travailler sur ce terrain de l'instable et choisies pour leur diversité. Il s'agit bien ici de construire des logiques de compréhension et d'action en situation hautement volatile, sujette à cristallisations et surprises radicales.

Le dirigeant doit savoir construire des logiques de compréhension et d'action en situation hautement volatile, sujette à cristallisations et surprises radicales.

Le dirigeant doit savoir faire usage des productions de cette expertise décisionnelle, ce qui suppose d'éviter deux écueils : le refus de cette expertise (le dirigeant privilégie uniquement l'expertise technique) ou, au contraire, l'envoûtement par cette expertise (le dirigeant n'a plus aucune capacité de recul personnel). Dans les vraies ruptures, c'est le dirigeant qui s'avance, dans une solitude en large part impossible à effacer, pour prendre ses risques, pour poser des paris. Il ne peut se contenter de se glisser dans des voies prévues par d'autres.

Capacités d'écoute, de parole, d'action. Le dirigeant va devoir faire partager de nouvelles visions, réorienter des énergies, faire sauter des verrous, contourner les points de blocage impossibles à vaincre dans le temps imparti, faire de la pédagogie générale à haute vitesse, sur des sujets toujours très inquiétants car touchant à des stabilités et des équilibres vécus comme fondateurs. À tout instant, il devra préparer cette action de nature politique et plus encore culturelle, pour laquelle le "ressenti" est autrement plus important que l'explication technique "rationnelle".

Une forte capacité de réflexion stratégique

Dans les ruptures, ce point est tellement important qu'il faut ici le développer. La cellule de réflexion stratégique, à mettre en place sans aucun délai, a notamment les tâches suivantes à remplir :

- clarifier les surprises et dynamiques domino qui risquent de se développer si tel ou tel verrou saute, si telle ou telle action est engagée, si tel ou tel acteur réagit de telle façon, si tel impondérable survient ;
- clarifier les bouleversements intervenant ou pouvant intervenir dans les champs d'acteurs ;
- balayer les logiques de fond qui ne fonctionnent plus, alors même qu'elles comptaient au nombre des piliers indiscutables de l'organisation et de son environnement ;
- identifier les erreurs majeures à éviter : les trajectoires à ne pas prendre (par exemple, se garder de tout registre de "croisade" dans l'après-11 septembre) ;
- repérer les avancées réalisées, cela pour éviter que les perceptions ne restent bloquées dans des visions apocalyptiques de la réalité.

• construire des options en s'efforçant de dégager des lignes d'intervention réellement différentes, qui seront soumises au décideur.

• s'acharner à la tâche de loin la plus difficile : rechercher UNE idée d'action décisive permettant de transformer les données, de débloquer des situations opérationnelles, d'agir au niveau symbolique pour transformer les relations, les perceptions, les données techniques des problèmes, etc. Un certain nombre de coups de poker doivent ainsi pouvoir être conçus, préparés et joués - la prise de risque (calculée) étant souvent la seule voie de sortie. Au nombre des dimensions à considérer pour construire une action décisive en situation de rupture, on peut garder à l'esprit les interrogations suivantes : que faire d'intelligent *avec* les gens ? Quels nouveaux acteurs contribuer à faire émerger ? Quelles nouvelles visions contribuer à faire exister ? Quelles nouvelles configurations de responsabilité promouvoir ? Sur quels acteurs externes s'appuyer pour faire émerger telle ou telle initiative ? Comment utiliser le temps, les rythmes, les circonstances, pour lancer l'action ?

• tout cela doit encore s'appuyer sur des examens précis des conditions de mise en œuvre de l'action stratégique : l'expérience montre en effet que les ensembles organisationnels ont la propension à dénaturer très rapidement toute action d'inspiration non conventionnelle pour la faire entrer dans les grammaires usuelles. Les logiques nouvelles que l'on veut mettre en œuvre risquent ainsi, sauf vigilance extrême, de sombrer rapidement dans des démonstrations d'impuissance qui ne font qu'aggraver la situation (par exemple, si l'on veut monter une opération conjointe avec un acteur extérieur que l'on rangeait jusqu'alors au nombre de ses plus constants et farouches adversaires, on ne peut se contenter de laisser agir le service technique habituel : il s'y prendra de telle manière qu'il transformera rapidement une bonne idée d'action en commun, porteuse de synergies déterminantes pour la réussite, en épouvantable fiasco : le partenaire sera approché comme adversaire naturel et persuadé sur-le-champ que l'action est un piège, qu'on veut le manipuler.

- Enfin, la cellule de réflexion stratégique doit s'efforcer de tisser tous les liens voulus avec les sources d'informations internes et externes les moins conventionnelles. Il lui faut aussi savoir construire ses liens avec les décideurs, ce qui sera nécessaire tout à la fois pour transmettre ses résultats et entendre les questions venues des dirigeants.

Expertise : préciser au plus vite les limites de connaissance

Plus on subit le désarroi, plus on recherche des réponses assurées, auprès des experts les plus en vue. Naturellement, il faut être attentif aux connaissances encore valides qui permettent au moins de limiter le champ de l'impossible. Mais la plus grande part de l'énergie doit être consacrée à tenter de sérier ce qui ne fonctionne plus en matière d'expertise, ce qui fait doute nouveau pour les experts. La première question à poser aux experts est bien : quelles sont vos limites de connaissance ?

L'interrogation est difficile à porter, car elle risque d'accroître encore l'inquiétude. Pourtant, c'est la seule qui permet de conserver la lucidité qui, en réalité, rassure infiniment plus que l'illusionnisme. Autre difficulté : l'expert lui-même est souvent désarçonné par ce type d'entrée en matière : comme si toute sa fierté professionnelle, son identité étaient sévèrement mises en cause par une question portant sur ses limites de connaissance. Et pourtant, c'est bien sur ce point que doit porter en priorité le questionnement des centres d'expertise. Avec les questions qui s'inscrivent dans la même veine : pendant combien de temps serez-vous dans l'incapacité de me dire quoi que ce soit ? Quels sont les autres centres d'expertise qui pourraient apporter un point de vue complémentaire, ou franchement différent ? L'enjeu est ici de savoir se libérer de nos positivismes de base.

Le problème, pour les experts, est de re-fabriquer au plus vite des repères, des savoirs minimaux, des logiques d'avancées dans la connaissance pour des phénomènes hors limites.

Le problème des experts : re-fabriquer au plus vite des repères, des savoirs minimaux, des logiques d'avancées dans la connaissance pour des phénomènes hors limites.

À eux de clarifier ce que l'on ne sait plus, ce qui tient encore, ce qui apparaît vraisemblable, les hypothèses qui devront être vérifiées, les signaux à surveiller. Il leur revient aussi de percevoir que l'expertise, dans ces situations instables et aux enjeux colossaux, ne peut se dérouler dans la durée à l'abri de tous les regards, de toutes les questions. L'expertise devient enjeu politique, et là aussi, des règles de conduite doivent être énoncées, négociées, validées, contrôlées.

De nouvelles logiques d'information

On sait que tout pousse à "rassurer" d'autant plus fermement un interlocuteur que l'on ne dispose d'aucune certitude permettant précisément de fonder les propos supposés être rassurants. On risque fort de tomber dans ce piège lors des grands épisodes de rupture car les conditions d'éclosion et de renforcement de la pathologie ne sont que trop bien réunies. Pour contrer cette ligne de plus grande pente, il faut être prêt :

- à donner beaucoup d'informations, et non le minimum ;
- à communiquer autour des questions, non des certitudes ;
- à communiquer autour des processus, non des résultats ;
  tout en étant naturellement prompt à communiquer les certitudes, les résultats dès que l'on en dispose. Et même à signaler indices et signaux d'alarme, si de tels signaux sont acquis avant réception de tous les résultats d'analyse attendus.

Une des clés opérationnelles majeures est naturellement la communication des éléments en discussion très en amont, éventuellement même des années avant l'éclosion d'une affaire. Cela ne signifie pas obligatoirement communication médiatique : à chaque problème ses modes de communication, son forum, son rythme, etc. L'exemple de l'industrie agro-alimentaire qui engage, comme on l'a indiqué, des discussions avec des associations très à l'avance sur des sujets à peine défrichés est ici un exemple dont beaucoup pourraient s'inspirer.

Développer des capacités de sortie de crise

Maîtriser une crise, savoir identifier les grandes ruptures qui fracturent nos environnements sociaux, technologiques, sécuritaires n'est plus suffisant désormais. Il faut introduire une nouvelle dimension en termes de management : celle de la gestion des sorties de crise. Des événements comme ceux du 11 septembre, de l'usine AZF à Toulouse, peuvent nous installer durablement dans un univers de crises sanitaires, militaires, humanitaires, industrielles, sur fond de ruptures géostratégiques et technologiques. Il est devenu crucial de ne plus se laisser dominer par ces contextes, et si possible d'en sortir - en transformant la donne.

Cette dimension un peu nouvelle de la gestion des sorties de crise, tout particulièrement dans le registre des crises internationales, a vu le jour en France en 1996, à la suite d'un forum organisé sur le thème par Xavier Guilhou à l'IHEDN avec le concours du CREST (Centre de Recherche en Économie et Statistique de l'École Polytechnique) et la FRS (Fondation pour la Recherche Stratégique). Jusqu'à cette date, les chercheurs et opérateurs se contentaient d'aborder uniquement la gestion de la crise. La convergence des travaux menés par Patrick Lagadec et Xavier Guilhou sur les ruptures depuis quatre ans a permis d'aller encore plus loin et d'introduire, au plus haut niveau des entreprises et des États, cette dimension managériale qui s'avère de plus en plus décisive.

De nombreuses situations ont été étudiées, dans différents domaines. Ce fut le cas sur le plan géostratégique avec le "laboratoire" qu'ont été les Balkans depuis 1994. Ce fut aussi le cas sur le plan industriel et économique, avec de grandes situations de crises et de ruptures qui ont fait l'objet de retours d'expérience de qualité. De même, depuis deux ans, des études approfondies sont menées sur ces nouveaux champs de crise qui apparaissent autour des proliférations "virales" qui affectent aussi bien les systèmes vivants que les réseaux électroniques.

De plus en plus, les crises semblent insolites, voire insurmontables : elles ne sont plus le résultat de dysfonctionnements mais la cristallisation de ruptures profondes. D'un côté, nous avons des dynamiques qui changent de nature avec l'accélération des sauts technologiques et cybernétiques, et des chocs géostratégiques et sociétaux sans précédent. De l'autre, nous avons des confrontations sur les champs existentiels avec une inversion des visions - par exemple, en matière de sécurité collective avec l'émergence de menaces non conventionnelles, avec prolifération d'attaques "non détectables". Les institutionnels et les organisations sont de plus en plus dans l'incapacité de prendre en compte les changements de l'environnement, alors que les opérateurs sur le terrain assument de véritables "big bang" dans les besoins et les demandes des populations.

De plus en plus, les crises semblent insolites, voire insurmontables : elles ne sont plus le résultat de dysfonctionnements mais la cristallisation de ruptures profondes.

Derrière ce constat, que se passe-t-il dans une gestion de crise sur fond de ruptures ? La plupart du temps, les institutions résistent pour ne pas remettre en cause leurs acquis, bloquant toute capacité de changement alors que les populations et la société civile dans son ensemble accentuent leurs pressions sur l'environnement en utilisant les effets de levier que constituent les nouveaux modes de communication, les ONG, les réseaux...

À chaque fois que nous avons eu à faire un audit de situation pour trouver les clés qui permettaient d'engager une sortie de crise, nous avons diagnostiqué le même type de difficultés.

Elles sont de nature psychologique, avec au premier chef les inerties des systèmes ; elles sont plus encore d'ordre culturel avec l'opposition entre, d'une part, la violence qui monte des populations, et l'indolence institutionnelle d'autre part.

Tant que ces réalités ne sont pas bien identifiées dans leur nature et cartographiées en termes de jeux d'acteurs, il est illusoire de penser qu'une sortie de crise soit possible. L'exemple malheureux et dramatique de la confrontation israélo-palestinienne illustre bien la difficulté de l'exercice quand la gestion des acquis et la pression des événements deviennent pour le moins inconciliables. Les deux parties s'enferment alors dans des dérives de guerre qui n'ont plus de sens. Se contenter d'éliminer l'autre, sans pour autant faire émerger une finalité politique, est la pire des solutions en matière de stratégie. La création du vide entraîne des frustrations qui engendrent très vite d'autres niveaux de confrontations, encore plus violentes.

Mais ce qui vaut pour cet exemple de sécurité internationale vaut dans un autre ordre d'idée, par exemple à l'échelle de la sécurité informatique d'un réseau complexe de plusieurs dizaines de milliers d'utilisateurs, avec une forte pratique de nomadisme à une échelle internationale. La pression des utilisateurs est telle sur le terrain, l'inertie des structures centrales et l'indolence des gourous de l'informatique sont telles de l'autre côté, que la moindre perturbation sur les réseaux prend des proportions inimaginables. Dans les années 1995-1997, la plupart des grands groupes mondiaux ont vécu des moments très difficiles, avec des proliférations de virus dans les réseaux qui neutralisaient toutes les opérations sur le terrain et bloquaient les processus de décision. En très peu de temps, l'ensemble des systèmes basculait dans l'émotionnel, les guerres de position entre utilisateurs, experts, décideurs, pour atteindre des niveaux de paroxysme qui pouvaient être fatals aux organisations concernées. L'exercice du passage du *bogue* de l'an 2000 a permis de mieux maîtriser ces crises cybernétiques et de mieux conduire les sorties de crise. Mais les sauts technologiques des NTIC (nouvelles technologies de l'information et de la communication) déplacent désormais les crises sur d'autres champs, qui sont de moins en moins techniques et de plus en plus orientés sur des contenus culturellement marqués.

Trois invariants

Pour réussir une gestion de sortie de crise, il faut prendre en compte trois invariants que l'on retrouve dans toutes les situations. Il s'agit de :

- la gestion du temps ;
- la gestion de l'espace ;
- la gestion des acteurs.

Ces trois invariants vont déterminer les modes d'organisation et de communication qui seront déployés sur le terrain. Ils vont conditionner aussi l'évolution de ces modes d'organisation et de communication dans le temps, face aux contextes à traiter. De même, ils vont peser sur le choix des personnes et le style de management qu'il faudra mettre en œuvre. Les trois sont importants et en sous-estimer un au profit des deux autres crée des déséquilibres qui peuvent être préjudiciables. C'est ainsi que, dans nos cultures occidentales, nous avons tendance à privilégier tout particulièrement la maîtrise du temps, avec nos cultures d'urgenciers et de planificateurs, et la maîtrise de l'espace, avec nos cultures de logisticiens.

Mais nous avons tendance à sous-estimer la psychologie des jeux d'acteurs. Souvent, nous nous limitons à des *a priori* et nous en restons à des modes de communication fermés, alors qu'il faut au contraire ouvrir les champs de dialogue et de compréhension. C'est ce type d'insuffisance qui a affecté les opérations menées par les Américains en Somalie en 1992, et que l'on retrouve de façon récurrente dans nombre de crises post-industrielles (Erika, AZF, Amoco-Cadiz, etc.). Ces déficits de communication bloquent le processus de sortie de crise et enferment les protagonistes dans des champs encore plus conflictuels.

Ces trois invariants permettent d'agir sur trois fondamentaux de la gestion de sortie de crise :

- la maîtrise de la vitesse ;
- le contrôle du terrain ;
- la création de confiance.

De nombreux exemples pourraient illustrer ces schémas. Celui de la sortie de crise au Kosovo, entre le mois de mai 1999 et le printemps 2000, mérite examen et pourrait inspirer, dans une mesure à ajuster au cas par cas, bien des conduites de sorties de crise.

Les enseignements, forcément extrêmes en raison de la situation, sont les suivants :

En matière de gestion du temps :

1. **Traiter très vite les "hémorragies"**, qui vont nécessairement de pair avec des phénomènes tels que des déplacements de réfugiés ou la destruction de réseaux vitaux ;
2. **Traiter immédiatement "les priorités"** et pas forcément les urgences. Dans ce domaine, il est impératif de savoir tenir ce que les militaires appellent les "points hauts" et les urgentistes dénomment les "têtes

de réseau de vie", qui permettent d'aller à l'essentiel au plus vite.

3. **Remettre de la "temporalité"** en expliquant avec précision quand, où et comment se fera le retour à la normalité. L'objectif est de réintroduire au plus vite des logiques de projet et de les mettre en perspective.

   → La maîtrise de la vitesse est déterminante à ce niveau d'exécution.

En matière de gestion de l'espace :

1. **Dresser au plus vite une "cartographie"** de la situation pour avoir un état des lieux rapide, précis et global.
2. **Savoir différencier les modes d'action** à mettre en œuvre entre les "espaces légaux" et les "espaces de non-droit" qui se développent en cas de crise (ex. pillages, mafias, etc.). L'objectif est d'asseoir au plus vite l'expression d'une autorité mais aussi un retour à une vie contractuelle.
3. **S'appuyer sur toutes les compétences logistiques et les supports techniques** qui maîtrisent au plus près des populations les flux vitaux.

   → Le contrôle du terrain est primordial dans ce type d'opération.

En matière de gestion des acteurs :

1. **Il faut "démilitariser"** immédiatement les groupes à risque. Cela signifie qu'il faut très vite isoler les "psychopates", les "mafias"... et savoir traiter toutes les "pathologies de dysfonctionnement".
2. Il est indispensable d'**occuper le terrain de la communication** en répondant à toutes les questions et en informant objectivement les populations.

3. **Il faut mobiliser tous les "réseaux utiles"** pour s'appuyer sur les relais d'opinion et d'actions qui vont relayer les décisions.

   → La confiance est l'élément le plus crucial d'une sortie de crise.

Tout cela n'a d'intérêt que si, dans le même temps, on sait neutraliser toutes les **pathologies de dysfonctionnement** et s'appuyer sur des **réseaux d'opinion** et d'action *ad hoc*.

Dans le domaine des actions de sécurité internationale, le couple militaro-diplomatique britannique est assez exceptionnel. C'est la même démarche qui est suivie depuis le 11 septembre par Tony Blair en Asie centrale et au Moyen-Orient. De ce côté, les Britanniques ont plusieurs années d'avance sur les autres Européens, du fait de leur système éducatif qui les prédispose à cette culture du risque. Hormis l'exceptionnelle gestion de crise et de sortie de crise menée par les équipes d'EDF autour de F. Roussely en 1999, il est difficile de dire que nous ayons, dans de nombreuses autres organisations, le même niveau de conscience et de pratique, pour le moment. Cela est dû en grande partie aux certitudes de nos élites et à nos schémas sécuritaires refermés sur des logiques de persuasion et sur des modes de gestion de l'information qui restent trop cognitifs.

Pour une gestion de sortie de crise efficace : trois fondamentaux ; la maîtrise de la vitesse, le contrôle du terrain et la création de confiance.

En effet, pour mettre en œuvre une gestion de sortie de crise efficace avec ces trois fondamentaux que sont la maîtrise de la vitesse, du terrain et de la confiance, il faut être capable d'utiliser successivement trois niveaux d'intelligence.

Au tout début de la crise, au moment où tout le monde est dans l'inconcevable et l'impensable, il faut être capable d'envoyer sur le terrain des experts qui savent naviguer dans l'irréel et l'insaisissable de la situation. Ces experts auront à identifier sur le terrain, le plus en amont possible, les clefs qui permettront de rendre réversible la situation. Ils doivent fonctionner comme des judokas qui vont chercher la bonne prise pour transformer le risque identifié en opportunité. Ils ne doivent surtout pas se positionner comme des institutionnels qui ont déjà la solution. Ces experts fonctionnent sur des **modes d'intelligence dite "créative"**. L'information n'existe pas, le réel est détruit, il faut le recréer, l'imaginer, le projeter.

Lorsque le travail d'audit initial est fait, il faut mobiliser d'autres équipes, dont le savoir-faire sera de fabriquer de la "reliance" et de générer cette confiance qui sera le moteur de la sortie de crise. Cette dynamique fait appel à d'autres **formes d'intelligence plus "intuitive"**. Ces équipes excellent à opérer à partir de données un peu plus cernées que dans la phase précédente, mais qui requièrent une bonne dose d'imagination afin de dessiner des logiques de projet. De plus en plus, ces équipes travaillent à partir de micro-réalisations, au plus près des populations, pour les rendre acteurs de la reconstruction de leur cadre de vie. Au regard des expériences de ces dernières années, c'est semble-t-il le mode de management le plus performant - en dépit de leur apparente modestie (plus précisément, même si cela est paradoxal pour les logiques habituelles : en raison de cette modestie). Ils ont le mérite de travailler la capillarité des systèmes vivants, ce qui nous éloigne des modèles de développement et de planification préconisés hier par les grandes organisations internationales. Pour créer la confiance et bénéficier de l'effet de levier que constitue la mobilisation des réseaux de compétences, il faut que ce niveau d'expertise soit capable d'extrapoler sur le moyen terme et de rendre lisible le proche avenir, de redonner à la population une lisibilité de projet dans le temps. La valeur ajoutée de ce niveau est d'installer, avec peu d'informations encore vérifiables mais beaucoup de conviction, les logiques de projet qui sortiront la collectivité du drame initial.

Au-delà, la marche vers la normalité suppose **le retour des "cognitifs"** (administrateurs, gestionnaires, ingénieurs...) pour : consolider l'information qui devient de plus en plus dense ; soutenir les projets qui s'installent dans le paysage et doivent se transformer en programmes d'action. Souvent, les gestions de sortie de crise échouent par défaut de logistique, parce que ce niveau d'action demande beaucoup de moyens et de ressources humaines pour accompagner les populations.

Pendant longtemps, sous l'effet de nos modes de fonctionnement administratifs, les dispositifs français ne savaient déployer que le niveau cognitif avec des experts disposant de solutions "sur étagères" et négligeant le terrain. Cela s'est souvent traduit, sur le plan international, par une non-maîtrise des phases amont de la gestion des sorties de crise. Ce fut notamment le cas au Liban ou au Moyen-Orient après la Guerre du Golfe, laissant ainsi aux Anglo-Saxons une totale maîtrise du terrain et du contrôle des réseaux de décision. Cette situation s'est un peu améliorée depuis quelques années avec la mise en place des ACM (Affaires Civilo-Militaires), au niveau de la Défense, de la CELUR (cellule d'urgence) au niveau de la Diplomatie, et la création de l'AFD (Agence Française du Développement). Mais il faudra encore quelques années et beaucoup d'efforts méthodologiques pour rattraper le déficit culturel que nous avons face aux Britanniques dans ce domaine. Néanmoins, les opérations qui ont été conduites en Macédoine et au Kosovo en 1999 ont montré que les opérateurs français pouvaient être performants dans ce domaine - à condition de bien combiner dans le temps et dans l'espace ces trois types de compétences avec ces trois types d'intelligences de situations : l'audit initial en amont, l'ingénierie de projet, et la conduite de programme.

Pour autant, cet exemple, comme d'autres sur le plan économique, sociétal ou technologique, montre que le succès de la plupart de ces gestions de sortie de crise tient à la vision stratégique du management qui supervise les opérations du début à la fin. Elle tient aussi à la détermination et à la perspicacité des dirigeants qui assurent la conduite des opérations. La phase la plus délicate demeure le passage d'une expertise à l'autre, les hommes n'étant pas sur les mêmes registres d'intelligibilité et de pratique. Il faut à ce niveau être très vigilant pour qu'il n'y ait pas de blocages, ni d'incompréhensions qui conduisent à des déperditions en ligne, très préjudiciables à la poursuite des opérations. Ces phases de pontage entre dispositifs sont stratégiques et ne doivent pas être sous-estimées.

Un bon management de l'emboîtement des différentes expertises est déterminant.

Un bon management de l'emboîtement des expertises est déterminant. À ce niveau, il est recommandé d'entraîner les intervenants pour que les procédures soient respectées, notamment en matière de transmission d'information et de continuité opérationnelle ; mais l'essentiel réside dans le choix des managers qui auront à assumer ces phases de transition. L'expérience montre que, dans ce domaine, rien ne vaut le choix de personnes qui se connaissent et ont eu à mener un jour des opérations ensemble. Cela évite beaucoup d'incompréhensions, de perte de temps, de frictions inutiles, et permet de concentrer l'énergie des équipes sur ce qui est essentiel.

Par ailleurs, il ressort de la pratique sur le terrain que l'une des clés de réussite des gestions de sortie de crise réside en grande partie dans le management en réseau. Cela ne remet pas en cause les modes de management traditionnels de type hiérarchique qui ont aussi leurs vertus, mais les renforce avec une efficacité particulièrement appréciable dans les moments critiques. Le management en réseau fonctionne sur des codages qui ne sont pas ceux de nos organisations conventionnelles ; il suppose des valeurs partagées, relevant d'autres univers existentiels.

Le management en réseau fonctionne sur des codages qui ne sont pas ceux de nos organisations conventionnelles ; il suppose des valeurs partagées.

L'exemple du Kosovo, comme celui de la tempête de 1999, ont révélé l'extraordinaire capacité de mobilisation et d'action des multiples réseaux de compétences qui existent dans notre société. Cette mobilisation s'est faite autour de critères d'intérêt général qui ont surpris plus d'un responsable des administrations concernées et même des entreprises - plus enclins à penser que la société civile ne pouvait et ne savait agir que sur des intérêts particuliers ou mercantiles. Des préfets ont pu bénéficier de cet apport complémentaire d'expertise lors de la tempête de 1999 parce qu'ils avaient préalablement tissé avec l'ensemble de la société civile, et à tous les niveaux, des liens denses et non hiérarchiques particulièrement appréciés. Il en fut de même au niveau de la diplomatie et des armées lors des événements au Kosovo et en Macédoine sur la même période.

En effet, la gestion de sortie de crise suppose au moins autant de tout analyser, disséquer, expliquer, faire rentrer les réalités dans des modèles, que de tenter de percevoir, de ressentir, de comprendre. La logique doit être complétée par l'intuitif, la connaissance par la perception et par le partage de ces perceptions avec des partenaires inhabituels. Pareille démarche est certes difficile à vivre, car elle suppose de rompre avec des habitudes d'autant plus ancrées qu'elles apportent de solides protections vis-à-vis de l'inattendu. Cela suppose de casser des certitudes, de sortir des logiques de moyenne, de déplacer radicalement les points de vue, d'accepter les logiques floues, de tolérer l'indécidable, de supporter la coexistence de logiques contradictoires.

Au plus haut niveau, trois impératifs sont à respecter pour réussir :

- le dirigeant doit, en quelque sorte, définir un horizon et tirer l'ensemble des acteurs vers cette ligne. La clé est ici la **force de détermination**. Il accepte les réalités, celles-ci renforcent sa volonté, il y trouve son énergie.
- le dirigeant doit **s'ouvrir sans cesse sur de nouveaux réseaux** : on ne résout pas une situation inédite avec les acteurs du passé. Cela va appeler des **transgressions**, des initiatives surprenantes et le plus souvent choquantes. Ce qui ne veut pas dire que le choquant soit la marque de la justesse. Là encore, point de règles données. Le questionnement, le jugement sont et restent essentiels.
- le dirigeant doit savoir aussi **rechercher, trouver et engager à fond des initiatives** qui seront des leviers essentiels pour faire advenir les inédits recherchés. C'est là que le pragmatisme doit revenir, mais pas à la place du questionnement sur le fond ni de la vision sur le fond. Au dirigeant de trouver les quelques actes à poser qui seront créateurs de sens, d'avenirs, d'ouvertures - et plus encore de confiance partagée.

Pour autant, le dirigeant ne doit jamais perdre de vue que le management de sortie de crise est d'abord une affaire de lucidité, de pragmatisme, de réalisme et de prise de risque : la voie de l'échec, c'est d'attendre d'y voir clair pour agir. Il lui faut pour cela quelques réflexes existentiels, quelques convictions profondes pour se lancer dans des univers hors du commun. Il faut renouer avec l'étonnement et l'enthousiasme. L'enthousiasme pas le cynisme. L'enthousiaste mène loin, le cynique limite l'aventure. Il lui faut avoir - et faire partager : la raison fondée sur l'écoute, la sérénité, quelques références fortes, l'expérience pratique, et une formidable envie de servir les gens.

Michel Séguier, avec sa considérable expérience du terrain, indique à cet effet l'importance des modes de travail, des logiques de mission qu'il faut savoir adapter aux circonstances. Ce que sut faire l'UNICEF à son égard, lorsqu'on lui confia une mission au Burundi, pays en pleine rupture : "*Surtout ne perdez pas une minute à rédiger un rapport : on sait que cela ne sert à rien. Revenez avec une idée d'action, si vous en trouvez une*". Le centre de gravité n'est pas dans la réponse tactique mais dans le questionnement sur les leviers véritablement décisifs.

On pourrait méditer à ce propos ce passage d'un discours de Tony Blair à Brighton après les événements du World Trade Center :

> *"Je vous le dis : vous ne vous sentez pas la personne la plus puissante du pays dans des moments comme celui-ci. Il n'y a aucune justification pour cette douleur [...].*
>
> *C'est un moment extraordinaire pour une action créatrice [...]. C'est un moment à saisir. Le kaléidoscope a été ébranlé. Avant que les choses ne retombent, réarrangeons le monde autour de nous. Aujourd'hui, l'Humanité dispose de la science et de la technologie pour se détruire ou pour apporter la prospérité à tous. Mais la science ne peut faire les choix à notre place. Seule la puissance morale d'un monde agissant comme communauté humaine le peut. Pour ces personnes qui ont perdu la vie le 11 septembre et ceux qui portent leur deuil, le temps est venu d'avoir la force de bâtir cette communauté. Que ce projet commun soit leur mémorial".*[1]

1. Tony Blair, discours à la conférence du Parti travailliste, Brighton, septembre 2001.

C'est à l'horizon que se trouve la voie de sortie, et non sous la trace qu'a laissée derrière soi le dernier pas avant la faille. Ce n'est pas en regardant nos certitudes d'avant le 11 septembre que l'on pourra imaginer les risques à prendre pour surmonter ce qui est du domaine de l'inédit.

Tenir l'immédiat, inventer des avenirs

Responsables : de nouvelles postures

La difficulté, pour nos décideurs aujourd'hui, est de ne pas s'arrêter à une bonne "gestion des crises", d'imaginer que la seule maîtrise des sorties de crise suffit pour passer les caps que nous avons à franchir sur le plan historique. Ceux qui étaient satisfaits des résultats obtenus au Kosovo, et qui commençaient à en tirer les bénéfices médiatiques et politiques, se sont retrouvés quelques mois plus tard surpris par une nouvelle crise en Macédoine, puis submergés et dépassés par les événements de l'après-11 septembre. C'est le problème central pour tous ceux qui ont réussi une gestion de crise à un moment donné : là plus qu'ailleurs, s'endormir sur ses lauriers peut réserver de douloureuses surprises.

Il est clair qu'un responsable doit s'endurcir pour être plus apte à faire face aux urgences, aux crises et aux ruptures. Il doit avoir une meilleure maîtrise des gestions de sortie de crise, et tirer les enseignements des opérations réussies permet de ne pas se laisser enfermer dans les "collapsus" que nous connaissons aujourd'hui. Mais tout cela ne peut épargner au dirigeant la confrontation avec les décisions de fond qui seront à prendre, un jour ou l'autre, derrière le "maelström" des crises, qui s'emboîtent à un rythme de plus en plus effréné.

Il est évident par exemple que les crises successives dans les Balkans nécessiteront un jour ou l'autre une reformulation des souverainetés et que les dirigeants n'échapperont pas à une redéfinition des frontières - processus que nous repoussons d'année en année pour ne pas toucher aux vieux accords du début du XXème siècle.

Ne nous faisons pas d'illusion, il en est de même sur le plan économique. Une entreprise peut maîtriser des chocs successifs sur le plan des technologies, des environnements financiers, sociaux... Elle peut surmonter chaque convulsion et même en ressortir plus forte parce qu'elle aura su, à un moment donné, maîtriser la situation et trouver une sortie de crise acceptable. Cela ne lui évitera pas l'échéance que beaucoup de groupes internationaux ont connue ces dernières années : ils ont dû, un jour, annoncer qu'ils changeaient de périmètres d'activités, de partenaires et d'identités.

De même nos sociétés, face aux grandes ruptures en cours, ne pourront pas faire l'économie de ce type d'exercice après les expériences de l'ESB, des embryons, des OGM, des risques technologiques majeurs comme à Toulouse... À nouveau, nous serons obligés de revoir aussi le dessin des frontières du vivant, de nos géographies humaines et de notre action vis-à-vis des écosystèmes. De la même manière, dans le domaine du virtuel, les jeunes générations avec leur culture du Net sont en train de redéfinir de nouvelles territorialités en termes de partage de l'information et de modes de communication, déstabilisant ainsi - par le bas - nos vieilles sociétés occidentales.

Dans ce contexte, les responsables doivent devenir des "passeurs de frontières". Il leur appartient de savoir faire émerger ces nouveaux dessins qui vont permettre une nouvelle coexistence des peuples, de nouveaux partages d'initiatives, de nouveaux champs de créativité.

Cela ne s'improvise pas. Le responsable, qui aura été éprouvé par la gestion des crises et qui aura conscience de ces ruptures profondes que nous avons aujourd'hui à assumer, devra développer une capacité de vision stratégique hors du commun, compte tenu du niveau d'incertitude et d'instabilité qui règne dans nos environnements.

Il faudra qu'il passe d'une logique de gestionnaire à un vrai exercice de la gouvernance. Il ne pourra pas se contenter de comprendre ce qui se passe, de piloter des phases d'ajustement tactique pour survivre.

Le dirigeant devra redéfinir le tracé des frontières mentales, physiques, virtuelles, techniques qui aujourd'hui façonnent la vie de nos concitoyens.

Il va falloir qu'il redéfinisse le tracé des frontières mentales, physiques, virtuelles, techniques qui aujourd'hui façonnent la vie de nos concitoyens. Et il ne pourra pas se limiter à cette unique tâche de "designer" : il lui faudra surtout emmener les hommes et les femmes sur les autres lignes d'horizon ou rivages qu'il aura imaginés, mis en débat, définis, et valorisés.

On aurait bien besoin de ce type de "passeur de frontières", aujourd'hui, à Jérusalem - comme il y en eut voici quelques années en Afrique du Sud avec Botha et Mandela. Il faut espérer que, rapidement, des dirigeants de ce niveau comprennent, pressés par les événements qui endeuillent chaque jour les Israéliens et les Palestiniens, qu'il faudra bien un jour redéfinir quelles sont les nouvelles territorialités des uns et des autres. Les protagonistes peuvent rivaliser tous les jours en termes de gestion de crise pour protéger ou sublimer leurs intérêts. Ils peuvent aussi s'en tirer avec de bonnes gestions de sortie de crise, comme par exemple la venue de milliers de "refujniks" d'Europe centrale pour combler le déficit démographique des Israéliens et remettre en cause, avec le développement de colonies, les accords de camp David. Cela ne règle pas les ruptures fondamentales qui sont en cours sur cette région du monde. À terme, cette fuite en avant ne fait qu'approfondir la gravité de la crise et risque d'amener les deux protagonistes concernés dans une sorte de suicide collectif.

Ce type d'exemple, nous l'avons malheureusement dans beaucoup de domaines. Combien d'entreprises se sont enfermées dans des scénarios identiques, avec des dirigeants qui se sont obstinés à détruire l'énergie de leurs hommes et de leurs dispositifs, dans des confrontations de second ordre, épuisant tous les talents de leur organisation dans la maîtrise de gestion de crises inutiles - les vraies questions étant ailleurs. Il en est de même sur le plan sociétal, avec la vie politique qui se complaît dans des petites crises d'apparatchiks et de querelles médiatiques - aux dépens des vrais enjeux de société, qui exigeraient des décisions de visionnaires.

A priori, la posture des responsables ne peut plus être dans le : "nous maîtrisons !", mais dans le : "nous devons franchir ensemble la ligne !" Une telle dynamique suppose quelques règles de comportement :

- une intuition forte pour discriminer l'essentiel le plus rapidement possible,
- quelques convictions compréhensibles par tout le monde,
- une détermination à toute épreuve dans la mise en œuvre,
- une capacité à fédérer des équipes et des réseaux "robustes" avec de vraies valeurs partagées,
- une qualité de médiateur pour faire partager sa vision à tous les niveaux,
- de la ténacité pour permettre les mutations et les consolider dans la durée.

Ce qui suppose d'abandonner en termes de pratique managériale :

- l'enfermement dans une bureaucratie à la recherche du moindre risque immédiat,
- la pratique du cloisonnement à l'intérieur, comme vis-à-vis de l'extérieur, pour défendre des cartographies de territoire souvent dépassées,

- la constitution de "cours" qui empêchent un bon traitement du signal et épuisent les énergies dans des jeux stériles,
- la substitution de toute vision par une pratique de communication omniprésente, vide de sens et perçue comme telle,
- l'évitement de toute initiative un peu innovante,
- le repli dans la tyrannie du "court terme".

Une fois ces préalables admis et mûris, le responsable se trouve de plus en plus confronté à plusieurs défis.

Le premier est lié à la violence des situations et à la peur qui en résulte. Il est clair qu'aujourd'hui nos sociétés sont de plus en plus tétanisées par la brutalité des chocs. Cela va supposer, en premier lieu, **de redéfinir les échelles des risques et des menaces**. Il le faut pour clarifier ce désordre des perceptions qui brouille toutes les lectures et entrave toutes les logiques de pilotage. Cette action ne pourra se faire qu'avec les citoyens et les groupes humains concernés. Elle devra s'établir non par la production de discours mais par l'ouverture de projets concrets sur le terrain. Comme dans le domaine des catastrophes, ce n'est pas en disant aux citoyens de ne rien faire et d'attendre, en accordant leur confiance comme on signe un chèque en blanc, que l'on trouve des voies de sortie - mais en ouvrant des chantiers qui mobilisent les énergies et libèrent les créativités.

Le deuxième défi est lié à cette perte de référentiels et à tous ces contextes pulvérisés par de nouveaux entrants et de nouvelles contraintes qui déstabilisent en profondeur notre vision du monde. La réponse n'est sûrement pas de livrer une grammaire définitive, consacrant un "nouvel ordre du monde", mais bien d'apporter les conditions qui permettront de **faire émerger des réponses vivables, adaptées et partagées**. Ce qui va supposer plus de médiations sur le terrain que de décrets souverains.

Le troisième défi tient à cette perte de liens dont les conséquences sont profondément préjudiciables à tout développement durable au sein d'une collectivité. La nécessité de **refonder partout où c'est possible : légitimité, confiance, crédibilité**, ne peut se faire qu'en utilisant la force du management en réseau, focalisé sur l'engagement d'innovations audacieuses, seules capables de bousculer lourdeurs, cloisonnements et combats d'arrière-garde.

Le quatrième défi doit s'attaquer à la déresponsabilisation de nos sociétés. Le seul antidote est la **revalorisation de la notion de responsabilité**, en dépit de la complexité croissante de nos systèmes qui, loin de constituer un motif de fuite, doit être au contraire une exigence de redimensionnement (et sans que le judiciaire soit le moteur unique de cette transformation dont il n'a pas à assumer seul le fardeau).

Le cinquième défi est lié à l'état d'esprit qui, trop souvent, se manifeste par de l'arrogance sur fond d'impuissance. Même si ce comportement est tout à fait explicable, car il traduit le désarroi face à la masse des difficultés, il ne peut que conduire à des impasses sociétales. La réponse que nous avons identifiée est bien dans **le courage de transformer la donne sans attendre** qu'il y ait menace émergente, crise ou rupture. Cela suppose plus que de l'anticipation : une vraie capacité visionnaire, stratégique et historique.

Enfin, probablement le plus difficile en raison de nos cultures et de nos formations, nous sommes confrontés à de grandes discontinuités qui ne se laissent pas vaincre par de simples logiques additives et linéaires. Nous ne pourrons échapper, pour trouver des voies de sortie et d'ouverture, à **des prises de risque majeur pour affronter de façon créative ces grandes discontinuités** dont les termes ne sont pas écrits. C'est précisément sur ces prises de risque que nous devons nous former collectivement et inventer une démocratie plus forte et résolue.

L'épreuve des discontinuités que nous commençons à vivre est probablement un défi majeur et historique que la démocratie doit relever dès maintenant.

La démocratie se renforce toujours dans les épreuves ; celle des discontinuités que nous commençons à vivre est probablement un défi majeur et historique qu'elle va devoir relever dès maintenant. La survie de la démocratie, en univers de ruptures aussi générales et profondes, est sans doute à ce prix.

Ce sont là des lignes à l'attention première du dirigeant. Elles sont nécessaires car sa responsabilité est primordiale et incontournable. Aujourd'hui, avec les moyens d'information et de communication, il dispose des leviers les plus puissants que l'humanité ait jamais eus ; par ses non-décisions, les inerties et blocages qu'il peut générer risquent d'être très préjudiciables à l'ensemble de la collectivité. Cela suppose de sa part un effort à la fois de compréhension et d'implication qu'on ne peut pas sous-estimer, face à la complexité des décisions qui sont à prendre. Des profondeurs, on sent monter des attentes fortes et de plus en plus pressantes : que l'on se reporte à Gênes, à Toulouse, à Porto Alegre. S'il n'y a pas de réponses à ces attentes, les dirigeants se découvriront rapidement comme des colosses aux pieds d'argile - et ce ne sont pas les performances des technologies modernes qui combleront un déficit de vision et de gouvernance. Sous la double pression des événements et de la société, il leur faut se transformer et, sans différer davantage, engager les mutations nécessaires.

Responsables – sociétés civiles : de nouvelles dynamiques partagées

Des dirigeants pleinement investis, c'est une première exigence. Mais il faut une démarche autrement plus large. Le citoyen doit être réintégré dans la boucle de façon décisive ; la société civile doit être beaucoup plus reconnue et associée aux prises de décision. On le voit sur tous les fronts, encore plus en matière de terrorisme non conventionnel. La menace des kamikazes, qui fonctionnent comme le prion en se lovant dans les systèmes vivants, appelle des prises de responsabilité collectives sans précédent, à tous les niveaux et simultanément. Une approche de type biologique devrait inspirer nos stratèges en matière de sécurité collective. Ce dont nous avons besoin, c'est d'une dynamique forte où l'on sache fusionner les énergies, autour de quelques valeurs fondamentales - qui restent à faire ré-émerger aujourd'hui. Toutefois, cela ne se fera pas si, au cœur de nos processus sociaux et politiques, nous ne réintroduisons pas, en préalable, la confiance. Il faut arrêter l'incantation pour l'incantation, la communication pour le médiatique : tout cela est vide de sens, et chacun le sait bien. Ce n'est pas parce que les populations semblent indolentes et anesthésiées devant les écrans cathodiques qu'elles ne sont pas en attente de nouvelles lignes d'horizon. Cela suppose de rétablir et de nourrir une confiance fondée sur le partage de l'information, des incertitudes, des prises de risque. Confiance enrichie par des débats, éprouvée par l'examen collectif de l'expérience, refondée par le partage des grandes options de civilisation.

La navigation au travers des "Quarantièmes rugissants", si elle ne veut pas devenir un total cauchemar, suppose, plus que jamais, de déterminer quelle route on veut suivre et avec quelles prises de risques. Il va falloir être très ferme sur les caps à tenir – et surtout que chaque membre de l'équipage ait le même niveau d'information, d'engagement et de résolution. Dans ces moments de grande turbulence, c'est toujours le maillon le plus faible qui détermine la robustesse de l'ensemble. Ce n'est qu'à ce prix que le bateau passe les caps les plus difficiles de la navigation hauturière, au même titre qu'une société, une civilisation franchit les caps de l'histoire.

On le sent bien : sans ruptures majeures dans nos visions, ces perspectives risquent d'en rester à l'incantation impuissante. Alors, allons au fond du défi : si l'incertitude - mieux : l'inconnu, voire l'inconnaissable - est au cœur de notre agenda actuel, de notre désarroi individuel et collectif, **renversons complètement l'approche. Ayons l'audace de faire de ces trous noirs, précisément, une opportunité**.

C'est parce qu'il ne peut plus y avoir de réponse donnée, assurée, garantie au risque zéro, que le travail de connaissance, de débat, de choix peut revenir au centre des affaires publiques. Personne n'a plus la solution, la légitimité, la crédibilité pour dire le droit chemin.

Les contenus (connaissances, normes, règles, etc.) restent importants si l'on ne veut pas sombrer dans les rêves ou les cauchemars. Mais **notre outil crucial, ce sont les procédures** : comment allons-nous nous y prendre pour cheminer à travers ces territoires inconnus ?

Les défis actuels, loin de condamner la démocratie, doivent ainsi tout au contraire nous conduire à la revivifier. C'est d'ailleurs le fond du projet de développement durable, comme l'exprime avec limpidité Laurence Tubiana (partie 3). La perspective ne doit pas être de remettre de l'ordre, mais de mettre du jeu.

La perspective ne doit pas être de remettre de l'ordre, mais de mettre du jeu.

Il va falloir donner le pouvoir à l'imagination, non aux doctrines ; rouvrir les espaces de liberté, de communication et permettre à tous ceux qui sont porteurs d'initiatives créatrices de les mettre en œuvre.

Mais arrêtons-nous ici un instant : il est essentiel, en effet, de bien relever les **tentations de régression** qui s'emparent des meilleurs esprits à ces moments inquiétants où il faut innover de façon décisive, introduire soi-même des ruptures créatrices. Les résistances risquent de se faire âpres, les retours en arrière préoccupants.

- Gardons-nous, d'un côté, de tuer toute question en affirmant, envers et contre tout, que tout est sous contrôle - alors même que l'on a déjà bien commencé à abandonner cette ligne de défense. La tentation est grande d'y revenir sur les dossiers les plus sensibles.
- Gardons-nous, de l'autre côté, d'exiger le risque nul, en décidant de faire grève de citoyenneté, jacquerie locale ou mondialisée, si ce risque nul n'est pas garanti par le retrait de tout acte non totalement verrouillé. Ce sont là les dérives du principe de précaution, qui risque d'exploser dès son lancement si on tente d'en faire un principe d'abdication, lui qui est d'abord un principe de questionnement et d'intelligence collective. Et d'ailleurs, comme nous l'avons vu lors des tables rondes organisées à la demande du Premier ministre à la suite de la catastrophe de Toulouse, ce type d'exigence est largement dépassé chez le citoyen, très loin d'être irrationnel comme on l'a souvent déploré. Même si, sur ce bord, on sent aussi à quel point l'inquiétude, la défiance par rapport au discours officiel, la recherche d'un État protecteur en dernier recours laissent dans les esprits l'espoir d'une garantie de risque zéro.
- Il ne s'agit pas non plus d'accepter les risques en parole, mais tout en gardant à portée l'arme juridique, utilisée non pour sanctionner les irresponsabilités mais

pour combler par avance - entreprise paralysante et déstructurante collectivement - les trous noirs qui ne peuvent être réduits par une telle arme. Le juridique ne peut tenir lieu de mécanisme central, en amont, de tous nos choix collectifs. Il peut condamner les écarts à la règle, on ne peut espérer qu'il compense à lui seul nos démissions devant les défis de l'heure. Et si l'on s'obstine dans le tout juridique, même si cela peut servir le chiffre d'affaires de professions honorables, tout en écrasant les magistrats, on dévitalisera bien rapidement cette ultime voie de recours, qui doit garder son utilité essentielle par ailleurs.

- Bien entendu, il ne s'agit pas de profiter de ces inconnues majeures, pour imposer désormais - nouvelle manœuvre inacceptable - des risques qui ne doivent pas être engagés ; ou de se satisfaire des procédures de contrôle, administratif ou autre, limitées à quelques visites symboliques une fois tous les cinq ou dix ans. Et là, le citoyen doit redoubler de vigilance. Il ne faudrait pas qu'un accord de maturité sur le fait que le risque zéro n'existe pas conduise finalement à donner un chèque en blanc à tous les créateurs de risques, à tous les opérateurs plus prompts à jouer au monopoly financier *urbi et orbi*, qu'à asseoir une sécurité collective robuste, dans le cadre d'un développement durable.

On pourrait penser que ces pièges sont si visibles qu'il n'est nul besoin de les rappeler. Prenons garde : dans les turbulences qui vont de pair avec les grandes mutations, telles que nous en vivons à l'entrée de ce troisième millénaire, les retours en arrière, les archaïsmes les plus bornés, les détournements d'intelligence collective, la sottise pour reprendre le diagnostic de Barbara Tuchman, sont des dangers réels. Là encore, il faut déployer une forte énergie, pour repérer : les impasses, les peurs trop maladives, les refus trop flagrants de responsabilité, les fausses solutions miracles. La caricature, la montée aux extrêmes va souvent de pair avec les crises et plus encore les ruptures.

Il est un fait que, depuis le 11 septembre, le temps semble s'être fermé, bloqué et que beaucoup font de la surenchère autour du retour des peurs en affirmant que nous sommes entrés dans le temps de tous les dangers. Si la peur est quelque part salutaire, elle ne peut devenir une finalité en soi pour nos sociétés. Dans ce registre, les effets de communication sont souvent critiques car il nous font passer de façon démesurée du syndrome du « il ne se passe rien, tout est sous contrôle » à la paranoïa : «c'est la fin des temps ». Et l'on ne doit même pas écarter l'idée que de trop grandes inquiétudes, de trop grandes impréparations, de trop fortes incompétences ne conduisent à la recherche folle de quelque sauveur en situation grave. William Dab le souligne avec intelligence dans son champ, les grandes crises de santé publique.

Aller de l'avant, prendre le risque de la vie

Tout en gardant cette vigilance sur les pièges, il convient d'aller de l'avant. La tentation serait naturellement de s'enfermer pendant une ou deux décennies pour trouver le parfait modèle. C'est dans notre tradition française, qui caresse toujours l'espoir de trouver la règle idéale, l'organisation idéale, à imposer à l'Hexagone, sinon à la planète entière. Certes, il va falloir beaucoup de réflexion, dans tous les domaines, avec les ressources de toutes les disciplines. Mais soyons plus modestes, plus réalistes - et plus démocrates. Et sachons penser des réponses et des modes d'organisation légers, efficaces, évolutifs, plutôt qu'une perfection inatteignable et bloquant rapidement toute initiative.

La ligne serait plutôt d'accepter d'apprendre en marchant, d'apprendre avec d'autres, d'apprendre par le retour critique sur nos expérimentations.

La dynamique existentielle constituant à re-créer de liens au niveau local, tant entre générations qu'entre cultures, est de nouveau à inventer.

Cela va exiger des efforts sans précédent dans la conduite politique de nos sociétés. Parmi toutes les urgences qui sont à traiter dans ce registre, la priorité reste sans aucun doute la re-création de liens au niveau local, tant entre générations qu'entre cultures. Cette dynamique existentielle est de nouveau à inventer. Il faudra le faire, non pas à partir de grands programmes bureaucratiques, mais à partir d'une politique de micro-projets, qui correspondent aux attentes et aux besoins des populations. Cela va supposer une autre éducation de la proximité, une autre écoute des autres, et surtout le geste à propos. D'ores et déjà, de nombreuses initiatives voient le jour et sont porteuses d'espoir dans tous les domaines. Nous avons donné quelques illustrations.

Il ne faut pas se cacher les obstacles culturels à vaincre :

- cela suppose d'accepter que l'on se lance dans l'innovation partagée, sans attendre l'adéquation parfaite entre la chose et l'intellect, comme le dit avec espièglerie l'un des personnages d'Umberto Eco. « *Donc vous n'avez pas qu'une seule réponse à vos question ?* » demande le disciple à son maître médiéval. Et ce dernier de lui répondre : « *Adso, si tel était le cas, j'enseignerais la théologie à Paris* ». Nous sommes probablement ici au cœur des handicaps français.
- cela suppose de tolérer l'expérimentation – c'est-à-dire le travail de tâtonnement avec d'autres. Ce qui suppose la confiance. Il faut en mesurer toute la difficulté : faire confiance, c'est accepter de considérer que l'on ne dispose pas, de naissance, par diplôme, ou par tout autre privilège royal ou impérial, des réponses ultimes. Rap-

pelons-nous ce retour d'expérience public organisé par ESCOTA à la suite des intempéries exceptionnelles sur son réseau : la clé de la réussite ne tint pas aux réponses qui purent être apportées, mais bien au fait que les questions furent mises « sur les tables » ; que, d'entrée de jeu, il fut manifesté que personne n'était propriétaire ni des questions, ni des réponses, ni des règles du débat ; qu'il n'y aurait de réponse robuste que collective. Pour cela, il fallait certes prendre un risque : se départir des fausses sécurité du pouvoir : des places réservées à la tribune, des tables hiérarchiquement quadrillées, des invitations limitées aux seuls acteurs acquis. Les dirigeants d'ESCOTA firent l'essentiel : ils prirent des risques pour ouvrir le processus. Et c'est cela qui permit de passer de la défiance première (compréhensible, car toute réunion officielle est souvent marquée par la fermeture) à un terrain collectif qui pourrait donner du champ à la confiance. Signe technique intéressant à considérer : on dispose aisément d'amphithéâtres pour organiser des réunions publiques ; c'est très exactement *la* configuration à proscrire pour les débats d'aujourd'hui.

- cela suppose de tolérer plus encore : le retour critique sur les procédures engagées. Il n'y a rien de plus exécré par la culture française en matière de politique publique. Ou bien alors, chacun fait son retour d'expérience en interne, et en secret. Et s'il faut communiquer pour satisfaire quelque tendance moderne à l'information, on le fait à la gloire de son territoire bureaucratique, ce qui ne réussit qu'à convaincre en interne. L'idée qu'un retour d'expérience puisse être conduit par un panel ouvert - comme le Président Carter osa le faire à la suite de l'accident nucléaire de Three Mile Island :"un groupe qui reflétait la société américaine" - est bien éloignée, pour le moment, de ce qui apparaît tolérable par nos bureaucraties. Et pourtant, là encore, ne serait-ce pas une voie féconde ? La catastrophe de Toulouse, la plus grande catastrophe européenne depuis celle de Ludwigshafen en 1949, ne pourrait-elle justifier pareille transgression créatrice ?

On pourrait rétorquer que l'on ne sait déjà pas comment s'y prendre à l'échelon d'un pays, alors que les défis à relever sont mondiaux. Certes, mais cela ne doit que nous mobiliser davantage. Pour engager des efforts dans de multiples directions. Non, une fois encore, pour plaider un moratoire sur les initiatives aussi longtemps qu'on n'y verra pas plus clair.

Attendre d'y voir totalement clair pour agir est un piège mortel désormais. Et, de toutes les façons, nous ne pouvons plus nous contenter de notre petit jardinet occidental : les problèmes sont mondiaux - pour tout le monde. Pas dans le moyen terme : immédiatement.

Et les enjeux sont cruciaux : ils sont de l'ordre de la survivance pour notre vieil Occident, qui ne sera pas à l'abri des secousses touchant les pays emportés dans des spirales destructrices. Notre attentisme dans le drame actuel de l'Argentine est à ce propos d'une consternante gravité et, même d'un point de vue parfaitement égoïste - s'il ne reste que cela nous risquons de le payer fort cher.

Les perspectives d'ensemble sont assez claires : maîtriser les pathologies des crises en travaillant les dimensions du développement durable ; capitaliser sur toutes ces initiatives qui émergent depuis dix ans hors de nos frontières. Ce qui a été mis en œuvre, entre autres par le monde humanitaire, en ex-Yougoslavie, en Afrique et aujourd'hui en Asie centrale, et qui est encore peu visible, est à ce propos extrêmement innovant et encourageant. Les expériences en cours pour stabiliser des situations fracturées et remettre les populations sur des processus de reconstruction de leur devenir sont à privilégier.

Il faut aujourd'hui privilégier cet optimisme de l'action qui est développé au sein de nos sociétés civiles.

D'un point de vue dynamique, engager le mouvement est une exigence forte. Il faut sans cesse montrer que cela peut marcher et que la fatalité du désespoir ou de l'horreur n'existe pas. Par ailleurs, il faut montrer que ces évolutions sont le fait de nos sociétés civiles et qu'un rien peut fabriquer beaucoup de confiance. Face au pessimisme de l'intelligence que tout travail prospectif peut générer, il faut aujourd'hui privilégier cet optimisme de l'action qui est développé au sein de nos sociétés civiles. Osons faire le pari de l'innovation. Chaque fois qu'il y a de l'audace, du non-conformisme, du questionnement, il y a une voie, un cheminement et un avenir.

Là encore, ne nous masquons pas les difficultés :

- souvent, les sociétés civiles n'ont plus d'autres choix que d'être innovantes face à des technostructures paralysées (heureusement, on crée alors quelque agence, mieux apte à répondre aux défis émergents). Les vrais terrains de fermentation de notre avenir sont à extraire de toutes les initiatives de la société civile.
- leurs innovations passent par des modes de management en réseau et par des champs de convictions qui échappent de plus en plus à nos milieux politiques et institutionnels. Ces derniers sont en crise actuellement, et ne sont plus capables de produire du sens, de re-définir de nouvelles lignes d'horizon et surtout de transformer leur vision de la vie collective.
- plus grave : les technostructures sont tout à fait capables de bloquer les voies de sorties. C'est probablement

d'ailleurs leur terrain d'excellence. Très régulièrement, tout est fait pour expulser ce qui est nouveau.

Les évolutions souhaitables et souhaitées seront donc longues. Et il faudra sûrement des événements majeurs comme celui du 11 septembre, voire des pressions exogènes qui sont de l'ordre de l'inconcevable, pour accélérer les processus en cours. Ce sera long et ce sera douloureux car nous serons probablement encore touchés dans nos chairs, mais plus encore dans nos champs de conviction. Mais il n'est plus possible de tricher. L'étude de l'Histoire montre que, dans les contextes décisifs, les discours à court terme et purement techniques sont vite réduits à néant. Il va bien falloir faire preuve de convictions, de courage, et de détermination dans l'action.

Bien sûr, il ne faut pas être naïf. Toute initiative a ses risques, ses possibles effets pervers. Comme nous l'avons souligné : il faut aussi travailler sur ces effets négatifs. Et non pas prendre prétexte de leur existence pour courir vers quelque bunker de l'âge du diplôme à celui de la préretraite.

Faut-il décidément être assuré d'un risque nul pour agir ?

Une fois encore : ne rien faire n'est pas non plus sans effets mortels. L'immobilisme, fondé sur la défiance et le pessimisme partagés, est dans bien des cas le risque le plus sûr. Et d'ailleurs, depuis plusieurs années, nombre de voix soulignaient que, vu nos blocages, le plus nécessaire serait d'avoir au plus vite quelque choc salutaire : il nous contraindrait à ouvrir les yeux ; il nous éviterait la lente descente vers des niveaux de dégradation, d'inertie, et par la force des choses de conflits, toujours plus difficiles à traiter. Le 11 septembre peut jouer cette fonction de choc. À nous de savoir déclencher le sursaut nécessaire, dans tous les domaines.

L'exigence est de mobiliser toutes les énergies - et de prendre tous les risques nécessaires - pour que la route ouvre des futurs féconds, à la mesure des grandes turbulences et convulsions qui sont à cette heure le terrain de notre responsabilité.

Conclusion

Capitulation / résistance

> "Les ruptures, Monsieur le Président, vous n'y pensez pas !"
>
> "Si, j'y pense. J'y pense même toujours. Nous les aurons. Et nous devons nous y préparer, collectivement. Désormais le risque zéro n'existe plus !"

L'interrogateur s'insurgea :

> "Vous me ressortez encore votre Joffre et sa Grande Guerre[1] : soyons sérieux ! Pour un août 14, combien qui n'adviennent jamais ! Même cette fameuse affaire de missiles à Cuba, en 1962, qui devait mener au bord du gouffre : rien ! Et vos terribles inquiétudes sur le *bug* de l'an 2000 ? Je ne partage pas votre pessimisme. Plus près de nous encore, voyez l'Afghanistan : où est ce bourbier que l'on nous promettait, où est cette cascade d'effets tragiques que l'on nous prédisait avec le Pakistan, le Maghreb, nos banlieues et que sais-je encore ?

1. Pierre Varillon, *Joffre*, Fayard, Paris, 1956, p. 266 ("La guerre, mon Général, vous n'y pensez pas !"...).

Je vous interpelle à mon tour : et si les organisations humaines n'étaient pas faites pour vivre ces cassures ? Pourquoi attendre d'elles des sauts périlleux constants ? On ne demande pas à une belle horloge, aux rouages admirables, de plonger dans l'aléatoire. Il est déplacé d'exiger des responsables de se concentrer sur l'impensable. Il est dangereux d'exiger d'une société qu'elle vive au rythme de l'aberrant et de l'impossible.

Répondez-moi : Avez-vous déjà considéré que votre obsession des "Ruptures", comme vous dites - le concept est d'ailleurs probablement faux -, pouvait justement finir par les provoquer ? Voudriez-vous d'une société totalement maîtrisée ? Qui veut rivaliser avec l'Olympe ne récoltera que ses foudres, et déclenchera de grands malheurs."

Le président garda un long silence, et répondit :

"Vous avez peut-être raison ; comme vous dites souvent, et c'est fort juste : "Le pire n'est jamais sûr" - l'extrême aurait-il d'ailleurs été un jour "probable" ? Et le jeu avec les grands risques n'est jamais sans risque, y compris celui de drames historiques. Je vous le concède, et j'aurais bien tort de ne pas le reconnaître.

Mais vous avez peut-être tort. Il suffit d'un Août 14 - ou d'un 11 septembre - pour cadenasser tout un siècle. Ne pas interpeller ces dirigeants ? En tant que citoyen, je l'exige. En tant que dirigeant, je revendique l'interpellation vigoureuse - c'est la grandeur et le fondement de ma fonction. Quand le vent et la mer se lèvent de toutes parts, le commandant ne saurait annoncer à ses passagers qu'il serait déplacé d'attendre mieux de lui que de son illustre prédécesseur à la passerelle du Titanic - blessé à mort par un *improbable* iceberg, ou par un *inconcevable* cutter. Les ruptures sont notre lot, de notre fait d'ailleurs.

La politique de l'autruche est de s'enfermer dans le "zéro... quelque chose", et sera plus encore, la pire des politiques. Bien au contraire, il faut se préparer activement à l'aberrant : dans les périodes de grandes mutations, c'est au plus inattendu, au moins statistiquement probable, qu'il faut assurément s'attendre. Qui n'en prend pas acte commet une lourde faute. Et s'il refuse de s'y préparer, à l'heure de l'épreuve il se montrera impuissant. Pire : n'ayant rien préparé, ni avec ses équipes, ni avec ses partenaires, il risque de vouloir imposer à tous des diktats tout à la fois inopérants et illégitimes.

Je consens à ce qu'il y ait des risques à engager lucidité et questionnement, information et débat, investissement personnel et collectif... Mais ce risque est moindre que celui du silence et de la vénération obsessionnelle de ce qui paraît échapper encore aux turbulences. Je me refuse à l'évitement sous couvert de fausses évidences et de raisonnements dépassés, d'optimisme mensonger et d'assurances infondées...

Je reconnais qu'il peut y avoir graves dérives sur les bords du Rubicon : "*Si je ne passe pas ce fleuve, cette retenue sera la source de mes malheurs ; si je passe, malheur à tout le genre humain*", aurait effectivement pensé César, avant de passer le fleuve, pour son propre intérêt[1]... D'où l'exigence, certes éprouvante et à réinventer à chaque grand tournant, d'intelligence et d'information partagées, de débat contradictoire, de construction collective d'avenirs choisis. Vouloir l'oublier, pour ne pas affronter les difficultés de la tâche, c'est offrir les rubicons aux *outsiders*, aux *raiders* qui restent seuls libres de comprendre et d'agir ; ou, pire encore, comme l'a dit Jaspers, à des

1. Christian Meier, *César*, Seuil, Paris, 1989, p. 9.

Führers[1], qui n'ont plus qu'à serrer des entraves déjà posées et tolérées.

Déraison ? Qui peut le soutenir ?

Il est impératif de penser la rupture historique et culturelle, dans une logique de refondation permanente. C'est là désormais notre défi, et il commence d'abord par l'acceptation du fait que le "risque zéro n'existe plus". Dès lors, si on ne veut pas aller à la faillite et au drame, il faut s'extirper de "l'innovation zéro", sœur jumelle du risque nul, et promouvoir une grande libération de la réflexion comme de l'action. On ne peut plus tricher avec la réalité. La fin du risque nul, c'est le début d'une nouvelle responsabilité.

1. Karl Jaspers, *La bombe atomique et l'avenir de l'homme*, Buchet-Chastel, Paris, 1963, p. 646.

À L'ÉCOUTE DU TERRAIN : les "quarantièmes rugissants"

"Je compris à ce moment-là quelle était la façon de raisonner de mon maître, et elle me sembla fort différente de celle du philosophe qui raisonne sur les principes premiers, à telle enseigne que son intellect fonctionne presque comme l'intellect divin. Je compris que, lorsqu'il n'avait pas la réponse, Guillaume s'en proposait un grand nombre, et très différentes les unes des autres. Je restai perplexe.
"Mais alors, osai-je commenter, vous êtes encore loin de la solution...

- *J'en suis très près, dit Guillaume, mais je ne sais pas de laquelle.*
- *Donc, vous n'avez pas qu'une seule réponse à vos questions ?*
- *Adso, si tel était le cas, j'enseignerais la théologie à Paris.*
- *À Paris, ils l'ont toujours, la vraie réponse ?*
- *Jamais, dit Guillaume, mais ils sont très sûrs de leurs erreurs.*
- *Et vous, dis-je avec une infantile impertinence, vous ne commettez jamais d'erreurs ?*
- *Souvent, répondit-il. Mais, au lieu d'en concevoir une seule, j'en imagine beaucoup, ainsi je ne deviens l'esclave d'aucune.*

J'eus l'impression que Guillaume n'était point du tout intéressé à la vérité, qui n'est rien d'autre que l'adéquation entre la chose et l'intellect. Lui, au contraire, il se divertissait à imaginer le plus de possibles qu'il était possible.
À ce moment-là, je l'avoue, je désespérai de mon maître et me surpris à penser : "Encore heureux que l'inquisition soit arrivée."

Umberto ECO, *Le Nom de la Rose*

Dès lors que l'on se libère du mythe du risque zéro, on renoue avec l'incertitude. Dans ce contexte, la pratique du questionnement avec de grands témoins choisis pour leur compétence et leur vécu a été reprise. Comme la forme d'écriture : pour les situations encore bien peu stabilisées, cette voie de l'entretien, du dialogue, est tout à fait adaptée et est loin d'être une forme dégradée de construction de l'intelligence.
Chaque texte fut un cheminement partagé, aboutissant souvent, et ce fut là le caractère le plus passionnant de la recherche, à des ruptures dans les esprits, dans les lectures de l'expérience et des enjeux.
Les entretiens ont été réalisés par Patrick Lagadec, de même que les réécritures, et les correspondances avec les témoins. Xavier Guilhou a apporté, sur chacun des dialogues, sa vision extérieure. Il nous a fréquemment invité à pousser encore le questionnement, la réflexion et cette vigilance complémentaire nous a été très précieuse.

Un monde à réinventer,

avec Xavier Guilhou

Le 11 septembre vient dramatiser un état de fait déjà bien posé depuis une décennie. Les références des Occidentaux sont de plus en plus remises en cause par le reste du monde parce qu'elles sont trop refermées sur les champs clos de la persuasion (ceux du leadership économique, du principe de l'universalité des Droits de l'homme, de la suprématie militaro-diplomatique des puissances nucléaires de l'ordre de Yalta) et ont du mal à affirmer de nouvelles convictions. De fait, notre art de la gouvernance a perdu de son autorité, de sa légitimité.

Cela nous amène à des ruptures dans les champs de la compréhension du réel et de la communication entre les peuples. Cela se traduit aussi par des ruptures profondes dans le management des organisations et des connaissances qui sont de moins en moins hiérarchiques et verticales et de plus en plus transverses et complexes.

Dans la gestion des crises et des ruptures que nous allons avoir à vivre, le pire est le compromis d'évitement que nous cultivons, nous Occidentaux, par manque de courage ; le mieux est de renouer avec le mouvement et l'action car l'histoire des peuples et des organisations ne supporte pas longtemps les fausses stabilités. Mais le meilleur serait d'aller quand même jusqu'au bout du raisonnement en faisant émerger de nouvelles logiques de vie et des stratégies de développement durable. Cela suppose de savoir remettre en question l'intangibilité des frontières mentales ou géographiques dans lesquelles nous nous complaisons. L'exemple des Balkans et désormais de l'Asie centrale sont à ce titre un excellent test sur le plan géostratégique, comme le fut il y a dix ans le choc des nouvelles technologies de l'information et de la communication pour le monde industriel ou comme peuvent l'être aujourd'hui les chocs sécuritaires à l'intérieur de nos espaces urbains pour nos sociétés complexes. ■

Patrick Lagadec : 1989 : le Mur tombe. On se réjouit : l'Histoire renoue avec l'image que l'on a du passé, après cette parenthèse du bloc soviétique. La chute du Mur ouvre le champ à la liberté, des peuples – mais plus encore des marchés. La puissance américaine se fait porte-drapeau d'une mondialisation marchande qui relègue le politique au rang d'une curiosité dépassée. Nombre de signes, pourtant, ont montré que pareille perspective n'était pas de nature à rallier l'humanité entière, ni même tous les peuples solvables : ce furent notamment Seattle, Gênes. Et le miroir se brise le 11 septembre. Voici deux ans, je vous posais la question : qu'est-ce qui ne fonctionne plus ? Aujourd'hui, mon interrogation est encore plus pressante : où en sommes-nous, si du moins on peut encore le savoir ?

Xavier Guilhou : Je vous répondais : ce qui ne marche plus, et le 11 septembre ne change rien en la matière bien au contraire, ce sont nos références suprêmes. Depuis cinq siècles, nous avons élaboré des modes de raisonnement et des modes d'actions qui, au cours du XXème siècle, se sont refermés autour de logiques de persuasion qui arrivent aujourd'hui à échéance, dans un monde qui est en train de se transformer radicalement. Cela pouvait apparaître décalé. La facture que nous avons réglé le 11 septembre va bel et bien nous contraindre à inventer de nouvelles règles. Cela me rappelle cette phrase de Goethe que je trouve d'actualité : "*Le problème, c'est que nous avions tout pensé et qu'il va falloir tout réinventer !*". Mais restons un moment sur ce bilan car, au moment des grands tournants, il faut bien savoir faire l'inventaire – pour ne pas s'illusionner sur la situation : on pense trop souvent qu'on va pouvoir s'en tirer avec quelques petites réformes à la marge, quand nous sommes convoqués sur le terrain des mutations décisives, et pour lesquelles le temps est compté.

Patrick Lagadec : Alors, reprenons le constat. En sachant bien que c'est là seulement la base, mais qu'il nous faudra ensuite construire, pour répondre véritablement au défi.

Xavier Guilhou : Au tournant du siècle, l'Occident s'illusionne à bon compte. La fin de l'Histoire est naturellement invoquée, certains stratèges osent affirmer que l'Occident a assis définitivement sa puissance sur la valorisation d'un certain "bien-être". D'autres affirment que seul un modèle démocratique de nature libérale et marchand permet d'accéder à la "modernité". Ils opposent volontiers cette philosophie matérialiste et positiviste aux dérives "sacrales" des nombreux "intégrismes" qui émergent ici et là depuis la chute du Mur de Berlin. Il était très difficile de dénoncer la supercherie, mais nous l'avons fait. Que disions-nous ?

Jusque récemment, l'Occident a été l'ordonnateur du fonctionnement du monde et nous sommes les héritiers de cette formidable aventure. Il a contrôlé pendant plusieurs siècles 85 % de la richesse mondiale. Il a demandé à tous d'adhérer à ses modes de fonctionnement, ses cartes mentales, ses quadrillages géographiques – tout particulièrement ces dernières décennies avec Yalta. D'où l'importance absolue que nous avons donnée aux principes d'universalité des Droits de l'homme et d'intangibilité des frontières, qui expriment au-delà d'eux-mêmes tous ces ordonnancements que nous ne "voulons pas" ou ne "pouvons plus" remettre en cause. Là fut la vraie question de la fin du XXème siècle. Mais, depuis Seattle et le 11 septembre, les sanctuaires de cet ordonnancement ont été brutalement frappés par de "nouveaux entrants" qui ont décidé de ne plus négocier.

Il faut être clair : à côté de nos persuasions, il y a des pressions démographiques incontournables (l'Occident représente moins de 10 % de la population mondiale), des écarts de richesse qui sont trop flagrants, et de ce fait des pulsions sociétales qui déstabilisent notre leadership planétaire. Le fait de poser pareil diagnostic élémentaire n'a rien de dramatique en tant que tel. Avoir la lucidité de le faire pourrait même être à moyen terme plus salutaire que ce que nous pourrions imaginer. Cependant, comme tout organisme qui refuse de voir la réalité et qui s'accroche à ses acquis, nous tentons de continuer à faire adhérer le monde à nos référentiels, alors que cela craque de partout.

Là est la grande rupture : face aux systèmes de persuasion dans lesquels nous sommes installés, et que nous nous efforçons de faire perdurer, s'affirment partout dans le monde des "logiques de conviction" que nous ignorons ou ne voulons pas prendre en compte. À ce propos, ce qui m'a le plus frappé dans les commentaires des médias au moment de la tragédie des "Twins" fut l'étonnement suivant : "Comment des individus, diplômés des meilleures écoles d'ingénieurs et vivant comme nous, peuvent-ils être capables de tels actes ? C'est incompréhensible". Réponse : leurs convictions profondes sont plus à rechercher dans leur croyance que dans leur détention d'une carte de crédit. Le seul problème, c'est que nos experts en géopolitique ont pour la plupart évacué le "sacral" de leur raisonnement pour réduire leurs analyses aux variations de "PNB". Ils ont opposé la modernité aux racines culturelles et ont isolé la pensée philosophique de ses contenus spirituels limitant de fait leurs évaluations à de petites dialectiques souvent médiocres qui ont fermé les champs de vision.

Mais, bien par delà le choc insupportable de cette actualité pour l'Occident, quand vous allez en Chine, en Inde, en Amérique latine vous êtes confronté à d'autres univers socio-économiques, qui n'ont pas été enfantés par le monde industriel et qui rejoignent à grandes enjambées et sans *a priori* le monde du soft, des services, du virtuel qui émerge. Vous trouvez des gens convaincus qu'il y a d'autres référentiels à saisir, d'autres aventures humaines à bâtir. Et ce mouvement est radical : il emporte avec lui les notions d'intangibilité des frontières (géographiques, mentales, organisationnelles, etc.).

Les limites d'hier ne sont plus ressenties comme des freins, mais comme des remparts mous aisés à franchir ou à contourner. Hier, tout était encore imposable. Aujourd'hui, c'est fini. Depuis le 11 septembre, tout est brutalisable ! Et le défi est de rendre tout négociable.

En quelques heures, nous avons régressé pour rejoindre l'univers de la "légitime défense" et ce quel, que soit le bord. Les processus de confrontation sont redevenus basiques et s'amplifient, nous obligeant désormais à réintégrer la dimension de la "guerre" alors que nous l'avions évacuée de notre pensée et de notre langage depuis un demi-siècle. Et pourtant, ce n'est pas faute d'avoir identifié un certain nombre de signaux forts qui auraient dû nous alerter. Il suffit de regarder les difficultés rencontrées par le FMI lors de la crise asiatique, ou de l'ONU au Cambodge ou sur les Balkans, pour s'apercevoir que nos modèles occidentaux ne sont plus des points de passage obligés et que d'autres méthodes s'imposent ici ou là. En fait, tout ceci aurait dû sérieusement nous interpeller depuis longtemps.

Si nos modèles ne sont plus des références, c'est qu'ils ne répondent plus aux grandes questions existentielles de l'humanité. Quel est le but de l'action collective, pour qui, pour quoi vit-on et meurt-on aujourd'hui ? Ces grandes interrogations sous-tendent les ruptures actuelles. Et ces questions ne sont pas secondaires : elles concernent cet art de la gouvernance que nous avons à assumer, que l'on soit à la tête d'un État, d'une entreprise, d'une organisation quelle qu'elle soit.

Patrick Lagadec : "Logique de persuasion" : pourriez-vous préciser ?

Xavier Guilhou : Quand on est parvenu à dominer à un tel point l'organisation du monde, ce qui a été le cas de la vieille Europe et de ses cousins américains et russes aux XIXème et XXème siècles, on n'est guère enclin à remettre en cause ses modèles de pensée. Fort logiquement, on œuvre pour faire adhérer chacun à l'idée que l'on est les meilleurs, que l'on est incontournable, et l'actuel modèle américain est dans ce domaine un chef d'œuvre de réductionnisme. Les États-Unis fonctionnent aujourd'hui comme l'empire romain au faîte de sa puissance, et nous comme ses satellites du premier cercle par impuissance. Derrière ces évènements, nous sommes tous aujourd'hui enfermés dans un piège avec une communication schizophrénique qui donne l'impression que le monde entier est contre les valeurs que nous défendons et qu'il faut absolument le "rééduquer" pour qu'il s'incline à nouveau devant la norme impériale. Tout ceci est dérisoire et ridicule face à la nature des problématiques qui émergent, mais l'Histoire nous montre qu'un exercice solitaire de la puissance finit toujours par ce type d'aveuglement. Le problème, c'est que désormais, nous n'avons plus tellement le choix et il n'est plus question de faire marche arrière.

Quand on regarde comment l'Occident se comporte dans la gestion des crises internationales – financières, militaires ou politiques –, on revient toujours à ce constat : il y a un conditionnement juridique, sémantique, logistique (sur le plan financier notamment, avec tous les instruments mis en place depuis un siècle) qui s'affirme en permanence. Les différents protagonistes de cette planète n'ont pas d'autres alternatives : ils doivent rentrer dans ce mode de fonctionnement et, s'ils s'y refusent, la dialectique du bien et du mal se met en place, avec condamnation et intervention ; nous sombrons alors dans cet espèce "d'angélisme exterminateur"[1] qui

1. Pour reprendre le titre du livre d'Alain-Gérard Slama, *L'Angélisme exterminateur – Essai sur l'ordre moral contemporain*, Paris, Grasset, 1993.

assoit une suprématie américaine par défaut. Cette situation nous arrange un peu dans notre subconscient car cela nous évite de nous engager sur de vraies logiques existentielles. En même temps, ce réductionnisme américain et cette indolence européenne accélèrent cette distanciation avec les événements. Le discours sur "la morale de la guerre" dans les Balkans, et encore plus sur l'Asie centrale et le Moyen-Orient avec l'instrumentalisation du "bien et du mal", fait partie de ce simulacre, comme si une guerre pouvait être morale. Il faut bien voir, de surcroît, que ces réponses sont plus ou moins bien gérées ; elles tendent davantage, comme on l'a vu ces dernières décennies, à accélérer la contestation de ces systèmes de persuasion qu'à en assurer la pérennité.

Patrick Lagadec : Et c'est tout cet univers, jusqu'à présent bien établi, que vous percevez en train d'éclater ?

Xavier Guilhou : Exactement. En matière industrielle, économique, comme en matière géostratégique. Des révolutions technologiques se produisent aujourd'hui : elles ont été pour certaines initiées ou réfléchies par des chercheurs du monde occidental, notamment sur les rivages de l'Atlantique dans les années 1950 – mais c'est du côté du Pacifique que tout se met en œuvre. Ces révolutions s'inscrivent dans de nouveaux univers, plus transversaux, moins verticaux, moins issus de la révolution industrielle.

Plus radicalement, ils expriment une tout autre vision de l'universalité que la nôtre. Quand nous parlions d'universalité derrière la Révolution française ou la Révolution des idées en Europe, la perspective était d'amener tout le monde à partager notre vision de l'univers. Nous sommes désormais sur des logiques très différentes : il s'agit d'élargir les champs du possible, non de ramener connaissance et action à des logiques définies, et de les refermer par tentation ou nécessité vers des discours dogmatiques.

Cette conception de logiques centrales validées, vers lesquelles faire converger tous les développements, explique pourquoi nous sommes si mal à l'aise avec les grandes ruptures, pourquoi les gestions de crise se font si souvent dans le drame (le tragique a d'ailleurs été inventé au bord de la Méditerranée). Notre sens de l'universel, renforcé par des siècles de confrontations entre les grands monothéismes issus du Livre, nous a amenés à favoriser plutôt une logique de création de dogmes et d'idéologies qu'à faire émerger des démarches de tolérance et d'ouverture.

Or, précisément, cette logique ne répond plus à l'aspiration actuelle d'ouverture générale du champ des possibles. De la sorte, même si nous tenons encore le manche, même si nous avons encore des capacités économiques, médiatiques, politiques très fortes, même si nous sommes encore les maîtres des grands outils qui nous ont permis d'ordonnancer le monde, nous perdons sans cesse de notre influence. Tous les ans, des parts de marché considérables nous échappent, à l'image de nos parts d'influence sur la maîtrise de l'ordre du monde. La meilleure illustration que j'ai dans ce domaine est le développement des zones de non-droit dans le commerce international avec la prolifération de contrefaçons. Nous pensons que, parce que la Chine signe des accords avec l'OMC, tout va devenir vertueux et maîtrisable alors que la Chine, avec ses centaines d'usines illégales dans les campagnes et ses propres réseaux de distribution contrôle déjà, dans de nombreux pays du Sud, près de 60 à 80 % des marchés locaux avec ses contrefaçons. Certains arguent qu'il y a des organisations pour réguler ce type de dysfonctionnement. C'est du même ordre que lorsque l'on brandit la menace du TPI face à ces dirigeants qui ont leur place dans l'enceinte de l'ONU et qui organisent des actes de terrorisme en toute impunité ou génocides sur génocides sans que l'Occident aillent jusqu'au bout du raisonnement. Comment voulez-vous être respecté quand vous agitez des "tigres de papier" avec des forums sans autorités ? Sans sombrer dans le tribunal militaire d'exception, qui est redevenu aujourd'hui la norme pour répondre aux attentats du 11 septembre, nous devrions repenser sérieusement aujourd'hui notre vision des facteurs de pouvoir et de puissance. En effet, si notre vision est *a priori* satisfaisante avec une approche "par le haut", elle se retrouve ébranlée de partout par des attaques "par le bas" que nous n'arrivons plus à cerner.

Il faut être réaliste : **nos logiques dogmatiques sont battues par des logiques très floues qui se développent partout dans le monde**. Le plus explicite pour moi est ce qui se passe dans un autre ordre d'idée autour des NTIC (nouvelles technologies de l'information et de la communication) et d'Internet. Des millions d'individus se décentrent des réseaux de communication officiels et dialoguent, lancent des idées, des projets sur des univers parallèles qui ne sont pas contrôlables et ne fonctionnent plus avec des process bien établis. Tout se joue avec une forme d'intelligence intuitive beaucoup plus performante que nos modèles cognitifs. Je vis les mêmes sensations dans la gestion des sorties de crise, en particulier en ce moment sur les Balkans, sur l'Asie centrale et au Moyen-Orient.

Confrontés à ce défi, nous nous recroquevillons sur nous-mêmes. De façon classique, au lieu de nous remettre en cause et faire preuve de créativité, nous avons plutôt tendance à nous enfermer, vexés dans notre amour propre, sur nos certitudes et nos petites pratiques politico-affairistes souvent médiocres et sans aucune ambition. On le voit aussi bien en entreprise que dans les rapports entre les États (ce sont les mêmes modes de fonctionnement).

Patrick Lagadec : Mais, au-delà des sensations que vous pouvez avoir, y a-t-il des fondements de type sociologique ou philosophique plus robustes ?

Xavier Guilhou : Je suis particulièrement intéressé ici par la réflexion de philosophes ou sociologues comme Michel Mafesolli. En effet, tous nos systèmes de pensée depuis cinq siècles tournent autour de la sublimation de l'individu, de son identité et de sa fonctionnalité qui déterminent cette notion de "contrat" qui le lie aux autres, à son environnement... Mais ce lien est limité à une approche catégorielle qui l'empêche d'évoluer. Hors de son cadre contractuel et institutionnel, l'individu n'est rien. Avec l'explosion de l'espace-temps que nous vivons et qui s'accélère depuis un demi-siècle, l'individu, qui est au cœur de la pensée occidentale, n'est plus au centre de la pensée du monde post-moderne. Michel Mafesolli en rend bien compte dans ses travaux. Aujourd'hui, c'est la personne qui va s'identifier de plusieurs façons et assumera en même temps plusieurs rôles qui structurera les nouveaux modes de vie et de communication. Nous sommes plus dans le monde oriental des jeux de masques que nous voyons apparaître dans nos sociétés dites "plurielles" que dans celui du "libre arbitre" occidental de l'homme de la Renaissance. Les sociétés se reconfigurent en systèmes de vie "tribaux" avec une mise en réseau de valeurs, de modes de communication nouveaux. Il faut aller au cœur de cette confrontation entre ces deux modes de pensée, celui de l'individu et celui de la personne, pour comprendre les divorces profonds qui existent entre l'État et la société civile, entre les politiques et les citoyens, entre l'État dit de Droit et "l'étiquette" sur le Net par exemple. C'est cette complexité que nous retrouvons au cœur des grandes ruptures aujourd'hui.

Patrick Lagadec : Si l'on quitte la sociologie pour le management, ne pourrait-on pas objecter que ces réflexions sont peut-être valables sur un plan géostratégique mais inadaptées parce que trop globales pour les entreprises ?

Xavier Guilhou : Non. Dans les grandes entreprises européennes, voire américaines, on est généralement parti du principe qu'il n'y avait rien à remettre en cause sur le fond : l'important était de prendre le contrôle des "contenants", d'avoir des outils très performants en informatique pour brasser de l'information. Cela ne suffit pas quand l'essentiel tient en réalité à des mutations sur les "contenus". Il s'agit en fait d'une reformulation profonde de ces cartographies mentales – qui sont à l'œuvre aussi bien dans le champ économique que sur le terrain diplomatique et militaire. Il faut donc s'attendre à vivre des crises importantes sur le plan du management de nos affaires. Dans ce domaine, le 11 septembre fut la "meilleure" et la pire des choses. L'événement a réveillé la plupart des dirigeants, mais son règlement militaire, *a priori* rapide, les conforte dans leurs certitudes d'hier qui, paradoxalement, se renforcent. Pendant ce temps, les signaux passent au rouge sur nombre de fondamentaux. J'ai comme l'impression que nous sommes face à une forme de daltonisme qui finit par nous fait prendre des signaux mortels pour des signaux sympathiques.

Patrick Lagadec : Quand il y a esquive, c'est qu'il y a tabous. Quels sont-ils en l'occurrence ? Quelles sont les ouvertures – en rupture – qu'il s'agirait d'opérer ?

Xavier Guilhou : La première, ce serait d'accepter les autres comme partie intégrante du système. C'est-à-dire les 90 % de la population mondiale, ce qui n'est pas une mince affaire quand on s'est affranchi de l'espace-temps depuis un demi-siècle avec Yalta, Bretton Woods...

À partir du moment où vous êtes dans des univers transverses, où les autres ont le même poids que vous, voire davantage, **c'est la valeur de la connaissance qui redéfinit les contours des jeux d'acteurs – et non le poids des héritages**. Ce n'est pas parce que vous êtes Français, Anglais ou Italien, parce que vous êtes héritiers du siècle des Lumières, que vous avez *de facto* pouvoir et leadership.

Aujourd'hui par exemple, dans le monde industriel, la créativité n'est pas forcément en Europe. Vous pouvez la trouver au Pakistan, en Inde, au Brésil. Les laboratoires de recherche ou de développement n'ont plus de raison d'être localisés essentiellement en Europe : vous les trouvez plus du côté du Japon ou sur la Côte Ouest des États-Unis.

L'enjeu du futur immédiat est donc cette capacité à partager de la connaissance, au niveau mondial, et de savoir générer du développement durable au niveau local. Et sur des sujets autrement plus complexes que sur des problèmes comme ceux de la métallurgie du siècle dernier. Les entreprises ne sont pas préparées à cette révolution qui remet profondément en cause leur mode de gouvernance.

Patrick Lagadec : On leur a appris que l'important c'est la prédation financière, le marketing : gagner des parts de marché, gagner sur autrui pour conserver son pouvoir et agrandir son territoire au détriment des autres.

Xavier Guilhou : Les logiques marketing sont issues de toutes les théories des conflits développées à la fin du XVIIIème et au début du XXème siècle. Elles sont basées sur des logiques de guerre. Ce n'est absolument plus ce qui se passe à l'heure actuelle. Il n'y a plus de "logiques" aujourd'hui, tout est devenu tellement complexe et tout va tellement vite qu'il n'y a plus le choix : tout le monde est associé au résultat ; il ne peut pas y avoir un gagnant et un perdant. De plus, les affrontements sont devenus asymétriques, avec des inversions radicales de paradigme. De "puissant à puissant" à la fin du XIXème siècle, nous sommes passés progressivement, dans la seconde moitié du XXème siècle, avec le démembrement des empires, à des stratégies du "fort au faible" mais toujours en univers relativement stable. Aujourd'hui, tous les concepts explosent avec des environnements mutants et des affrontements du "fort au fou", chacun étant le fou de l'autre. Le problème, c'est que tous nos outils de sécurité collective ont été pensés pour des univers stables et qu'il faut du temps pour faire émerger de nouvelles fondations que ce soit dans le domaine de la sécurité, le domaine économique, juridique, etc. Cela risque d'être long et douloureux. Or, le temps joue aujourd'hui contre nous, et je crains qu'avec les évènements du 11 septembre nous n'ayons plus ce temps nécessaire. Un grand patron m'avouait récemment qu'il avait l'impression d'être passé d'une petite dépression maîtrisable aux "quarantièmes rugissants" en quelques heures. Lui et son état-major ne s'y étaient pas préparés. Certes, pour reprendre ses propos, "*On finit toujours par s'acclimater aux nouvelles conditions de navigation*" ; mais on prend quand même conscience que la moindre erreur de barre sera cette fois fatale ; alors qu'avant il y avait toujours la possibilité de composer ou de se dégager de la situation. Moralité : de la même manière qu'on ne triche pas avec des éléments naturels déchaînés, on ne peut pas tricher avec la fureur des peuples. **L'Histoire est comme la Mer : c'est une école de vraisemblance qui ne tolère pas les impostures**.

Désormais, il faut échapper à ces petites batailles de frontières. L'enjeu est ailleurs, et les mutations sont colossales. Prenons un peu de recul : l'histoire de l'humanité a été très lente pendant 5 000 ans ; mais, en quatre ou cinq siècles, nous sommes passés de 400 millions d'habitants sur la planète à 5 milliards – et c'est l'Occident qui a en grande partie conduit cette accélération de la pression démographique. Aujourd'hui, en un demi-siècle, on va devoir passer de 5 milliards à 9 milliards et cette croissance est localisée essentiellement autour de l'Océan Indien et du Pacifique. Je ne parle pas de l'inversion démographique que nous commençons à connaître et que personne ne veut évoquer entre le nord et le sud de la Méditerranée. Inversion qui devrait, en l'espace de 30 ans (2000 - 2030), rassembler au nord 190 millions d'Européens d'origine judéo-chrétienne qui n'auront pas progressé sur le plan démographique, et au sud 360 millions d'arabo-musulmans qui auront sur la même période doublé leur population. Face à cette accélération, l'Occident piétine, englué dans des modes d'organisation et de coexistence dépassés. Il va falloir beaucoup d'imagination et de créativité pour faire face à pareille cassure.

Patrick Lagadec : Ce qui signifie concrètement ?

Xavier Guilhou : J'ai tendance à utiliser souvent l'image suivante. Quand vous êtes maire d'une commune de 10 000 habitants et que vous savez que dans 50 ans la commune comportera un nombre d'administrés quasi identique, vous n'allez pas faire preuve de beaucoup d'imagination. Vous ferez tout au plus un peu d'écologie urbaine pour votre population vieillissante. Si vous êtes maire d'une ville de 10 000 habitants, mais savez que dans dix ans vous serez 50 ou 60 000, vous vous réveillez tous les matins en vous disant : "Où vais-je les mettre ? Quelles nuisances vais-je avoir à gérer ?" Vous ne pouvez plus raisonner comme le maire de la ville qui restera à 10 000 habitants et qui va s'enfermer dans ses logiques de persuasion. **Vous êtes obligé de faire exploser tous vos modes d'organisation, de faire circuler l'information différemment**. Sinon, vous aurez un environnement qui explosera de partout et vous serez balayé par le vent de l'histoire. **Vous êtes obligé d'être imaginatif, créatif et donc d'avoir, outre des réflexes existentiels, des convictions profondes, pour vous lancer dans les aventures humaines hors du commun**. C'est ce qui nous est arrivé en Europe il y a cinq siècles autour du XIVème et XVème siècle. La Renaissance, qui a suivi et qui n'a été possible que par les apports du monde musulman en matière de médecine, de mathématique, d'architecture..., ce que nous avons tendance à oublier, nous a permis de faire émerger ce mode de fonctionnement qui fait qu'aujourd'hui nous sommes un peu les maîtres du monde. Mais c'est parce que nous avons eu cette créativité que nous sommes aujourd'hui ce que nous sommes. Cela devrait inspirer les organisateurs des sommets du G8, qui tournent en rond avec leur modèle de développement autocentré et se montrent incapables de penser autrement. À ce titre, **il n'y aura rien de tenable s'il n'y a rien de durable**. Nous l'avions bien compris au XIXème siècle et nous avons tout oublié dans nos conflits fratricides du XXème siècle.

Patrick Lagadec : Qu'avons nous inventé au XIVème ou XVème siècle ?

Xavier Guilhou : Notre développement est en grande partie issu d'une remise en cause profonde de nos modes de fonctionnement derrière la grande question de la maîtrise du vivant après le traumatisme de la grande peste. À l'époque, nos référentiels étaient théocratiques, aristocratiques, et bloquaient l'évolution de nos sociétés. C'est l'évolution démographique, engagée sur plusieurs siècles, derrière la Renaissance, qui nous a permis finalement de commencer à partager l'information et la connaissance.

Mais nous découvrons aujourd'hui les limites de cette rupture d'il y a cinq siècles.

Nous sommes seulement passés d'une logique de défiance – la logique féodale – à une logique de méfiance. De faire "contre" on est passé à faire "malgré". Le piège, c'est que les univers qui se mettent en place dans le monde économique pour le XXIème siècle sont basés sur le management de la confiance. Bien entendu, il ne faut pas prendre ce terme de confiance de façon naïve. Il s'agit de faire "avec" les autres, ce qui pose de façon cruciale le problème des contre-feux à mettre en place pour lutter contre d'éventuelles manipulations, surtout dans des sociétés de plus en plus médiatisées. Le management de la méfiance, que nous avons bien connu avec le taylorisme par exemple, restreint le partage de l'information, l'activité transverse avec les autres.

Quand vous travaillez avec un Brésilien, un Japonais, un Canadien, etc... chacun a une vision du monde différente. **L'objectif n'est pas de casser la vision de l'autre, mais d'ouvrir, au travers de la vision des uns et des autres, les champs du possible, les logiques de référence**. Il ne s'agit pas simplement d'avoir une vision à 30° et de ramener tout le monde à une vision réductionniste – comme le sous-tend le management de la persuasion. Le pire dans ce domaine est de diaboliser l'autre et d'instrumentaliser ses racines culturelles.

Imaginez des villes chinoises de 5 ou 10 millions d'habitants et qui vont en compter 50 dans les deux ou trois décennies à venir : les architectes ont intérêt à faire exploser l'ingénierie acquise jusqu'à présent de la maîtrise des univers urbains. Imaginez les entreprises qui sont en train de se constituer aujourd'hui, sur le plan mondial. Quand vous passez de groupes de 40 000 - 50 000 personnes, aux logiques plutôt hexagonales, à des groupes de 200 000 personnes, intégrés à d'autres univers économiques, comment partagez-vous l'information ? Comment redéfinissez-vous le sens de l'action ? Et en sachant bien que chacun peut vouloir profiter des opportunités ouvertes pour prendre du pouvoir : pour un Indien, un Japonais, un Chinois, le XXIème siècle est une opportunité gigantesque. Ils vont engager de nouveaux projets, de nouveaux modes de fonctionnement... alors qu'Européens et Américains auront plutôt tendance à s'enfermer dans la défense de leur leadership.

D'où des logiques d'incompréhension très fortes, des crises et des conflits. Quand le problème est de cette ampleur, avec la coexistence d'univers de pensée aussi différents, les crises ne sont plus des affaires d'ajustement "technique", elles sont d'essence culturelle et il faut des générations d'hommes pour les surmonter. La situation actuelle, avec la lutte antiterroriste déclenchée suite aux évènements du 11 septembre, risque de nous faire régresser dans ce domaine. En pratiquant la légitime défense, en reléguant les Nations Unies et les organisations régionales à de simples forums sans une réelle autorité, ce qui nous prive de véritables plate-formes de prises de décisions, nous renouons avec les formes primitives de la guerre. C'est ce qui se passe aujourd'hui aux États-Unis, ce que n'a pas forcément compris le reste du monde. Mais que cette guerre soit "totale" ou "spéciale" pour les experts ne change rien sur le fond : cela reste la guerre avec ses cortèges d'horreurs, d'injustices et de tragédies.

Des étrangers m'ont souvent dit que nous avions peur de mourir, que nous avions peur d'aller jusqu'au bout de notre raisonnement et de remettre en cause nos fondamentaux. À l'appui, ils me citaient un proverbe des Balkans : "Celui qui craint la mort perd la vie". **Nous avons tellement peur que notre système meure ou nous échappe que nous sommes paralysés**. Nous ne faisons qu'interdire aux autres de remettre en cause les référentiels ou les fondements de ce qui a assuré cette graisse dans laquelle nous vivons. Depuis le 11 septembre, les Américains cherchent à exorciser cette mortalité qu'ils pensaient inconcevable sur leur propre sol.

Patrick Lagadec : Si nous sommes paralysés, que nous laisseront les autres ?

Xavier Guilhou : S'ils sont sympathiques, ils nous prendront comme sous-traitants. Mais s'ils sont déterminés, ils n'auront aucun scrupule à nous éliminer du système ; et je crois que les actes terroristes du 11 septembre, loin d'être des actes isolés et désespérés, comme voudraient le penser certains, ne sont que le début de ce nouveau type de coexistence de ce début du XXIème siècle. Je l'ai vu au Liban, en Yougoslavie, dans l'Est de l'Europe : vous pouvez partir dans de grands discours sur les Droits de l'homme, l'État de droit, la souveraineté, le caractère intangible des frontières, on vous rétorque : "C'est votre point de vue. Mais il se trouve que nous voulons exister de façon différente ; nous avons des logiques existentielles plus fortes que vous et contre cela vous ne pourrez rien". Ce sont ces afghans aujourd'hui qui affirment aux dirigeants occidentaux : "Nous n'avons pas besoin de vous, laissez-nous faire entre nous...". Si on veut être crédible sur ce type de discours, et ne pas admettre ce type de réponse qui justifie n'importe quelle dérive de type terrorisme de masse, épuration ethnique, génocide ou développement de mafia avec le soutien de la drogue, cela suppose que l'on soit très ferme – en amont – sur l'importance de ces concepts. Donc, il convient de se montrer soi-même, effectivement, particulièrement convaincu, et "convaincant". Il faut arrêter de dénaturer nos positions par des ajustements médiatiques comme c'est trop souvent le cas. La riposte occidentale contre le réseau Al Quaida est absolument nécessaire pour affirmer un minimum de fermeté de l'Occident. Pour autant, elle ne résout rien sur le fond et sur le moyen terme. Il reste entre autres les questions de reconstruction politique et économique de l'Afghanistan. Je crains que ces questions essentielles restent du domaine du "vœu pieu" comme ce fut le cas pour le Liban dans les années 1980 ou pour les Balkans dans les années 1990. Une fois de plus, nous risquons de retomber dans une instrumentalisation de l'Humanitaire, ce qui permet aux décideurs occidentaux de ne pas prendre de décisions quant à la nécessité de mettre en place une gouvernance transitoire de ces zones. Pourtant, l'Histoire de ces parties du monde montre qu'il faut beaucoup de temps pour arriver à cicatriser ces plaies profondes qui restent vives entre des peuples qui se sont massacrés pendant des décennies sur fond de situation sans issue politique.

Une logique existentielle, c'est une logique de vie et de mort. Pour qui doit-on mourir, pour quoi doit-on mourir ?

Si notre référence, c'est le maire qui vit avec sa petite population de 10 000 habitants et qui se préoccupe uniquement de mettre de jolies vitrines, des arbres pour faire un peu écologique et des bancs pour asseoir ses vieux... nous n'avons guère de perspectives. Or, nous nous complaisons de plus en plus dans cet univers et les autres le savent.

Quand vous discutez avec un Indien, un Pakistanais ou un Chinois, avec des populations du Moyen-Orient, ou des Balkans, ils vous disent : "Si vous avez envie de vivre ainsi, vivez ainsi ; mais nous ce n'est pas notre tasse de thé". Le Turc (dont le pays va passer de 40 millions d'habitants à 90 millions à l'horizon 2030) rêve de se retrouver à la tête d'un empire central autour de la Mer Noire et de la partie orientale de la Méditerranée. Le Perse se dit la même chose. L'Égyptien également, qui se remémore l'histoire du Nil. Et quand vous projetez les ambitions des trois en Méditerranée Orientale, vous n'êtes pas sur des scénarios "stables". Il en est de même sur l'Asie centrale. Et, dans ce domaine, il vaut mieux cultiver la vision du forestier qui raisonne sur plusieurs décennies que celle du boutiquier qui réfléchit à sa recette de la journée.

Des pulsions très fortes se font jour sur un certain nombre de contextes économiques ou géographiques. Des peuples ont envie de prendre les commandes – et nous n'avons pas envie de les lâcher. Mais, en même temps, nous n'avons pas envie d'inventer quelque chose qui nous permettrait d'entrer dans ces nouveaux champs du possible. Nous nous sommes enfermés dans la dialectique de l'arrogance et de l'indolence, et il serait temps de nous réveiller.

À ce titre, les crises, notamment entre l'Occident et le reste du monde, deviennent de plus en plus aiguës depuis 5 ans. Elles ont basculé dans la tragédie le 11 septembre, avec ce retour de la Guerre. Plus nous restons dans la logique dogmatique et idéologique, moins nous allons dans des logiques existentielles et plus, en face, les comportements sont durs et intransigeants, voire impitoyables. Le fossé qui se creuse est dangereux. Il ne faut quand même pas oublier que les États-Unis, et de façon plus large les pays occidentaux, ont créé, entraîné et soutenu ces réseaux désormais terroristes pour contrer à l'époque les visées de l'Union soviétique sur la zone. Or, aujourd'hui, ces mêmes réseaux se retournent contre leurs employeurs d'hier pour contrer leurs visées marchandes (pétrole et gaz) sur la même région. Et il ne faut pas croire que nos démocraties sont indifférentes à ces objectifs marchands qui sous-tendent le conflit actuel, et ce quel que soit le caractère inadmissible des actes commis le 11 septembre et qui doivent être sanctionnés. Mais ne nous racontons pas trop d'histoires, sinon nous allons finir par penser que le script qui se joue sur les écrans, pour le peu que l'on voit, serait la véritable Histoire.

Patrick Lagadec : Au cœur de cette schizophrénie, de notre repli, n'y a-t-il pas la peur du chaos ?

Xavier Guilhou : Oui. Si on regarde aujourd'hui l'état de la planète, on se trouve avec trois grandes zones.

Un tiers est encore en logique relativement sécurisée. La coexistence collective est fortement encadrée : c'est la triade classique avec l'Europe, les États-Unis, le Japon qui gèrent aujourd'hui une grande partie de la valeur ajoutée économique.

Un second tiers oscille entre des logiques dites "émergentes" qui peuvent être parfois "destructrices" : ce sont des pays qui ont décidé de prendre les commandes et revendiquent d'ores et déjà leur part de pouvoir – une grande partie du continent asiatique, ou latino-américain – et qui ont décidé que, dans les décennies à venir, ils compteront dans les décisions sur l'état du monde (et pas simplement de l'état économique du monde). Si un Brésilien, un Japonais, un Indien ou un Singapourien entre au Conseil de Sécurité de l'ONU, cela pourrait effectivement changer beaucoup de choses. Mais cet ensemble est très difficile à maîtriser car dans ces pays vous pouvez passer de plus 20, plus 30 % de taux de croissance par an à l'inverse et subir des effondrements tout aussi spectaculaires dans votre domaine d'actualité : voyez l'Argentine en ce moment.

Un troisième tiers est en logique totalement chaotique : ce sont des régions qui ont complètement implosé au niveau des modes de fonctionnement et où la préoccupation collective est celle de l'immédiat. Il faut trouver de l'eau, il faut trouver à manger et il faut rester en vie heure après heure. C'est la Sierra Leone, le Rwanda, etc... L'Occident ne maîtrise plus ce troisième tiers. Nous sommes sortis du jeu, auquel nous ne comprenons plus rien. Le seul monde qui continue à dialoguer avec cet univers, c'est l'humanitaire, laboratoire d'idées et de débats sur de nouveaux modes d'organisation à inventer. Il est le seul à pouvoir réamorcer la pompe, sortir du fatalisme de l'horreur.

Un "quatrième tiers" est en train de voir le jour avec les réseaux des zones grises et leurs pratiques de nomadisme autour des trafics de drogue, d'armes, de blanchiment d'argent. En l'occurrence, l'éradication des camps retranchés d'Afghanistan ne suffira pas pour entraver les nuisances de ces dispositifs au niveau mondial.

Nous nous cantonnons en fait de plus en plus dans notre premier tiers.

Aujourd'hui, la vision américaine du monde rend bien compte de cette segmentation, en la réduisant au-delà de toute mesure. Depuis le 11 septembre, il y aurait d'un côté l'Amérique, sanctuaire de la démocratie et vitrine du bien-être, qui serait la grande "victime" de ce désordre mondial. Ailleurs, il y aurait les "incompétents". Il s'agit en grande partie des alliés de l'Amérique, ces membres du G8 qui se complaisent dans des forums régionaux (Union européenne) ou multilatéraux (OMC, BIT,...) pleins de prétentions mais sans autorité et sans réelle capacité d'interventions. Au-delà, il y aurait les "incapables", qui vivent de rapines et ne font rien pour sortir de leur sous-développement. Enfin, il y a désormais cette nouvelle catégorie que sont les "terroristes" qui prolifèrent en profitant des faiblesses chroniques des "incapables" et des "incompétents".

Patrick Lagadec : Si telle est la donne, que faire ?

Xavier Guilhou : Comme la crise est culturelle et structurelle, il n'y a pas de solution immédiate et les agitations des politiciens de tous ordres ne sont que des bricolages de circonstances. Nous allons vivre des difficultés majeures sur le plan international. Cela passera par des logiques très dures. **Quand on refuse d'évoluer, on subit les révolutions. "*Si on ne veut pas subir une révolution, il faut la penser et la faire*"** écrivait Alexis de Tocqueville. Aujourd'hui, nous nous y refusons. À un moment ou à un autre, nous la subirons. Et, en général, le temps de l'épreuve vient autrement plus rapidement qu'on ne se l'était imaginé. Nous la subissons déjà un peu sur les plans économique et industriel : ce sont les grandes ruptures autour de l'énergie, des télécommunications, des systèmes d'information. Nous avons pris chaque crise technologique de plein fouet, sans l'anticiper et avec beaucoup de dégâts sur le plan social. Sur le plan sociétal, nous commençons à entrer dans cette voie, notamment en ce qui concerne la vie urbaine. Les logiques de ségrégation sont devenues très fortes ; **les problèmes de sécurité vont se radicaliser et se durcir avec des drames inacceptables du type du 11 septembre, à la mesure de l'autisme ambiant et de l'absence de projets collectifs**.

Comme dans les affaires internationales, nous allons nous retrouver dans un face à face entre ceux qui font dans l'angélisme et ceux qui sont dans l'extrémisme. Nous passerons par des phases très dures, sans parvenir à **nous** comprendre. **Comme toujours, nous allons nous éduquer malgré nous**.

Fondamentalement, nous nous sommes enfermés dans une sédentarité mentale et physique très forte. Or, dans l'Histoire, tous les peuples sédentaires qui se sont recroquevillés sur eux-mêmes ont été malmenés ou ont disparu. Babylone, Rome... Quand nous regardons ceux qui émergent aujourd'hui, ce sont de nouveaux nomades, confrontés à des pulsions démographiques très fortes, donc contraints d'entrer dans des cultures du mouvement, de l'échange, de l'enrichissement de la connaissance ; dans une culture de gestion des conflits de nature gagnant-gagnant. Il faudrait que nous arrivions à aller vers ces logiques, ce qui suppose que nous sortions de notre bunkérisation.

Les apôtres de Davos évoquaient beaucoup la mondialisation, la globalisation, en pensant que la seule maîtrise d'une logistique de communication suffirait ; c'est une erreur : **nos outils de télécommunication ne pourront être le remède à la quête du sens**. Ce n'est pas une petite logistique internationale qui permettra de faire vraiment communiquer les cultures et se comprendre. Dans les entreprises, nous nous sommes posés beaucoup de questions ces dix dernières années pour savoir comment nous pouvions continuer à exister. Ceux qui refusent de mourir se sont remis en cause et ont bien compris que, pour pouvoir exister, il fallait quitter les logiques sédentaires, les logiques de châteaux forts, pour aller vers des logiques de nomadisme où la maîtrise du mouvement et de la vitesse est devenue déterminante par rapport à la confidentialité et aux huis clos pratiqués par les systèmes institutionnels classiques. Il fallait aller au contact des autres, ancrer nos visons, enrichir notre connaissance – et puis s'internationaliser. Mais pas au sens colonial du XIXème siècle, pas au sens idéologique du XXème siècle.

Il fallait inventer une démarche transverse, une démarche de mariage de l'esprit. Travailler avec un Asiatique, un Sud-Américain, avec un Arabe ou un Sud-Africain, cela suppose que vous additionniez ces différents univers en termes de mariage spirituel. Le problème, c'est que le terme "spirituel" a une très forte connotation de religieux dans notre mode de fonctionnement. Mais nous ne pouvons pas ignorer que chacun dans ce monde à des modes de respiration très différents et qu'il faut en tenir compte et les respecter.

Il y a vingt ans, la plupart des groupes français faisaient 80 % de leurs chiffre d'affaires en France ; ce chiffre est tombé à 20-30 % aujourd'hui : essayez d'imaginer la révolution culturelle qui s'est produite.

Partout dans le monde, des Chinois, des Indiens, des Pakistanais, des Brésiliens, etc. représentent ces groupes. **Les équipes dirigeantes ont appris à additionner leurs contraires, à élargir leurs champs de vision**, leur mise au diapason avec la complexité du monde. Cela leur a été bénéfique. C'était la première condition : s'ouvrir au monde et ne pas forcément se persuader que leur pérennité serait assurée pour la seule raison qu'elles seraient devenues des entreprises mondiales.

- Cela n'était pas suffisant : il fallut revoir le management du pouvoir, ce qui veut dire être capable de partager ce pouvoir avec un Américain, un Allemand, un Chinois, un Japonais. Cela suppose d'être d'accord sur le sens que l'on donne à son entreprise – et une entreprise c'est d'abord une aventure humaine, ce n'est pas un concept théorique. Ce sont d'abord des gens qui se lancent dans des défis qui paraissent souvent impossibles au commun des mortels. Quand vous faites un tunnel sous la Manche, quand vous envoyez une fusée dans l'espace, vous réalisez, vous concrétisez des rêves. Partager des rêves, entre un Japonais dans son zen le plus total et un Anglo-Saxon dans son puritanisme exacerbé, ou avec un Latin marqué par sa religiosité, cela suppose d'avoir une vision de l'universalité des choses qui soit très différente de celle vécue pendant plusieurs siècles.
- Naturellement, le chemin à parcourir n'est pas uniquement marqué par des logiques vertueuses ; il y a aussi des logiques vicieuses. Il ne faut pas être naïf sur la nature humaine. Même si on arrive à mieux dialoguer, il existe bien des pulsions individuelles ou collectives qui peuvent compromettre ces choses.

- Certaines entreprises en France ont bien géré cette ouverture au monde, mais ont buté sur ce management du pouvoir. Elles ont sous-estimé aussi la capacité des hommes à assumer les changements, à traiter parfois des logiques très primitives qui se remettent en place et peuvent compromettre la démarche. L'internationalisation ne vaut que si l'on est capable de partager sur le sens. Il en est de même quand on a à reconstruire un pays après une guerre ou un désastre naturel : ce n'est pas le pactole de la communauté internationale qui est déterminant, même s'il est nécessaire ; c'est la dynamique, et surtout le sens, que vous mettez dans le projet de vie collective qui fait toute la différence. Quand on procède à l'envers, on a le Liban ou les Balkans, avec des imbroglios pendant plusieurs décennies et des populations qui ne savent plus où elles en sont, ce qui n'est pas à l'honneur de ceux qui prétendent œuvrer pour la reconstruction de ces zones. L'art de la gouvernance, c'est d'abord d'indiquer la voie et d'y mettre une âme avec des dirigeants qui ont une vision partagée par tout le monde. Après, le reste suit sans trop de difficultés. En assassinant un leader comme Massoud, les terroristes du moment savaient qu'ils touchaient à l'essentiel, car lui avait une âme et un souffle d'une autre nature que les symboles matériels de la puissance américaine qui ont été frappés deux jours après par d'autres terroristes. Pour moi, la vraie guerre que nous connaissons aujourd'hui a commencé le 9 septembre en s'attaquant à cet homme qui avait la plupart des clés pour traiter autrement cette rupture géostratégique sur l'Asie centrale. **L'Occident n'a pas su ou voulu l'écouter à temps parce que c'était un "petit commandant", qu'il ne parlait pas l'anglais pour passer sur CNN et être suffisamment dans le tumulte médiatique qui vous permet d'être accrédité auprès des puissants de ce monde**. C'est un enseignement qu'il faut conserver en mémoire quand on prétend tout mettre en jeu pour défendre la paix. Il faut d'abord ne pas se tromper sur le sens de l'engagement des hommes que l'on a en face de soi, et bien faire la différence entre ceux qui se battent pour de vraies valeurs partagées et ceux qui illusionnent et contraignent les populations avec des pratiques souvent mafieuses. Cet enseignement vaut pour la gouvernance des États et aussi des entreprises.

Patrick Lagadec : Partager sur le sens, tout le monde en parle ; cela signifie quoi pour vous ?

Xavier Guilhou : Le sens, c'est ce qui reste quand on a tout oublié. C'est la ligne de force qui sous-tend la réflexion et conduit l'action. Il est clair que, pour affronter ces ruptures et ces nouvelles frontières, il faut se concentrer sur l'essentiel – ce qui exige souvent d'évacuer les 95 % d'inutile que nous avons dans notre cerveau. Je n'oppose pas l'utile et l'inutile, mais bien l'essentiel et le futile. C'est une démarche sur soi qui demande beaucoup de courage personnel tant sur le plan moral qu'intellectuel. C'est tout le problème de la navigation dans les quarantièmes rugissants : très vite, ce n'est plus une affaire de courage physique, car tout le monde a peur, est fatigué. C'est plutôt salutaire car cela évite de se prendre au sérieux et de se raconter des histoires. Non. Pour moi, c'est d'abord une question de conviction et de détermination, surtout quand la tempête dure. J'en ai fait l'expérience à plusieurs reprises dans mon existence, que ce soit sur des gestions de crises majeures au niveau international ou sur des gestions de crises au niveau économique.

Aujourd'hui, l'Occident a tendance a privilégier la futilité, avec un voyeurisme assez médiocre. Le 11 septembre vient lui rappeler que la vie, et surtout la liberté, sont des dons et des acquis que l'on ne dévoit pas pour un divertissement immédiat et sans avenir. Dans le cas inverse, c'est la brutalité et la mort qui sont au rendez-vous, surtout quand ce sont d'autres peuples et d'autres cultures qui ont décidé de reprendre les commandes, avec des moyens inacceptables. Il faut espérer que, dans le sursaut du peuple américain, il y ait, au-delà les convictions et la détermination du moment, dont je ne doute pas, cette recherche d'essentiel, de sens, qui remettra la stratégie à sa place. Elle remettra surtout l'Occident au cœur des grands débats pour un développement durable entre les peuples et donnera tort à ceux qui veulent créer des Ruptures non pas créatrices mais destructrices, en faisant basculer le monde à nouveau dans l'horreur de la guerre. Puissions-nous nous rappeler de cette phrase de Malraux : "*on ne meure qu'une fois et on s'en rappelle !*".

Savoir absorber les grandes ruptures de l'Histoire a toujours été le propre des grands peuples. Espérons que ce soit aussi le propre de notre civilisation occidentale aujourd'hui ; cela supposera peut-être d'apprendre à rouvrir les champs du dialogue et de la connaissance, en évitant d'opposer modernité et sacré, philosophie et spiritualité. Cela supposera plus de respect pour la dignité humaine, et surtout beaucoup plus d'humanisme dans nos modes de gouvernance tant sur le plan global que local. Mais je sais que ce cheminement est exigeant et qu'il demande du temps – ce que nous n'avons plus actuellement. Il suppose, en tout cas, d'autres modes éducatifs et d'autres façons de communiquer entre les peuples et les cultures. Ce sont, je pense, les grands enjeux de ce début de XXIème siècle, tout le reste n'est qu'accessoire !

Développement durable,

avec Laurence Tubiana

Une question stratégique et politique

Des problèmes globaux émergent : environnement, climat, santé, pauvreté… Faire référence au développement durable, c'est poser que ces questions doivent être prises en charge, qu'elles ne seront pas résolues par le marché. Davantage : les réponses ne sont pas données. États, Entreprises, Associations, Citoyens devront débattre, négocier. Et c'est précisément l'incertitude qui va permettre de négocier, non pour faire accepter un ordre, mais pour trouver les voies possibles et souhaitées pour un vivre ensemble à l'échelle planétaire, et locale. Ce qui va supposer : un travail scientifique sur le fond des dossiers, et un travail de réflexion sur les procédures de discussion. C'est ainsi que l'on pourra se mettre en position de traiter les deux dimensions – stratégique et politique – du développement durable.
Pour œuvrer à ce projet, d'importance majeure, un Institut international du développement durable vient d'être créé en France. Il soulève dès à présent un très grand intérêt. Reste maintenant à le faire vivre. ■

Laurence TUBIANA, inspectrice générale de l'agriculture est actuellement conseillère pour l'environnement au cabinet du Premier ministre. Elle a été conseillère scientifique et membre du Conseil d'Analyse Économique, a participé aux négociations environnementales internationales. Elle a occupé le poste de professeur associé à l'École Nationale Supérieure d'Agronomie de Montpellier, a été directrice de recherche à l'INRA, Consultante auprès de la Banque mondiale, de la CNUCED et de la Commission européenne, directeur de la revue « *Courrier de la Planète* », Présidente de l'association Solagral. Elle a également été active dans le mouvement associatif européen et international où elle a animé une équipe de recherches sur la régulation internationale et les questions agricoles et environnementales.

Patrick Lagadec : Vous venez de créer un " Institut international du développement durable ". De plus en plus s'affirme cette notion que certains pourraient qualifier de concept fourre-tout, comme on le dit régulièrement pour toute notion nouvelle encore peu consolidée. Toujours est-il qu'elle émerge à un moment où les vieilles notions de Progrès, de Développement économique, semblent avoir subi une forte dégradation de sens, d'intérêt, d'adhésion : on ne l'a que trop bien vu de Davos à Seattle, de Nice à Gênes. Comment situez-vous ces enjeux qui n'ont pas été étrangers aux réactions dans le monde après les événements du 11 septembre ?

Laurence Tubiana : Ce qui est frappant dans la conjoncture du débat d'idée de la fin des années 1990, c'est bien la juxtaposition de deux agendas complètement parallèles. D'une part, l'agenda économique : avec la chute du Mur de Berlin et l'importance prise par la négociation commerciale internationale qui aboutit en 1994 à la création de l'Organisation Internationale du Commerce, ce premier agenda est marqué par l'idée (surtout après cette chute définitive du socialisme réel) que l'État a failli. Puisque l'État a failli et qu'au fond il y a un consensus autour de cette thèse, l'idée se développe qu'avec le marché, on va disposer du mécanisme de régulation de l'ensemble des activités. L'utopie d'unification de ce marché fonctionne bien à cette période : on observe un triomphalisme dans la négociation commerciale ; toutes les institutions internationales qui pèsent (en premier lieu la Banque mondiale et le Fonds monétaire) travaillent sur l'idée selon laquelle, si l'on réduit les défaillances des États – en contractant leur champ d'activités – on atteindra une meilleure efficacité globale et donc plus de bien-être. Cet agenda se traduit dans de multiples domaines : les ajustements économiques dans les pays en développement, la libéralisation commerciale dans les pays développés, la critique de l'État providence dans les pays de l'OCDE... On distingue ainsi tout un faisceau de convergences qui expriment et renforcent le consensus : réduire l'impact de l'État sur l'économie, puisque c'est l'État qui est le biais de l'efficacité. Cette chronologie culmine avec la libéralisation des marchés financiers, au moment de la fin de la négociation de l'Uruguay Round en 1994 ; on le voit notamment à travers les conditions extrêmement dures mises par le Fonds monétaire sur la libéralisation des marchés financiers. Les pays doivent s'ouvrir aux marchés des capitaux, aux marchés des changes. Tout se réorganise autour de cette conjoncture. Ce mouvement s'est développé en réalité depuis le début des années 1970 avec la crise des modèles de développement mais aussi cette montée de la crise de l'État providence dans les pays de l'OCDE.

Ce qu'il y a d'étrange c'est que, depuis 1972, émerge et se déploie en parallèle un autre agenda. Il traduit une grande préoccupation sur la question de l'environnement comme une question globale non résolue. Le débat environnemental, qui va déboucher sur la notion de développement durable, est naturellement bien plus ancien, mais la conférence de Stockholm en 1972 marque sans conteste une rupture dans la constitution de cette idée : on se trouve confrontés à un problème collectif global, la planète est une et il faut prendre en charge cet enjeu, qui exige de nouvelles approches. Cela se sent dans les travaux du Club de Rome, cela fait partie de cette grande conjoncture d'idée qui va déboucher sur la conférence de Rio (1992).

Ici, la vision est inverse à la première : l'économie de marché est incapable d'assumer ces problèmes collectifs du long terme. Cela se décline de 1972 à 1992 et aboutit à la notion de développement durable, qui vise à concilier environnement et développement. Mais c'est aussi un agenda sur les défaillances du marché.

Il existe donc **un agenda complètement structuré, dominant, extraordinairement organisé, sur les défaillances de l'État, et un autre, celui du développement durable, qui se constitue en parallèle,** sans que les acteurs ne se parlent, ni ne se rencontrent. Ils vont se croiser à Rio, mais sans pouvoir se comprendre. Pour les premiers, il n'y a pas besoin de penser la coopération internationale, il n'y a pas besoin de penser les politiques publiques : la seule condition salvatrice, c'est que l'État s'en aille. Pour les seconds, la perspective est diamétralement opposée : il s'agit de se pencher sur les défaillances du marché, les problèmes collectifs, les nécessités de l'action globale, la coopération.

On sent venir ce choc des deux idéologies, des deux courants d'idée dans les années 1990, avec la montée de questions structurelles, comme les questions foncières, celles d'environnement ou de santé collective. J'avais d'ailleurs organisé, en 1991, un grand colloque sur la crise du libéralisme, mais c'était un peu prématuré. Entre 1992 et aujourd'hui, le courant du développement durable se structure. Pourquoi ? parce que la communauté internationale a accrédité à Rio l'idée que les défaillances de marché étaient importantes et qu'il fallait les régler. Il y avait besoin d'action collective. On ne pouvait évidemment pas confier cette tâche à un gouvernement mondial ou a un pays hégémonique. On n'est plus du tout en 1944 ou en 1948, quand les États-Unis pouvaient dire l'ordre du monde et constituer ce qui allait être le cadre de coopération internationale pour presque 50 ans. La situation était différente : d'une part, un pays dominant, une super-puissance, qui dit le libéralisme, l'alpha et l'oméga. Par ailleurs tous les autres, qui ne se retrouvent pas dans cette vision, qui le disent et s'interrogent pour savoir comment il serait possible de s'organiser – de façon nécessairement décentralisée, et en négociant marche par marche. Plus précisément parce que le processus de Rio a été d'une grande efficacité en mettant un agenda de négociations sur la table – exactement comme l'avait fait l'agenda libéral. Ce furent notamment les grandes conventions environnementales sur la biodiversité, le climat, la désertification et la forêt, la question de la pêche, ou les questions sociales. Bien sûr, certains dossiers ont rencontré plus de difficultés, mais un seuil décisif a été franchi : les questions collectives ont été mises sur la table des négociations, et personne ne peut plus prétendre, par exemple, que la question de la santé n'est pas une question internationale. Jusqu'alors, même s'il y avait des institutions qui défendaient ce point de vue, il n'y avait pas eu de reconnaissance commune d'un agenda de travail.

C'est là sans doute une première convergence d'éléments qui définissent la notion de développement durable, et montrent bien qu'elle constitue une rupture : il existe des enjeux globaux ; il y a des divergences autour de cette question ; il faut trouver une convergence, pour continuer à faire fonctionner la communauté internationale, sans explosion. Jusqu'alors, on disposait d'un ordre international " bipolaire ". Cet ordre n'est plus, il faut donc une autre utopie, obligatoirement différente. Le développement durable est précisément cette utopie fédératrice.

Mais, comme il n'y a pas de pouvoir hégémonique pour dire l'ordre du monde, il faut qu'on négocie. Au cœur de la notion de développement durable, et à cause de la conjoncture politique internationale très particulière dans lequel il émerge – la fin de la bipolarité – , il y a la nécessité de délibération, de négociation. Il n'y a pas d'objectif donné, de résultat *a priori*, ni un ordre du monde défini vers lequel on va tendre. On ne peut faire autrement que de dire : " Il faut qu'on institue des procédures de délibération pour que les processus voulus émergent pas à pas ". En ce sens, c'est presque une utopie procédurale. C'est en quelque sorte un outil pour penser la question : qu'est-ce que pourrait être une manière de vivre ensemble qui soit négociée ?

Patrick Lagadec : On est à l'évidence bien loin des grands modèles de l'après-guerre, avec la logique américaine d'un côté, la logique soviétique de l'autre. On entre dans du complexe, du très ouvert, et l'on tâtonne pour trouver des chemins viables...

Laurence Tubiana : C'est en cela qu'il y a rupture. Ce n'est pas la Pax americana, ou l'ordre soviétique. Et, même après la chute du Mur de Berlin, les États-Unis ne peuvent pas trouver dans leur hégémonie la capacité à définir l'ordre pour les autres. Ils n'essayent d'ailleurs même pas d'y parvenir. On mesure la différence avec le temps de l'après-guerre : ils avaient alors une vision de l'ordre mondial avec une utopie ; aujourd'hui, ils ne proposent pas d'utopie.

- S'il n'y a pas de principe d'organisation s'imposant à tous, on se trouve donc devant la tâche d'identifier des objectifs, de cerner les conflits entre ces objectifs, les préférences de chacun, de chaque société, de chaque groupe, de définir des modes d'arbitrage sur ces questions. Et il ne s'agit pas seulement d'entendre chacun : il faut savoir comment on garde les gens ensemble, comment les pays restent ensemble, comment la coordination et la coopération sont possibles, quelles en sont les conditions.
- Je suis frappée de voir à quel point cette préoccupation est présente, notamment dans le déroulement des négociations environnementales, qui sont évidemment un assez beau test de ce qui peut se passer. Malgré les refus américains – de s'intégrer au protocole de Kyoto, de rentrer dans la négociation sur les OGM, ou d'aller plus loin sur la question du Sida – il se trouve un certain nombre de pays pour dire : " Il faut qu'on reste ensemble ". C'est tout à fait nouveau. L'idée prévaut qu'il vaut mieux tenir à ce concept de développement durable, en dépit de son ambiguïté ; qu'il vaut mieux se met-

tre en situation de négocier plutôt que de repartir chacun de son côté et d'aller simplement sur une logique de rapports de force. On le sent aujourd'hui – et c'est bien cela la rupture : les problèmes collectifs doivent être réglés de façon collective. On ne peut pas se permettre de passagers clandestins, on ne peut pas se permettre de faire n'importe quoi.

- Dans les années qui viennent, les questions vont être intéressantes à suivre si la super-puissance persiste à vouloir rester en dehors de tout jeu coopératif. Pour elle-même bien sûr : qu'est-ce que cela voudra dire pour la société américaine de ne pas participer à cet exercice ? pour le reste du monde aussi : ce refus va devenir un facteur d'instabilité internationale.
- Dans le même temps, les grandes entreprises se montrent ouvertes à ces nouveaux enjeux, et actives. On est désormais entré dans un monde où les acteurs globaux sont très largement privés et je suis frappée de voir la passion des entreprises pour ce concept de développement durable – certes avec toutes sortes de raisons, qu'il s'agisse de promouvoir une image, de se réassurer sur le rôle social de l'entreprise, contestée aujourd'hui. C'est fantastique que ce soit la Fondation Ted Turner qui ait débloqué le financement américain aux Nations Unies. La ligne ainsi affirmée est intéressante : " il faut garder des outils de coopération et d'action politique ". Comme on le voit dans le discours de présidents de très grandes entreprises internationales, le développement durable est devenu un outil stratégique, sur les deux agendas : l'action politique et l'efficacité du marché.

Patrick Lagadec : Ainsi, la notion de développement durable ne renvoie pas à tel ou tel registre spécifique, comme l'écologie ; c'est aussi bien la santé, le climat, la pauvreté. Et l'ensemble dans une perspective de coopération…

Laurence Tubiana : Je suis frappée de voir qu'entre Rio et aujourd'hui, on le mesure dans la préparation du sommet de Johannesburg (prévu pour août 2002), on est passé d'un sommet sur l'environnement, à un sommet sur les sujets de développement. L'environnement reste sans doute une partie importante, mais bien moins importante qu'à Rio. Et si le sommet de Johannesburg échoue, ce ne sera pas sur une question d'environnement, mais bien sur une fracture Nord-Sud.

Par rapport à la question du 11 septembre et de son accueil étonnant dans beaucoup de pays, pas seulement les pays arabes, j'ai naturellement beaucoup consulté. Je suis frappée de voir que la population du Brésil, par exemple – un pays qui se situe tout de même dans la sphère de l'Amérique, bien loin de ce qui peut se passer au Moyen-Orient – ressent souvent quelque chose de l'ordre du : " c'est bien fait pour eux, ils l'ont cherché ". Cette perception par le reste du monde des États-Unis comme facteur de risque, après ce 11 septembre, est frappante. Ce qui est perçu, c'est leur manière d'être unilatéraux ou de se servir des intérêts de la communauté internationale à leur seul profit. Mais ce message, ils ne l'ont pas compris. Certes, il n'a pas échappé à certains intellectuels américains, mais il reste inaudible pour la société américaine qui vit encore dans l'idée de son rôle historique de *bene factor* pour le reste du monde – le recul n'a pas été pris. La question de la sécurité collective leur est posée au cœur de chez eux, mais ils n'arrivent pas à la poser dans toute son ampleur. Et cela en dépit des travaux des fondations américaines les plus républicaines, je pense à la Rand Corporation par exemple : cela fait des années qu'elle travaille sur **la sécurité collective** et souligne qu'elle **ne peut se gérer qu'en intégrant l'écologie, la santé, la lutte contre la pauvreté.**

Patrick Lagadec : On voit bien s'affirmer deux logiques. La logique américaine, qui part des réponses affirmées : comment j'applique mes solutions et comment les autres États adhèrent à mes visions qui sont les seules rationnelles et aptes à apporter le bien-être. La logique exprimée par le développement durable, qui part d'abord de questions ouvertes : comment s'entendre sur des enjeux globaux, qui n'ont par définition pas de solutions techniques simples, et sur lesquels il faut délibérer…

Laurence Tubiana : On voit bien le facteur d'instabilité que les deux logiques peuvent constituer. Peut-être est-il très difficile pour un pays en situation de super-puissance de penser un monde sans partir de ses propres solutions. D'une certaine manière, après 1940, pour la pensée américaine de Roosevelt, on donnait à la fois la solution, les institutions et les procédures. Aujourd'hui, il y a une interrogation très forte, y compris dans les milieux attentifs à ces sujets aux États-Unis : quelles sont les procédures, quelles sont les institutions à penser et faire vivre ? Pourtant, la question est souvent esquivée, niée et l'on en reste au principe : " Il faut tout conditionner à la libéralisation et au développement du marché " (qui est une institution comme une autre). Il n'y a souvent rien d'autre ; c'est cela la fragilité.

Patrick Lagadec : Le 11 septembre risque de crisper davantage la réflexion. À moins qu'après le choc et ses répliques, on puisse observer des germes d'ouverture, de questionnement ?

Laurence Tubiana : Après le 11 septembre, tout le monde s'est dit : " Ils vont réfléchir ". On observe le contraire : au lieu de lever des questions, l'attaque a cristallisé une vision et une seule – celle du Mal incarné. Il faut naturellement prendre en considération le contexte américain de la période, la dernière élection, les premiers mois de l'administration Bush. Aux interrogations extrêmement fortes sur la société américaine, a été apporté une vision très conservatrice de la solution. Et le11 septembre, on éjecte le problème à l'extérieur. Beaucoup de commentateurs ont dit : " Ils vont comprendre qu'il faut faire de la coopération internationale pour la sécurité ". Je constate que c'est l'inverse qui s'est passé. Le premier signal a été leur attitude par rapport au facteur de criminalité numéro 1 qui est la question du blanchiment d'argent, des circuits de financement du terrorisme. Finalement, la réponse américaine a été de ne toucher à rien. Les Américains ont continué à penser que ces pratiques étaient essentielles pour la fluidité de fonctionnement de leur économie, de leurs entreprises, et donc qu'il fallait les garder quels que soient les risques collectifs en cause. Ils ont dit non à tout, sauf à la négociation commerciale. Ils se sont repliés sur l'agenda étroit de la libéralisation, qui avait marché dans les années 1970-80. Le 11 septembre n'a pas servi, il n'y a pas eu questionnement. Le sentiment de catastrophe a seulement servi à poser cette question qui tourne en boucle : " Mais pourquoi ils nous en veulent puisqu'on est gentils ? " Ils peuvent en rester là quelques mois, quelques années.

Patrick Lagadec : Si on laisse les Américains à leurs visions, et que l'on s'intéresse aux forces qui œuvrent au contraire pour le développement durable, quels sont leurs enjeux, leurs combats ?

Laurence Tubiana : Une première question est de savoir comment on construit l'agenda. Pour l'instant, on observe encore une très grande inégalité : **les priorités retenues reflètent d'abord les soucis spécifiques des pays développés**. Ainsi du climat : les scientifiques des pays développés ont finalement fait reconnaître à leurs décideurs politiques, aux décideurs privés, que c'était la menace majeure. C'est devenu (à côté des questions commerciales) le sujet sur lequel on consacre le plus d'énergie. Les questions qui importaient davantage pour les pays en développement – la conservation de la biodiversité, les forêts, la pêche, par exemple – ont des agendas de négociation qui traînent en longueur. Se pose donc le problème de savoir comment négocier les priorités : pour l'instant, nous ne sommes pas arrivés à un équilibre, nous sommes même en zone de danger. C'est probablement ce qui va se discuter à Johannesburg : l'iniquité dans la définition des priorités internationales.

Un deuxième mouvement de fond existe et il agite les pays en développement. Ces pays se demandent s'ils doivent rentrer dans l'élaboration des normes internationales et à quelles conditions. Ils ont décidé de s'inscrire dans le processus, mais se posent la question de l'équilibre des intérêts. Outre le point du choix des priorités et des négociations qui y sont liées, la question centrale pour eux est de voir les pays développés assumer leurs responsabilités. Sur le volet "environnement" notamment, outre la question de la dégradation environnementale, il y a le fait que les pays développés ne s'associent pas aux financements. Il n'y a pas de solidarité économique ou financière qui permette de réaliser les objectifs. D'où un sentiment d'inégalité, non plus sur le choix des priorités, mais sur les engagements. Nous sommes clairement dans un processus de négociation, dont la caractéristique est bien d'être ouvert, multipolaire. Le club des pays riches, c'est terminé. De nouveaux entrants s'imposent : la Chine pèse lourd, l'Inde aussi, le Brésil également. Forcément, le jeu est plus conflictuel. Il va bien falloir faire une place à ces intérêts dans la gouvernance mondiale.

Outre la question de la hiérarchie des priorités, outre la question des responsabilités, il y a donc celle de la procédure : savoir comment l'objectif d'équilibre peut se traduire dans le mode de décision. Et il va falloir trouver des réponses très vite : il est impossible de faire cinq ans de G8 supplémentaires sur les bases actuelles. Plus que sur le contenu à donner au développement durable, l'essentiel est de trouver de nouvelles formules pour préciser sur quoi, quand, comment et dans quel ordre négocier. C'est ce qu'a fait un peu le G8 et c'est cela que le nouveau Conseil de sécurité sera obligé de faire : les priorités, le calendrier, les procédures. Il faut absolument que les intérêts des pays en développement puissent s'inscrire dans la démarche.

Il faudra aussi savoir comment les acteurs privés et les acteurs associatifs, qui ont gagné une importance inédite, s'inscrivent dans le jeu. Aujourd'hui, les entreprises considèrent qu'il fait partie de leur travail de donner leur avis sur l'ordre du monde. Les chefs d'entreprises sentent qu'il est légitime qu'ils s'expriment sur tous les grands sujets, et les solutions de coopération internationale devront passer par une négociation avec eux. Ces solutions devront aussi, obligatoirement, être négociées avec le monde citoyen – qui s'organise à l'échelle mondiale. On ne reviendra pas en arrière sur ce nouvel état de fait ; c'est là d'ailleurs une dimension de la notion de développement durable.

De multiples manières, on se trouve dans des univers largement ouverts. Il n'y a plus d'ordre fixé à l'avance. Les intérêts sont très larges : les peuples indigènes d'Amazonie ou du Nord du Canada ont tout autant voix au chapitre que les grandes entreprises qui veulent explorer la biodiversité. Il y a donc à permettre une mise en scène internationale de différents groupes d'intérêts. Ces groupes ne sont pas nécessairement étatiques ; ils peuvent porter l'intérêt général, y compris au sens de l'intérêt intergénérationnel.

Je suis frappée de voir comment le dossier du Sida a pu être porté par des associations : ce sont elles qui sont allées questionner les laboratoires pharmaceutiques en Afrique du Sud... De même pour les mines antipersonnel : là encore, ce sont des associations qui ont posé le problème sur la table et en ont fait un sujet collectif incontournable. La table des négociations du développement durable peut donc inclure des groupes très divers, des intérêts très divers. Toutes les institutions internationales de régulation réfléchissent d'ailleurs à la manière dont elles intègrent ces points de vue alternatifs ou différents. Nous ne sommes plus dans une *Realpolitik* d'abord soucieuse du plus fort, de hiérarchie, d'organigrammes : c'est là une autre rupture. Le résultat n'est pas connu, mais nous sommes dans un recherche de nouvelles stabilités.

Patrick Lagadec : Avec le principe général que l'urgence aujourd'hui est de mettre du jeu, non pas de mettre de l'ordre.

Laurence Tubiana : Ce qui suppose de nouvelles visions sur le monde.

Patrick Lagadec : Probablement à travers du "micro" – des tissus d'activités pensées à partir des populations – et pas seulement du "macro" (les grands projets, les schémas directeurs), ce qui suppose d'autres tissus humains, d'autres logiques d'action.

Laurence Tubiana : Sachant qu'il y a, en plus, du télescopage. J'aime prendre l'exemple des populations indigènes : il n'y a pas plus local. Elles sont isolées, et pourtant, à travers les transports, les voici exposées aussi bien en ce qui concerne leur santé que leurs biens naturels. Les voici tout d'un coup reliées au monde. Les questions de mondialisation sont devenues aussi des questions micro-économiques. La question en suspens reste de penser les nouveaux enjeux liés à ces télescopages.

Patrick Lagadec : Précisément : quelles sont les grandes erreurs à éviter dans ces périodes instables que l'on va connaître ? Quels sont les objectifs à poursuivre ?

Laurence Tubiana : L'erreur dont il faut se garder serait de s'enfermer dans les traditionnels jeux de rapports de force, pour imposer des priorités, imposer des diagnostics. L'essentiel est d'organiser les échanges, et le travail commun. Et de veiller à ce que des engagements soient pris – et tenus. Dans cette ligne, la notion de justice internationale va prendre une place plus importante pour que : la délibération puisse trouver ses cadres ; ceux qui s'engagent dans la coopération ne se sentent pas floués ; l'on puisse s'assurer que les engagements pris ont été tenus. Cela me paraît tout à fait essentiel.

Patrick Lagadec : On entre à l'évidence dans des territoires bien nouveaux. L'expérience montre que, dans ce cas, il est important de travailler sur les appréhensions des acteurs, pour limiter tout ce qui peut générer et amplifier des pathologies liées précisément à l'inquiétude. Autre idée : si les procédures sont nouvelles et à inventer, elles seront nécessairement à ajuster, ce qui appelle des mécanismes d'évaluation et de correction de ces procédures. On doit se mettre dans des logiques d'apprentissage, et non de recherche simple de *la* bonne solution, à appliquer partout.

Laurence Tubiana : Un terrain où il va falloir apprendre est celui de l'interaction entre cette problématique du développement durable et la géopolitique. Quels sont les chocs entre ces deux univers ? Il faut penser les deux dimensions pour mieux appréhender et comprendre ce qui va se passer. On le voit bien dans le domaine des mouvements d'indépendance ; par exemple la manière dont la question Tamoule a été réglée ou pas ; ou ce qui va se passer pour l'Indonésie.

- Il y a aussi toute une réflexion autour de l'incertitude et de ce qu'elle ouvre comme perspectives dans les jeux entre acteurs. Certes, on sait qu'on ne dispose pas des solutions, que l'incertitude est importante sur tous les points. Mais c'est précisément cette dernière qui permet la négociation : il y a de l'espace possible pour une discussion et un travail sur la convergence des points de vue. C'est d'ailleurs l'effort même visant à réduire cette incertitude qui permet le résultat. On dispose en outre d'un puissant stimulant : on sait que le danger c'est la non-coopération. Sans entente, c'est le risque du réchauffement, de l'épuisement des ressources de pêche, du déplacement très rapide de populations, de l'instabilité générale. Il m'apparaît bien que la plus large part du travail de négociation diplomatique aujourd'hui porte précisément sur les convergences à construire dans les domaines de l'incertitude : l'inquiétude de payer pour l'autre concourt à ce qu'on ne coopère pas.

Patrick Lagadec : Et pourquoi, dans une perspective pédagogique, ne pourrait-on pas se dire que, dans les deux ans qui viennent, deux ou trois dossiers seraient choisis sur lesquels on ferait des avancées, avec évaluations en continu ? pour avancer en marchant, à travers quelques expérimentations fortes ?

Laurence Tubiana : Les progrès internationaux sont lents. Des gens commencent à écrire, à réfléchir la négociation internationale. Par exemple sur le point des avantages ou inconvénients d'une procédure ouverte, d'une publicité immédiate ou non, du contenu des débats (tout rendre transparent immédiatement a des avantages, cela peut aussi figer d'emblée toutes les positions et interdire toute négociation). Des retours d'expérience se font, mais là encore c'est très lent. Mais pourquoi pas, en effet, choisir deux ou trois dossiers d'expérimentation ?

Patrick Lagadec : Je pense à la situation de l'Argentine : voici un pays qui part à la dérive ; ne peut-on pas se dire qu'en termes de développement durable, précisément, il y a une urgence stratégique à agir – là où la finance internationale arrive en butée ? Qu'il y a une urgence pédagogique : qu'est-ce qu'une action de sauvetage qui implique davantage les populations ? N'y a-t-il pas urgence à engager quelque initiative hardie ?

Laurence Tubiana : Ce serait très intéressant de le faire sur l'Argentine : tout le monde annonce le désastre depuis quatre ans et personne ne fait rien. C'est vraiment l'histoire d'une crise annoncée. Domingo Cavallo va à Washington ; on lui dit : “ Faites cela ”. Il revient, il applique, ça explose. Le retour d'expérience sur l'Argentine, il faut le faire.

Il y a bien des dossiers sur lesquels on pourrait ainsi avancer, et organiser une capacité de réflexion et d'observation sur le cheminement réalisé et ses méthodes. Il y a eu des travaux intéressants sur ces processus de médiation (notamment réalisés par des chercheurs de Harvard) : l'analyse réflexive doit être développée. Cela me paraît être la question essentielle. Le point focal n'est pas tant la recherche de *la* solution. Il y a *des* solutions et le problème-clé est de savoir comment on rapproche les diagnostics du problème, comment on réduit l'incertitude, comment on rapproche les visions des acteurs. **Organiser la réflexivité sur le processus, c'est vraiment la priorité**.

C'est pourquoi j'ai voulu qu'on fasse cet Institut international du développement durable. Pour avancer sur les deux tableaux : travailler par tous les moyens possibles pour faire converger les diagnostics ; créer une capacité de réflexivité permanente sur les questions aujourd'hui en friche : “Comment ça se passe ?”, “Pourquoi ça s'est passé comme ça ?”, “Est-ce que telle ou telle modalité de négociation fonctionne mieux et pourquoi ? ”, “Pourquoi les gens s'y retrouvent ou se sentent floués ?”, “Pourquoi vont-ils tenir leurs engagements ou au contraire ne vont-ils pas se sentir engagés ?”

Patrick Lagadec : Le problème n'est pas la réponse mais le processus. Les réponses, on ne les a pas, et on risque de ne pas avoir beaucoup de marge de progrès autour d'elles qui sont pourtant le plus souvent le seul point considéré par nos institutions, nos cultures, nos procédures.

Laurence Tubiana : Et c'est sans doute là le piège : *a priori* on ne va jamais tomber d'accord sur ces réponses. Même s'il faut s'efforcer de travailler sur les contenus, le gisement d'avancées est bien sur les procédures.

Patrick Lagadec : Et précisément, pour soutenir ces réflexions, vous avez fondé l'Institut international du développement durable.

Laurence Tubiana : L'idée est de rassembler sur ces questions les acteurs majeurs en France ou en Europe : l'Administration, les entreprises (qui ont leur mot à dire sur la robustesse des solutions), les scientifiques (acteurs-clés du diagnostic), et le monde associatif. Un cadre leur est offert pour discuter tout à la fois de la substance et des procédures. De nombreux outils de cette nature existent dans le monde ; des fondations sont très attentives à ces deux volets. En France, il n'y avait rien de tel. Comme l'on vient après d'autres, on peut déjà tirer des enseignements des expériences antérieures : l'essentiel n'est pas de bâtir des murs pour abriter des équipes, mais bien de construire des réseaux.

Pour l'heure, un premier pas est acquis : l'implication de l'Administration. Six ministères, six institutions de recherche – la composante publique de l'Institut – se sont mis d'accord pour s'engager dans le projet. On dispose pour l'instant d'une structure très légère, sous la forme d'un GIS (Groupement d'Intérêt Scientifique). On discute maintenant avec les entreprises, les associations, afin de savoir ce qu'elles veulent construire pour aller vers un outil commun. Cela pourra prendre la forme d'une fondation, ou d'autres formes plus nouvelles. Parallèlement, les travaux sur les diagnostics, la réflexion sur les procédures sont engagés immédiatement. Les champs à couvrir sont très larges : les grands agendas de la négociation internationale, les conflits sur le principe de précaution au plan international, les questions liées à l'expertise et au rôle des scientifiques, l'intervention d'autres acteurs dans le processus d'expertise, etc.

Reste à savoir maintenant comment les acteurs vont réagir dans la durée, au-delà des échos très favorables qu'a reçus le projet à son origine.

Sud / Nord

avec Michel Séguier

Engager des logiques de survie

Tant dans le Sud que dans le Nord, de larges groupes humains apparaissent en rupture avec les formes dominantes du développement et de l'activité économiques. Vastes territoires africains, ensembles défavorisés de l'Amérique latine, quartiers déshérités des zone urbaines des pays riches, ils ont bien des points en commun.
À l'heure où tout le monde valorise le concept de développement durable, il n'est pas imaginable de penser un développement spécifique de ces populations, sans passer sur l'autre rive du gouffre et repenser les potentialités des groupes humains concernés. Il faut inverser les logiques descendantes, partir de l'action volontaire et créatrice des personnes elles-mêmes, chacun devenant acteur et auteur collectif de son histoire et de l'Histoire, de sa culture et de la Culture. Avec, à chaque expérimentation, le courage de la rupture dans les approches, les démarches, les outils. Sans ces contre-projets, on ne pourra rompre avec l'inhumain. Demain, il n'y aura rien de tenable sans penser à du durable.
Tel était le tableau, déjà extraordinairement complexe, qui prévalait avant le 11 septembre. L'onde de choc du terrorisme, qui fait irruption sur la scène mondiale avec une puissance inédite, atteint de plein fouet le champ des possibles pour ces populations en survie. De nombreuses voies leur sont désormais encore plus solidement barrées, des dynamiques de sortie sont dénaturées.
Un nouvel effort est donc encore demandé pour penser et mettre en marche des logiques de survie. ■

Michel SÉGUIER, docteur en psychologie sociale, a plus de 35 ans d'expérience dans l'intervention au service du développement social. En 1963, il crée le premier cycle de formation à l'animation socioculturelle en France – Centre National de Formation à l'Animation. En direction des agents de développement du Tiers monde, il fonde l'INODEP – Institut Œcuménique pour le Développement des Peuples – en 1971. Pendant quinze ans, il a accompagné des mobilisations populaires en Amérique latine ; puis des projets de développement en Afrique ou en France (quartiers difficiles, zones rurales).

Son axe d'intervention est de proposer des démarches visant à construire des actions collectives, à développer de nouvelles solidarités, par un triple processus de conscientisation, d'organisation et de mobilisation. Critique institutionnelle et créativité collective, sont les deux leviers de son action. Actuellement, dans le cadre du Centre Lebret et en lien avec la Banque mondiale, il mène une recherche sur les indicateurs du développement humain.

Patrick Lagadec : 11 septembre : les tours jumelles du World Trade Center sont percutées ; elles s'effondrent ; le monde entier assiste à cette mise à mort, jusque dans les zones les plus déshéritées de la planète. Un sentiment de malaise, difficile à confesser, semble parfois émerger chez des populations en survie : serait-ce un retour, pour des violences commises par la puissance dominante du Nord ? Autre impression, inverse : les auteurs de la vague d'attentats ne sauraient être tenus pour des défenseurs de ces populations en survie (de même qu'un braqueur de banque ne saurait être assimilé à un porteur de solidarités nouvelles pour les banlieues). Bref, je voudrais vous poser brutalement la question, à vous qui n'avez cessé d'intervenir dans les zones de la planète les plus à l'écart du développement : quelles ont été vos lectures immédiates de cet événement, ce 11 septembre ?

Michel Séguier : L'Histoire offre parfois des collisions stupéfiantes. Nous venions de publier dans la revue du centre Lebret un article d'un israélien critique sur "le prix d'une paix véritable". Le 11 septembre, je ne pus m'extraire des mots précis de la chute de cet article écrit avant l'attaque de New York :

> *"Un retour critique sur le nouvel ordre mondial, sur cette nouvelle forme de guerre froide qu'est la mondialisation néo-libérale, est indispensable pour que la communauté internationale joue un rôle constructif en faveur de la paix au Proche-Orient. Une nouvelle culture de paix est nécessaire tant en Europe que dans les régions de la périphérie. Et elle passe également par un nécessaire changement de regard sur l'autre, par une exigence de solidarité. Et par l'élaboration d'une stratégie de coexistence basée sur l'égalité, le respect et la coopération. Si une telle remise en question du désordre mondial actuel ne se réalise pas dans un avenir relativement proche,* ***les guerres du Sud****, et en particulier le conflit israélo-arabe,* ***traverseront les frontières et s'étendront, comme une nappe de pétrole en feu, de la périphérie au cœur des métropoles****".*[1]

Patrick Lagadec : Et maintenant, deux mois après l'attaque sur le World Trade Center, comment réorganisez-vous vos visions ? Où sont les ruptures, et surtout, que faire ?

Michel Séguier : J'ouvre trois tableaux de réflexion. Le premier constitue le constat, tel qu'il était déjà formulé avant le 11 septembre. Dans le second, je tente d'entrevoir ce que l'acte terroriste, érigé en logique mondiale, bouleverse dans le tableau tel qu'il se présentait jusque-là : en quoi ce basculement aggrave encore bien lourdement le sort des populations en survie. Dans le troisième, il nous faut effectivement examiner des voies d'action. Car on ne peut pas en rester à l'impuissance, en laissant finalement la survie, déjà inacceptable, déboucher sur une dynamique de mort. Et l'enjeu ne se limite pas à 80 % de la population mondiale, jusqu'ici largement exclus du développement. Même pour la survie des 20 % jusqu'ici dominants, il y a urgence. D'autant que tout va aller beaucoup plus vite.

1. Michael Warchawski, *Foi et développement*, Revue du Centre Lebret, octobre 2001, n°297.

Premier tableau : l'avant 11 septembre

Patrick Lagadec : Tentons donc de cerner les grandes ruptures qui affectent de larges pans de la population mondiale. Ce sont elles qui donnent une caisse de résonance phénoménale aux actes du 11 septembre. De votre expérience en Amérique latine, en Afrique, dans les Caraïbes, quels constats dressiez-vous déjà avant les événements, en termes de ruptures ? Plus précisément, comment avez-vous approché le problème du sous-développement, créateur de ruptures destructrices ?

Michel Séguier : Je partirai d'une expérience forte : une mission pour le compte de l'Unicef au Burundi, en 1997, alors que la région des Grands Lacs venait de subir les terribles événements que l'on connaît[1]. Que peut-on faire et dire quand on arrive à pareille extrémité : au Burundi, plus de 300 000 morts, et un quart de la population du pays dans des camps ? J'en suis rapidement arrivé à me demander si mes années d'expérience dans le champ du développement social, du développement humain, pouvaient encore avoir une signification.

Je me sentais totalement démuni, incompétent, face à cette situation de crise totale d'un pays qui, de surcroît, était sous embargo international. À partir de quoi pouvait-on encore penser et faire du développement ?

1. Le point culminant de l'atrocité étant le génocide au Rwanda en 1994, où, en cent jours, de 800 000 à 1 million d'êtres humains seront tués.

Ceux qui m'avaient sollicité étaient eux-mêmes plongés dans le plus grand désarroi – ce qui les avait conduits à formuler la mission dans des termes très peu conventionnels. Le responsable m'avait dit sans détour : ***"Surtout, ne perdez pas une minute à rédiger un rapport : on sait que cela ne sert à rien. Revenez avec une idée d'action, si vous en trouvez une".***

En pareille situation de crise totale, les manières classiques de travailler, les analyses très méthodiques, sous la forme de rapports très élaborés, ne sont plus adaptées. Une seule question se posait : comment pouvait-on encore prendre le problème ? Restait-il quelque levier d'action, quelque potentialité sur lesquels s'appuyer ?

En rencontrant ce qui restait de forces vives dans le pays, deux lignes se sont d'emblée imposées à moi.

Une potentialité surnageait et elle apparaît à l'expérience comme une caractéristique de ces grandes situations d'effondrement : ce sont les femmes en train de s'organiser. On pouvait en déduire une première ligne d'action : se mettre à l'écoute de toutes les initiatives prises par des groupes de femmes qui s'efforçaient de relever le défi de la survie quotidienne.

Par ailleurs, une question récurrente était énoncée par des intellectuels : ils me parlaient *d'inversion culturelle.* Ce terme me frappa. Pourquoi cherchaient-ils de ce côté et pourquoi avec une si forte insistance ? Après ce cataclysme génocidaire, leur perception dominante était qu'il fallait tout reconstruire, redonner du sens. Le génocide leur apparaissait comme découlant du fait que la région avait été complètement “déculturée” par l’Occident – qui a figé ces catégories ethniques de Tutsis et de Hutus. À leurs yeux, ce désastre culturel, accentué par un catholicisme venu apporter d’autres systèmes de valeurs, permettait de comprendre le désastre complet qui s’était abattu sur ce pays. Par “inversion des valeurs”, ils signifiaient non seulement perte de rationalité (le bien devenu mal) mais aussi perte des mythes de référence. Ils parlaient d’eux-mêmes en termes de désarroi, d’effondrement, de “zombification” et de mort intérieure.[1]

Il y avait là une clé d’entrée intéressante : **quand on arrive à des situations de rupture aussi graves, l’approche économique, maintenant dominante, n’est pas le levier – ni même l’approche politique**. Il faut attaquer le problème par le socle culturel. J’entends par culture la manière dont un groupe humain répond aux défis de l’Histoire. D’où un principe de développement et d’accompagnement du développement qui s’énonce en ces termes : “C’est l’homme qui doit à son niveau être acteur, auteur de son Histoire”. Les solutions, on le voit de façon encore plus nette dans ces situations de désordre ultime, ne peuvent venir que des populations elles-mêmes, qui se mobilisent pour apporter des réponses à leurs problèmes. Le programme venu d’en haut n’est plus du tout pertinent.

1. Le 35ème sommet de l’Organisation de l’Unité Africaine (OUA), en juillet 1999, essentiellement consacré aux conflits meurtriers qui déchirent le continent noir, exprimait par la bouche de son Président un même pessimisme : “marginalisation”, “déstructuration”, “désagrégation”.

Patrick Lagadec : D’où le cadrage de la mission qui vous était confiée. Non plus : “Dites-moi ce que je peux faire pour ces gens qui sont dans des camps”, mais : “Dites-moi, si vous le pouvez, ce qu’ils peuvent encore faire, eux, sachant que, moi, institution internationale, je ne sais plus ce que je peux faire pour eux”.

Michel Séguier : C’est effectivement dans ce sens que j’ai entendu la question. Toute ma mission a consisté à essayer de faire un premier repérage de ce qu’on appelle les potentialités, la ressource humaine. Comme je viens de le dire, j’ai détecté cette créativité dans les organisations féminines et notamment dans toutes les petites actions de personnes et de groupes qui commençaient à s’organiser, à s’exprimer sur leurs problèmes. C’est là que j’ai deviné qu’effectivement, dans les situations de crise profonde, une certaine solution ne peut venir qu’au ras du sol, par les gens eux-mêmes, qui vont être acteurs de leur devenir. Dans ce contexte, qui donne la vie a beaucoup plus l’instinct de la situation.

Patrick Lagadec : Rupture dans les conditions, ruptures dans les réponses : on pourrait penser à la nécessité de définir d’abord de grands plans d’intervention ; tout au contraire, on voit les choses prendre forme à partir d’actions très élémentaires, un tissage au ras du sol, comme vous le soulignez. Et ceci pris en charge par les femmes, dans le quotidien immédiat. Cela doit contraindre l’intervenant que vous êtes à des ruptures avec ses propres schémas, ses propres grilles d’analyse…

Michel Séguier : J'avais eu la chance de travailler avec Paulo Freire[1], ce Brésilien qui a eu une influence très forte dans le développement de cette ligne de pédagogie-politique appelée "conscientisation". Paulo Freire nous a appris que la principale caractéristique de l'homme c'est d'être conscient, ce qui le distingue de l'animal. Il a développé une méthodologie qu'on peut appeler "d'alphabétisation" – non pas au sens d'apprendre simplement à lire et à écrire, mais d'apprendre à lire la réalité pour mieux la transformer. Et j'avais eu la chance de pouvoir appliquer ces approches dans certains pays d'Amérique latine et en Haïti. J'avais pu mesurer que, par cette voie, il était effectivement possible d'accompagner des gens très simples, tout à fait aptes à faire eux-mêmes l'analyse de leur réalité.

Nous partons de ce qu'on appelle les "situations limites", nous regardons en face les conflits que le groupe est en train de vivre et, par une méthode toute simple, nous faisons l'analyse de ces conflits en nommant les pôles de chaque conflit – pour que les gens prennent conscience des contradictions qui sont à la base de ces conflits et découvrent comment s'y attaquer. Après avoir facilité une prise de conscience individuelle, une prise de conscience collective, puis une prise de conscience politique, on peut faire émerger ce que nous appelons des "thèmes générateurs" qui sont les intérêts communs sur lesquels les gens vont se mobiliser. C'est à partir d'une telle démarche qu'on a pu avoir l'émergence d'un certain pouvoir populaire en Haïti (qui, hélas, n'a pas donné confirmation par la suite à travers la personne d'Aristide).

Nous avons des outils simples qui permettent de penser que même ou surtout dans les situations extrêmes, l'homme peut rester à la fois conscient, capable d'analyse et capable de se mobiliser.

C'est dans la mesure où nous allons pouvoir enchaîner les trois processus de conscientisation, d'organisation et de mobilisation qu'on pourra parler d'axe de développement humain – si ce n'est pas trop prétentieux, puisqu'on sait que, pendant longtemps, on n'a pas osé parler de "développement humain", l'économie ayant tout dominé dans le développement.

Un renversement est nécessaire. Non par idéalisme. Mais parce qu'on est tout simplement arrivé au terme d'une démarche "scientifique" de l'économie. Cela pose même le problème de la validité des concepts de développement durable. S'ils ne réintroduisent pas l'humain, ils ne pourront pas longtemps servir d'alibi à l'épuisement des concepts économiques en cours. Dans l'Histoire, nous sommes passés de l'approche théologique à l'approche philosophique, puis à l'approche politique, pour en arriver à l'approche économique, et plus récemment encore à la domination du financier. Aujourd'hui, le financier détermine l'économique, l'économique détermine le politique et le politique détermine le culturel – au point que le culturel est devenu un produit de consommation

1. Ce pédagogue brésilien dénonce dans *Pédagogie de l'opprimé* et *Éducation pratique de la liberté*, l'éducation bancaire ou domesticatrice au profit d'une éducation émancipatrice, libératrice et conscientisante.

(en ligne). Il faut accepter que l'économique soit défini par le politique, que le politique soit défini par le culturel et que le culturel soit défini par les systèmes de valeurs, en fonction des cultures.

Ou bien ce renversement sera fait par les élites, ou bien – c'est ce que nous pensons – il sera opéré à la base. C'est certes une vision idyllique mais c'est la seule arme qui reste aux individus et en particulier aux individus les plus faibles. Pareil renversement n'est d'ailleurs accessible que s'il est effectivement opéré non par de grands penseurs mais au quotidien, par les gens à la base.

Patrick Lagadec : C'est ce qu'on découvre lorsqu'on est dans un camp ?

Michel Séguier : On peut le découvrir ailleurs mais, dans un camp, avec ces visages, ces regards, on ne peut plus fuir la question : partir du système ou partir de la personne ?

Patrick Lagadec : Vous êtes même allé plus loin en identifiant ce que vous nommez les "potentialités" sur lesquelles peuvent s'appuyer ces populations en survie.

Michel Séguier : Quand on est en position de survie, il existe ces potentialités et il faut les rechercher pour ouvrir des chemins de développement. J'en veux pour preuve le travail que j'ai eu l'occasion de suivre sur deux sites totalement différents. Le premier, dans le cadre d'un doctorat en anthropologie (Université de Louvain), et qui a porté sur 5 communautés andines. Normalement, ces communautés auraient dû être rayées de l'Histoire. Elles ont réussi à survivre et les raisons de cette survie ont été analysées. Par ailleurs, j'ai eu l'opportunité de coordonner une recherche pour le Comité interministériel d'évaluation du RMI, sur 17 sites en France : nous avons étudié des populations de Rmistes qui paraissaient avoir pu développer des projets collectifs. J'ai découvert que les potentialités qui avaient permis aux communautés andines de survivre et les potentialités sur lesquelles s'appuyaient les Rmistes français étaient très proches.

1. *L'habitude des luttes quotidiennes* : en s'appuyant sur les capacités de réactions/révoltes sporadiques, et de forts potentiels de mobilisation des énergies, on peut utiliser cette violence pour élaborer des "stratégies" (personnelles et collectives), permettant d'inverser les comportements de fatalisme ou de résignation.
2. *Le sens du concret, avec l'utilisation de la ruse, de la combine* : la capacité d'adaptation – qui prend appui sur l'immédiatisme, sur la nécessité de gérer l'instant – peut être utilisée pour élaborer une démarche vers un projet.
3. *La résistance par l'imaginaire* : l'insatisfaction et la frustration (devant les possédants de biens, du savoir) donneront force à l'imaginaire. On peut se baser sur la puissance des intérêts, le fonctionnement du désir pour élaborer la prise de conscience qui permettra de sortir de la cécité culturelle.
4. *L'autodéfense culturelle* : la capacité à défendre son territoire, son espace de vie peut être utilisée comme base pour l'élaboration d'un partenariat permettant de sortir du repli sur soi, du refuge dans des formes d'autarcie.
5. *La soif de dignité* : ce potentiel de fierté, de goût de la réussite peut être utilisé pour apprendre à gérer la capacité à faire valoir ses droits, et à lutter

contre la tendance à se dévaloriser de manière culpabilisante.

6. *Une solidarité interne très forte, au ras du sol* : on peut s'appuyer sur les capacités de partages naturels, potentiels de développement des facultés d'organisation, pour inverser les tendances à l'individualisme qu'engendre l'instinct de survie.
7. *La capacité d'espérance* : de la conscience "magique" peuvent surgir des mythes fondateurs et porteurs sur lesquels fonder les questions de l'avenir, du sens, de l'espoir et la construction d'un possible.

Voilà un ensemble de potentialités concrètes qui, effectivement, nous permettent de penser qu'en situation-limite il y a des possibilités pour que les gens relèvent le défi de survie qui leur est lancé.

Deuxième tableau : le terrorisme

Patrick Lagadec : Et c'est alors que survient l'attaque du 11 septembre...

Michel Séguier : Une catastrophe, si l'on veut bien s'arracher du romantisme des amateurs. Le terrorisme, qui s'empare du drapeau des plus pauvres, pervertit radicalement ce combat. Il n'est pas une aide, mais un obstacle – un de plus – pour les populations en survie et entame fortement ces maigres mais ultimes leviers : point par point.

1. *Luttes* : le terrorisme ne s'inscrit pas dans un mouvement de contradiction, idéologique, de révolte (comme ce fut le cas avec les guérilleros des années 1960-70) ou de rébellion qui affrontent en face à face, dans un rapport de force, le dominant ou l'oppresseur, en dénonçant l'injustice. Il frappe aveuglément des lieux sans considération des êtres humains qui peuvent s'y trouver. L'important pour lui est de s'attaquer à des symboles ou à des déclencheurs d'émotion.
2. *Sens du concret* : le terrorisme ne met pas son intelligence concrète, sa ruse, sa créativité dans un projet de vie ; sa perversité est exclusivement dédiée à la destruction et à la mort qui devient une arme sans nom d'auteur, un assassinat uniquement politique.
3. *Résistance par l'imaginaire* : l'exigence d'une alternative radicale s'appuie sur un refus absolu de la réalité et sur des aspirations non satisfaites. Vous étiez dans l'impuissance, le doute, la complexité angoissante, et vous tombez dans des certitudes intangibles et réconfortantes. Les martyrs, c'est l'élite qu'on envoie à la mort, le clivage est total entre les serviteurs de la cause "grands et purs" et le reste du monde.
4. *Autodéfense culturelle* : le terrorisme ne s'inscrit pas dans une dynamique de résistance culturelle ou de revendication culturelle. Il puise sa légitimité dans un masque de la religion avec une exacerbation du sacral et toute une manipulation "politique".
5. *Dignité* : la violence extrême peut se manifester en conséquence des failles de l'identité qui se construit en se protégeant de l'autre, qui paraît toujours menaçant parce que non semblable "infidèle", "impur" sur fond d'athéisme, de racisme de communautarisme.
6. *Solidarité* : le terrorisme est machiavélique, c'est un piège : par ses excès

et son horreur, il pousse la victime à la faute, il enclenche une dialectique de vengeance nourrie de haine excluant pour longtemps les voies de la tolérance, du partage, de la solidarité, de la mise en commun minimale pour vivre en tant qu'humain.

7. *Espérance* : pour l'islamisme radical, la vie n'est jamais organisée qu'en fonction des moyens que chacun peut choisir pour préparer sa vie dans l'au-delà ; cette attente forcenée de l'accomplissement *post mortem* d'un désir individuel ne peut constituer un mythe porteur proposant des raisons de vivre, et non de mourir, que les hommes pourraient partager.

Il faut bien ici voir l'ampleur de la catastrophe que l'OPA terroriste représente pour les populations en survie. Elles ont déjà à lutter contre une culture mondiale qui se définit comme un maillage de réseaux. Voici un nouveau réseau à l'échelle mondiale également, mais directement lié à la mort. Pire, la force du terrorisme consiste à se nicher dans les réseaux les plus puissants afin de retourner cette puissance d'imagination en puissance de destruction utilisant les armes même de la mondialisation : vitesse, précision, ubiquité, médiatisation... Les motifs de manifestations contre le G8, à Gênes ou ailleurs, risquent vite d'apparaître comme singulièrement complexifiés après le 11 septembre.

Troisième tableau : sortir des logiques de survie, en dépit du terrorisme

Patrick Lagadec : Il faut donc se remettre au travail, en repartant d'un peu plus bas, et avec une charge encore plus lourde : que faire ?

Michel Séguier : Le 11 septembre pose de façon brutale la question de nos convictions. C'est ce socle qu'il nous faut construire et qui a largement fait défaut jusqu'à aujourd'hui. On ne se lance pas dans des combats aussi âpres que le développement mondial, la sortie de la survie, sans de très solides déterminations. Ce ne sont pas d'abord des affaires techniques, mais bien des enjeux de conviction.

Nous venons de voir l'utilisation perverse par le terrorisme des axes de mobilisation accessibles aux populations en survie et sa redoutable efficacité en matière de destruction. On peut en tirer quelques tactiques pour le mettre hors d'état de nuire, mais je n'ai aucune expérience de lutte frontale contre le terrorisme. Par contre, il paraît plus important, dans une optique de prospective et de prévention, de dégager quelques repères de fond qui pourraient être pris en compte par les populations que nous avons nommées en survie.

D'abord une question forte, qui a été soulevée face à cette situation : le terrorisme instrument d'un combat politique et/ou religieux trouve-t-il ses racines dans la pauvreté et la frustration et/ou relève-t-il d'une logique nihiliste de haine du genre humain ? Il est crucial de clarifier d'emblée cette bifurcation. Refuser de voir l'impasse de la logique nihiliste, le drame du pacte avec la mort collective, c'est accepter finalement le suicide des déshérités. Pire : Leur mise à mort programmée par des forces qui, de façon ultime, pousseraient dans leur radicalité les logiques d'exclusion qui frappent déjà les pauvres.

Ensuite, il est capital de refonder les impératifs d'un principe d'humanité, lui aussi à comprendre à l'échelle mondiale. Relevons ici quelques expressions de conscience fondamentales que nous aimerions définitives.

1. *Vie* : une vie humaine vaut-elle une autre vie humaine et peut-on imaginer une issue aux crises actuelles en ayant une hiérarchie entre morts inacceptables et génocides tolérables ? (ou : 3 minutes de silence pour 6 000 victimes et combien pour 800 000 ?).
2. *Paix* : la fin de la guerre, ce n'est pas la paix mais la fin des injustices et des asymétries dans les modes d'action. Tant qu'il y aura deux poids deux mesures, voire deux discours, et que l'injustice continuera d'infester la communauté mondiale, cela fera le lit du terrorisme ; c'est contre un monde de tricheurs et de prédateurs qu'il faut lutter, car c'est sur ce terrain pourri que pousse le terrorisme…
3. *Valeur* : nous savons contre quoi nous luttons mais nous serions bien incapables de dire pour quoi.

   Comme nous ne croyons plus à rien, nous nous étonnons que d'autres puissent mourir pour des croyances. Il n'y a pas d'un côté les civilisés capables de respect des Droits de l'homme et seuls aptes au développement, et de l'autre côté les autres, le reste du monde.

Enfin, il faut se saisir de l'événement. Au-delà du terrible choc émotionnel ont émergé des interrogations profondes sur les causes complexes, le rejet du manichéisme simpliste et réducteur, des analyses, voire des autocritiques, sans complaisance et c'est cette montée de conscience qu'il ne faut pas laisser retomber.

Personnellement, ces prises de conscience exprimées avec simplicité et force me réhabilitent à mes propres yeux. Après trente ans, je devenais plus sensible aux persiflages : sûrement que tous les discours sur : "l'engagement tiers-mondiste", "la démarche non violente", "le développement "humain", "les utopies créatrices", ou encore les discussions sur "la pertinence de l'analyse marxiste", "la validité des fondements de la théologie de la libération", "la fécondité de la conscientisation", etc. faisaient utopistes et ringards. Et pourtant, n'y aurait-il pas dans ces discours et discussions, des réflexions de fond, qui nous reviennent aujourd'hui sous forme de mises en demeure brutales, et qu'il faut peut-être relire avec un autre regard ?

Nous voici à la croisée des chemins : allons-nous continuer à prêter l'oreille à cette minorité de 20 % de l'humanité et ne pas entendre la majorité que constituent les populations en survie. Telle est la question. Un dessin de Plantu, en première page du *Monde* au moment du sommet de Gênes, montrait les grands de la planète préoccupés par la pose d'un digicode pour mieux protéger leur salle de conférence. À l'évidence, il s'agit désormais de passer du pathétique digicode aux renversements de vision. Le principe d'humanité ne s'épanouira pas à l'abri des barbelés protégeant les centres de conférence.

Ce n'est pas une guerre de civilisations, ni l'Occident contre l'Islam, ni le "bien" contre le "mal". Pour autant, il s'agit bien d'une guerre. Et la vraie question est la suivante : quelle interprétation de la politique, de la culture, de l'économie, de la morale, va l'emporter au niveau mondial ?

La vraie lutte est de se libérer de rapports dominants-dominés ; la fin de la guerre est non la paix mais la fin des injustices. Il faut ouvrir les yeux sur les formidables frustrations que notre monde économiquement développé génère autour de lui. La plus sûre façon d'éradiquer ce terrorisme ne consisterait-elle pas – au minimum – à rendre supportable l'existence de ceux qui nourrissent le camp des désespérés ?

Eric de la Maisonneuve (Société de Stratégie) ouvre bien la problématique : "*Enfin, il faut savoir s'attaquer aux racines du mal, c'est-à-dire à notre vision du monde : dans la plupart des cas, elle ne correspond pas à la réalité des peuples. Nous sommes obsédés par la puissance et autistes devant le désarroi et la misère de milliards d'individus ; leur humiliation contredit ce que nous croyons être : des démocrates, des libéraux, des humanistes... Repenser notre politique à l'égard des autres – ce que l'on nomme la politique étrangère – c'est accepter de considérer que, derrière les États et les "marchés", il y a des hommes. La mondialisation n'a de sens que si elle est un "partage". Si nous persistons à ne pas vouloir comprendre, nous aurons effectivement la mondialisation de la violence : cela s'appelle l'Apocalypse.*"[1]

1. *Le Nouvel Observateur*, n°1928, octobre 2001.

Il n'y a pas de fatalité : une autre mondialisation est possible. Les sociétés civiles s'organisent au Nord comme au Sud, des résistances existent. Avant le 11 septembre, lors du sommet du G7 à Gênes, on a pu percevoir l'intensité d'une violence prête à déborder, devant cette dualité insupportable du monde entre un secteur riche, protégé et un énorme reste du monde démuni. Le message de Gênes était dans une certaine mesure la nécessité de réguler le monde, sur un mode cosmopolite avec une participation plus large et plus égalitaire du "reste du monde" aux mécanismes de la régulation internationale, bien au-delà de "l'aide au développement", cette manière de paternalisme qui s'exprime dans le G7, le G8, les institutions de Bretton Woods.

Après le 11 septembre se pose avec encore plus d'acuité la nécessité d'une autre mondialisation, durable écologiquement, juste socialement, équitable commercialement, solidaire économiquement, ouverte culturellement. Enfin, des lieux existent où elle peut se chercher, s'inventer, s'exprimer. Pour nous, la réunion de Porto Alegre au Brésil en janvier 2001 a été un moment historique pour "le reste du monde". Luis Alberto Gomez de Souza, un des organisateurs brésiliens nous en donne le sens :

> "*D'un côté, nous avons un système hégémonique qui se prétend tout puissant et se présente comme unique solution, bien que les inquiétudes exprimées à Davos au sujet de l'économie américaine montrent clairement ses fragilités latentes. De l'autre côté, à Porto Alegre, ce fut la manifestation bruyante et créative à la recherche de nouveaux chemins, et surtout la décision ferme d'inverser les*

priorités imposées par une perspective "économiciste". Véritable révolution copernicienne dans le faire et le penser. Non seulement un autre monde est possible, mais encore un nouvel horizon et une autre voie d'organisation des faits et des actes s'ouvrent devant nous. Porto Alegre les a mis en lumière. Nous ne pouvons plus les ignorer. Le centre ne peut plus être autre que la personne, ouverte à l'altérité et à la communauté qui vit, produit des biens matériels et symboliques, se reproduit, décide, fait la fête, entre en relation et aime".[1]

Et Doha a confirmé Porto Alegre.

On l'a vu dans les prises de conscience que j'ai relevées précédemment, et on l'entrevoit dans les prises de position que je viens de mettre en valeur : le 11 septembre nous a interpellés avec une violence inouïe à un niveau où nos analyses politiques, économiques, sociologiques ne paraissent pas suffisantes et idoines, puisqu'on s'interroge sur des valeurs, du sens.

Si l'on veut éradiquer ces germes de terrorisme-totalitarisme-impérialisme tout autant que ceux d'égocentrisme-matérialisme-sectarisme, il nous faut intégrer que le développement humain que nous préconisons prenne en compte en plus de ses composantes économique, politique, sociale, culturelle et environnementale, la dimension que nous appelons spirituelle. C'est un défi que nous avons essayé de relever au Centre Lebret[2] : déterminer des "indicateurs spirituels" présentant une image de la façon dont un groupe humain donne sens (direction et signification) à sa vie dans la société, prise dans sa totalité ; et replacer cette dimension par rapport aux autres composantes du développement. Cette dimension nous paraît d'une nature différente car, plus que les autres, elle aborde la transcendance plus que l'immanence. Elle est de l'ordre du désir plus que du besoin. Elle se situe dans le champ des valeurs.

C'est pourquoi nous optons pour ne pas réduire cette dimension spirituelle à une simple composante du développement humain. Nous voulons analyser la place du spirituel dans l'humain et étudier comment, dans les autres types de relations qui peuvent définir l'homme – être relationnel – aux autres, au monde, à la vie, au temps – un développement humain intégral peut prendre en compte les spécificités de l'homme en favorisant l'épanouissement de ses capacités. Après le 11 septembre, cette distinction entre l'homme et l'animal ne nous paraît pas incongrue mais clarifiante, l'animal n'étaient pas, entre autres, un être conscient, historique, responsable…

Nous voulons apprécier la capacité pour chaque être humain de se développer en tant qu'être humain dans toutes ses relations, dans toutes ses dimensions, en s'appuyant sur ses spécificités d'être humain et sur ses valeurs spirituelles.

1. *Foi et développement*, Revue du Centre Lebret, mai 2001, n°295.

2. Document de travail du Centre Lebret pour le Rapport Mondial sur le développement (2000/1) de la Banque mondiale, "Réduire la pauvreté", 109 pages.

Ainsi :

- en écologie : sa conscience d'être habitant de la terre peut l'entraîner à une solidarité cosmique ;
- en économie : sa capacité de partage et son sens de la justice peut lui faire rechercher l'équité et développer la solidarité ;
- en politique : son sens de la responsabilité peut l'amener à un engagement collectif et citoyen ;
- en social : sa sociabilité et son accueil de l'autre peuvent faire exister des espaces de fraternité ;
- en culturel : sa conscience d'être mortel peut lui permettre de chercher avec les autres à donner un sens à sa vie et à sa destinée.

Et c'est en assumant ces quatre relations que l'homme pourra se situer comme cellule vivante d'un ensemble qui le dépasse en vivant le spirituel : comme recherche de sens, comme acceptation de l'altérité, comme dépassement de la finitude.

En présentant succinctement ces indications, je réponds à la question : comment "faire", puisque quand je travaille avec ces populations en survie, avec ces indicateurs, je leur propose :

- un outil d'élaboration-définition du développement auquel ils aspirent ;
- un outil de clarification des finalités et des motivations ;
- un outil d'évaluation des avancées, maturations ou régressions personnelles et collectives ;
- un outil de positionnement de leur groupe humain dans les quatre types de relations : aux autres, en tant qu'être social ; au monde en tant qu'être conscient ; à la vie, en tant qu'être assumant sa destinée ; au temps, en tant qu'être historique.

Nous avons pu expérimenter cette "recherche action-évaluation" avec des groupes moteurs (cellules de recherche) actifs dans des communautés de destin (groupes humains) dans cinq pays, sur cinq sites. Et si les résultats sont très variables selon les indicateurs, nous découvrons que le développement humain ne peut pas être réduit au développement économique et que la vraie richesse des peuples ne se situe pas toujours au niveau où on l'attendait. Dans notre échantillon, arrivaient en tête des pays en voie de développement humain, Madagascar, suivi de la Tanzanie puis de l'Inde, du Chili et enfin de la France (3 pays en Anjou).

Si l'on avait appliqué cet outil au groupe humain auteur du 11 septembre 2001, on aurait vu qu'il se situait plus vers le pôle négatif dans cinq indicateurs en manifestant des actes ou des signes : d'exclusion, de sectarisme, de repliement, de mépris de la vie et de la mort, de fatalisme.

Est-ce à dire que l'éducation au développement, – la formation de la personne humaine à l'accueil, la tolérance, la recherche du sens, l'ouverture, le respect de la vie et de la mort, l'espérance, la citoyenneté... – sera la véritable prévention pour annihiler les tentations du pire ? Les groupes qui ont utilisé nos indicateurs ont tous repensé et donné priorité au volet éducatif de leurs programmes en s'appuyant sur les pôles positifs de nos indicateurs et en valorisant les "savoir-être" tout autant que les savoirs et savoir-faire que nécessitent un développement humain.

Patrick Lagadec : Vous soulignez que le modèle de la planification descendante ne résiste pas aux grandes situations de rupture... Qu'auriez-vous à dire aux dirigeants, qui doivent œuvrer dans ces champs très difficiles, mais qui ont surtout été formés aux logiques d'intervention du haut vers le bas ?

Michel Séguier : En matière de développement, deux axes s'opposent. D'un côté, le développement organisé, planifié. De l'autre, ce que l'on nomme "développement endogène", "développement durable", "développement ascendant". Ces deux courants répondent à deux logiques d'action : logique de programmes d'un côté, logique de projets de l'autre. La première est descendante, politico-institutionnelle ; la seconde est ascendante, micro-locale : elle part de l'acteur à la base et remonte... J'ai toujours accompagné davantage ces dynamiques qui partent du terrain.

Si j'avais quelque chose à dire aux dirigeants, ce serait, au minimum, de ne pas tuer les logiques de projets en voulant à tout prix et très vite inclure et enfermer ces projets dans de vastes programmes et dispositifs.

Cette articulation n'est pas bien faite et c'est une des nombreuses raisons pour laquelle l'aide au développement a été d'une infécondité étonnante ; elle a été pensée en termes de logiques de programme, avec une aide distribuée de haut en bas, et non comme appui à un développement ascendant.

Patrick Lagadec : Une logique de programme est sans doute bien plus simple à engager qu'une logique de projets – qui demande un investissement humain sans commune mesure. Il est toujours plus difficile d'écouter, d'enrichir, d'accompagner, que de donner des instructions à partir d'une optimisation théorique et en passant par pertes et profits tout ce qui ne rentre pas dans le schéma général.

Michel Séguier : Cela exige effectivement un investissement plus grand, mais, davantage encore, une créativité bien plus forte. D'autant qu'il faut travailler souvent avec des personnes qui ne maîtrisent pas le principe de causalité. Comment planifier avec des personnes qui vivent dans l'immédiat, qui sont incapables de voir à long terme ? C'est le handicap des grands déshérités, qu'ils soient du Sud ou du Nord. Nous sommes donc dans l'obligation d'inventer des méthodes plus simples, adaptées très précisément aux difficultés et capacités spécifiques des groupes humains concernés. Exemple de ces méthodes : la planification à rebours (PERT) fondée sur le principe d'antériorité (et non plus de causalité).

Là encore, il y a rupture nécessaire. Ces approches mettent en question toutes nos pédagogies. L'objectif crucial n'est pas de donner du savoir aux populations, savoir qu'elles n'auraient plus ensuite qu'à appliquer. Le problème devient de leur apprendre à penser, raisonner, analyser, échanger pour qu'elles puissent inventer *leur* projet.

Patrick Lagadec : Problème : cela demande du temps. Avons-nous encore cette marge de liberté ?

Michel Séguier : Dans le Tiers monde, on ne peut pas faire autre chose : nous n'avons pas suffisamment d'infrastructures, d'outillage, de professeurs... Mais on voit se dessiner peut-être une chance avec l'informatique : l'outil va conforter l'idée que nous n'avons plus à apprendre le savoir puisqu'il est à notre disposition mais que nous avons à apprendre à aller chercher le savoir, à penser, à s'organiser.

Patrick Lagadec : Dans cette logique d'auto-développement, comment voyez-vous l'action des responsables, au-delà de ce que vous soulignez, à savoir au minimum de ne pas tuer les initiatives de la base ? Il faut bien dégager des axes minimaux pour l'action...

Michel Séguier : Il nous faut penser autrement ; nous opérons selon trois axes de référence.

1. ***L'identification des problèmes et des actions possibles peut et doit être faite par la population elle-même.*** Nous disposons ici de méthodes d'approches qui nous permettent de penser que c'est de l'ordre du possible. Pour satisfaire ses besoins vitaux et relever les défis de son environnement tant physique que social, toute collectivité humaine adopte ou invente ses réponses culturelles. La créativité culturelle devient décisive pour que l'acteur social puisse lire et démystifier le réel, anticiper l'avenir, orienter son action, donner sens à sa vie sociale et politique. L'impératif est donc d'agir pour une culture motrice de luttes sociales et mobilisatrice d'alternatives aux aliénations imposées.
   Des choix sont à opérer en faveur de modes de développement qui puissent articuler exigences de solidarité et quête de modernisation, création de liens sociaux et efficacité économique, qualité de vie et bonheur partagé, organisation collective et respect des personnes.
2. ***À partir d'expérimentations concrètes, on peut penser et agir autrement.*** Il existe une multitude de recherches d'alternatives en rupture, qui ouvrent sur d'autres perspectives d'économie solidaire.
   La crise des systèmes macro-sociaux, qu'il s'agisse du socialisme étatique ou du néo-libéralisme, révèle l'échec des paradigmes totalisants. Les initiatives de développement rendent possibles des utopies partielles et multiples aux différents niveaux sociétaux. Des solidarités collectives sont à même de faire face aux menaces de segmentation et de marginalisation parce qu'elles sont fondées sur des projets endogènes locaux et sur une ample alliance de valeurs éthiques et d'intérêts communs.
3. ***La perspective doit être de développer un tissu humain favorable.*** Un grand nombre d'expériences, en particulier dans le domaine associatif, féconde de nouvelles logiques de prises de conscience, et d'exercice des responsabilités. C'est encore trop dilué mais nous avons des terrains intéressants à partir desquels s'engagent de nouvelles étapes de développement. Il y a probablement une science à inventer : "médiation et accompagnement". Ce sont les deux axes sur lesquels il faut développer de nouvelles mentalités. Pendant des années on a réfléchi sur l'armature ; aujourd'hui on découvre l'importance du tissu.

Pour une génération marquée par l'exclusion et la mondialisation, le développement humain et solidaire représente une utopie concrète et créatrice en proposant un projet rationnel et porteur d'avenir, de confiance : mobiliser les acteurs sociaux, associatifs, professionnels, politiques, institutionnels, autour d'actions collectives de développement.

Dans ces quatre domaines, on peut dire que cela fourmille d'avancées actuellement. Des populations capables de faire l'analyse de leurs situations, capables d'expérimenter des alternatives, de se repérer dans le champ de la société civile, de tisser de nouveaux liens avec ceux qui détiennent le pouvoir et l'argent. Des collectivités qui maîtrisent les méthodologies appropriées : enquête conscientisante, recherche-action, élaboration de projet, co-formation appropriative, créativités collectives, groupes de parole, groupes d'intérêts, groupes de pression, planning PERT, stratégies partenariales, travail de réseau...[1]

Face à une mondialisation qui peut être perçue comme implacable, une myriade de collectifs déchirent la réalité pour mieux la comprendre et la transformer ; ils bricolent dans les espaces de liberté pour survivre ensemble comme être humains à part entière.

Créateurs de cultures, producteurs de qualification, auteurs de citoyenneté, porteurs de solidarité, ils veulent **rompre** avec l'inhumain.

1. Michel Séguier, *Construire des actions collectives, développer les solidarités*, Éditions Chronique sociale, Lyon, 1998.

Terrorisme,

avec Françoise Rudetzki

La primauté du droit, pour les victimes

Le 11 septembre 2001 représente une rupture majeure pour la question Terrorisme et Victimes. Les armes de destructions massives, connues ou non-conventionnelles, peuvent être utilisées contre des populations touchées dans leur masse. À côté du contre-terrorisme, l'arme du droit doit être utilisée à plein par les États de droit. Toute demi-mesure, signe de faiblesse, ouvrirait la porte à la démesure des destructions humaines. Ce dossier pose la question cruciale du principe de responsabilité.

Du côté des victimes, on ne part pas de zéro : l'expérience acquise, notamment par S.O.S. ATTENTATS en France, permet d'apporter bien des repères d'action. L'irruption des victimes comme acteurs dans les situations graves a elle-même représenté une véritable rupture, fruit d'un long cheminement : reconnaissance juridique ; nouvelles approches en termes de santé, notamment psychologiques ; règles d'indemnisation ; appuis pour la réinsertion dans le tissu social après le choc. L'expérience, qui remonte maintenant à plus de quinze années, permet de tirer les enseignements de ce qui fut et reste un difficile combat. Bien d'autres avancées seront nécessaires pour que l'acteur victime tienne véritablement la place qui doit lui revenir – toute sa place, même si ce n'est que sa place. Et les événements nous pressent d'accentuer singulièrement l'effort et nous obligent à de nouveaux questionnements. ■

Françoise RUDETZKI est juriste de formation. Fondatrice de S.O.S. ATTENTATS, elle a été de tous les combats des victimes du terrorisme et très présente pour appuyer le développement du droit de toutes les victimes. Elle siège au Conseil d'administration du Fonds de garantie des actes de terrorisme (loi du 9 septembre 1986) et autres infractions (6 juillet 1990) et à l'Office Nationale des anciens combattants et victimes de guerre (O.N.A.C.).

S.O.S. ATTENTATS a créé pour les victimes du terrorisme, à l'Hôtel National des Invalides, son propre lieu d'écoute et de soutien psychologique – complétant ainsi sa structure d'information juridique, administrative et sociale.

L'association prend le relais, après l'urgence, afin d'accueillir, dans un espace protégé et spécialisé, les victimes et leurs familles et d'organiser leur suivi dans le post-immédiat (écoute, informations), à moyen terme (procédures d'indemnisation, statut de victime civile de guerre) et à long terme (réinsertion professionnelle, procédure judiciaire). Elle mène un combat pour la création d'un espace judiciaire européen et d'une coopération judiciaire internationale.

Francoise RUDETZKI – S.O.S. ATTENTATS
Hôtel National des Invalides – 75007 Paris - France
Tel (33) 1 45 55 41 41 – Fax (33) 1 45 55 55 55
e-mail : f.rudetzki@sos-attentats.org
www.sos-attentats.org

Patrick Lagadec : Depuis de très longues années, vous tentez de faire émerger un intérêt pour les victimes d'attentats, et d'ailleurs même pour toutes les victimes, à la hauteur des enjeux. Et voici le 11 septembre : cette question, tenue pour marginale le plus souvent, vient faire irruption au cœur économique et militaire du plus puissant État de la planète. Quelle est votre lecture de l'événement, quelles ruptures produit-il, quelles urgences rend-il encore plus pressantes ?

Françoise Rudetzki : L'événement ne fait que conforter nos alertes, mais cette fois-ci l'échelle du danger s'est modifiée et les terroristes sont entrés dans le IIIème millénaire pendant que les démocraties restent accrochées au siècle des Lumières. Cependant, l'essentiel n'est pas le diagnostic mais l'engagement, cette fois résolu, d'actions déterminées. En tant que juriste, je tiens à souligner l'importance des armes et de l'arsenal juridique. Pour cela, un impératif : il faut que tous les auteurs d'actes de terrorisme, ceux qui fournissent la logistique, qui financent le terrorisme mais aussi ceux qui aident, soutiennent, hébergent les auteurs, les organisateurs et commanditaires, y compris les dirigeants en exercice, puissent être jugés et qu'ils ne bénéficient plus d'une impunité de fait sous couvert d'une prétendue "coutume" qui relève d'une tradition diplomatique d'un autre âge.

Si le combat judiciaire n'est pas mis en œuvre de façon claire et déterminée, la prise en charge des victimes demeurera un alibi. Ce qui n'est pas le but de mon action.

Développer la responsabilité pénale internationale

La réponse judiciaire et le développement d'une justice pénale internationale face au terrorisme sont restés bloqués pendant de nombreuses années par tous ceux qui dénonçaient les dérives sécuritaires des États de droit.

Au nom du principe du respect des Droits de l'homme **et du droit international humanitaire**, de nombreuses organisations non gouvernementales ont prôné **le droit d'ingérence – tout en refusant l'ingérence du droit international dans le domaine du terrorisme !** Le terrorisme est resté exclu de la réprobation générale, considéré par les uns comme un crime subjectif, tout à fait "relatif", et par les autres comme étant une juste réaction de résistance face à l'oppression.

Une évolution s'est progressivement faite à travers les crimes commis lors des conflits en ex-Yougoslavie puis au Rwanda. Des tribunaux pénaux internationaux furent créés sous l'égide de l'ONU pour juger, quelle que soit leur fonction, tous les auteurs des crimes commis lors de ces deux conflits. L'application du droit international a aussi évolué sous l'impulsion de la jurisprudence de la Chambre des Lords après l'arrestation en Grande-Bretagne du général Pinochet, dirigeant à la retraite, en réponse au mandat d'arrêt international, lancé par le juge espagnol Balthazar Garzon utilisant la procédure de la compétence universelle, principe ancien mais trop peu utilisé.

Les juristes, ainsi que de nombreux dirigeants occidentaux, dont nos dirigeants français, ont loué les avancées du droit international tout en occultant les actes de terrorisme. Cette démarche de l'évitement et du déni est identique à celle à laquelle je me suis heurtée en 1985 lorsque l'on tentait de me convaincre que le mot même de terrorisme ne pouvait être inscrit dans nos lois.

Déni encore lorsque le 18 juillet 1998 furent adoptés, à Rome, les statuts de la Cour pénale internationale, compétente pour connaître des génocides, des crimes contre l'humanité, des crimes de guerre et autres crimes graves, mais dont furent exclus spécifiquement les crimes de terrorisme, faute de pouvoir le définir de façon universelle. Pourtant, de nombreuses conventions sur le terrorisme ont été, au fil des ans, signées mais faute de ratification ne sont pas entrées en vigueur.

Les quinze pays de l'Union européenne refusent encore d'abolir la notion même d'extradition en maintenant des frontières judiciaires destinées à protéger les auteurs de crimes graves qui trouvent refuge au sein même de l'Union, bénéficiant ainsi d'une immunité. L'exemple le plus frappant est celui de Rachid Ramda, membre du GIA, détenu à Londres, où il n'a commis aucune infraction selon la loi britannique en vigueur. La royauté qui prône l'*habeas corpus* et nous refuse l'extradition de celui qui est soupçonné par la justice française d'avoir financé les attentats commis en France en 1995 (10 morts et 300 blessés) nous donne des leçons de respect des Droits de l'homme. Plusieurs mandats d'arrêt ont été lancés par les juges français en charge de la lutte contre le terrorisme sur la base de preuves scientifiques. Partie civile dans ces procédures, S.O.S. ATTENTATS réclame que, sept ans après les faits, tous les auteurs connus de ces attentats soient jugés au cours d'un même procès.

L'utilisation d'un mandat d'arrêt européen et l'idée d'un parquet européen pour les crimes transnationaux se heurtent à des difficultés de définitions communes et de "double incrimination" et, selon moi, les événements du 11 septembre ne devraient pas, dans la pratique, changer fondamentalement la construction de l'espace judiciaire européen en raison d'une part de l'opposition affichée de certains États membres à une telle avancée juridique au nom du principe de souveraineté et d'autre part, du mélange dans un même projet des crimes de terrorisme, des crimes contre les enfants et des vols de voitures, meilleure façon de torpiller ce projet[1].

Autre exemple de contradiction : l'attitude de la communauté internationale face au terrorisme d'État commandité par la Libye, à l'instigation de son guide, le colonel Kadhafi.

Dans un arrêt du 10 mars 1999, la Cour d'assises de Paris avait condamné par contumace six hauts fonctionnaires libyens, à la réclusion criminelle à perpétuité pour l'attentat du DC 10 d'UTA qui avait fait 170 morts, le 19 septembre 1989. Cette décision est restée lettre morte et n'empêche pas des élus du peuple français et ministres de la République

1. À moins qu'entre la rédaction de ces lignes en décembre 2001 et la publication de cet ouvrage, l'action de l'Espagne à la présidence de l'Union européenne pendant les six premiers mois de 2002 permette l'abolition des frontières judiciaires !

de se rendre en Libye pour y croiser des criminels condamnés au nom de ce même peuple. En réaction, S.O.S. ATTENTATS a déposé une plainte contre le colonel Kadhafi pour complicité d'homicides volontaires, en relation avec une entreprise terroriste.

Le Procureur de la République de Paris, le 20 août 1999, a estimé dans ses réquisitions, qu'il n'y avait pas lieu d'instruire cette plainte au motif que "le droit coutumier international" permet à un chef d'État, en exercice, de bénéficier d'une immunité, sauf pour crime contre l'humanité.

Le 20 octobre 2000, la chambre d'accusation de la Cour d'appel de Paris a autorisé le juge Jean-Louis Bruguière à instruire notre plainte : les magistrats ont estimé en effet "*que l'immunité de juridiction des chefs d'État étrangers (...), à l'origine absolue, comporte depuis la fin de la seconde guerre mondiale, des limites*", que les conventions internationales ratifiées par la France "*loin de constituer des exceptions limitatives à une immunité absolue, traduisent, au contraire, la volonté de la communauté internationale de poursuivre les faits les plus graves, y compris lorsqu'ils ont été commis par un chef d'État dans l'exercice de ses fonctions, dès lors que ceux-ci constituent des crimes internationaux, contraires aux exigences de la conscience universelle*".

La Cour d'appel a considéré que "*l'immunité ne couvre que les actes de puissance publique ou d'administration publique accomplis par le chef de l'État, à condition qu'ils ne soient pas considérés comme des crimes internationaux*" et "*qu'il en résulte qu'aucune immunité ne saurait couvrir des faits de complicité d'homicides volontaires et de destruction de biens par substance explosive ayant entraîné la mort, en relation avec une entreprise terroriste, consistant pour un chef d'État à avoir ordonné l'explosion d'un avion de ligne transportant 170 civils*" car "*ces faits, à les supposer établis, entreraient dans la catégorie des crimes internationaux, et ne pourraient, en tout état de cause, être considérés comme ressortant des fonctions d'un chef d'État*".

Cette victoire du droit contre la raison d'État resta de courte durée et les victimes ne tardèrent pas à se retrouver confrontées à l'(in)justice.

Dans un arrêt rendu le 13 mars 2001, la Cour de cassation française a cassé, sans renvoi, l'arrêt rendu le 20 octobre 2000, considérant que "*la coutume internationale s'oppose à ce que les chefs d'État en exercice puissent, en l'absence de dispositions internationales contraires s'imposant aux parties concernées, faire l'objet de poursuites devant les juridictions pénales d'un État étranger*", a jugé "*qu'en l'état du droit international, le crime dénoncé, quelle qu'en soit la gravité, ne relève pas des exceptions au principe de l'immunité de juridiction des chefs d'État étrangers en exercice*".

Cette décision, qui a été notamment motivée par le fait que s'il était permis à un "*tribunal français de juger un Chef d'État étranger en violation du droit international coutumier actuel, le risque serait même grand de voir la responsabilité internationale de la France engagée par l'autre État concerné*",[1] est contraire à toute l'évolution du droit international

1. Conclusions de l'Avocat général, audience de la Chambre criminelle de la Cour de cassation, 27 février 2001.

pénal. Elle s'oppose aux déclarations maintes fois réitérées par le Chef de l'État, en particulier devant les victimes dans un discours prononcé le 3 décembre 1998, lors de l'inauguration du mémorial dédié aux victimes du terrorisme[1] dans lequel M. Jacques Chirac déclarait: "*il est désormais universellement admis qu'aucun motif, pas même le combat pour la liberté, ne peut justifier le recours au terrorisme. Cette condamnation de principe ne suffit pas pour éradiquer le fléau. Il faut se donner les moyens de prévenir, de poursuivre, de punir ceux qui s'y livrent où qu'ils se trouvent*", propos réitérés depuis le 11 septembre.

En écrivant ces lignes, il me revient en mémoire mon séjour à New York et à Washington, en 1999, au moment où le Conseil de sécurité de l'ONU décidait de la levée de l'embargo aérien imposé à la Libye coupable d'avoir commis non seulement l'attentat du 19 septembre 1989 contre des passagers d'un avion français mais aussi contre ceux d'un avion américain au-dessus de Lockerbie (vol Pan Am 103, le 21 décembre 1998, 270 morts).

À cette occasion, j'avais rencontré M. Hans Corell, déjà conseiller juridique à l'ONU, à New York le 7 mai 1999, puis le 18 mai des membres de la section antiterroriste du Dépar-tement d'État à Washington, et le 21 mai M. Alain Dejammet, à l'époque Ambassadeur de France à l'ONU ; ces hommes n'avaient eu à l'époque qu'une oreille et des compliments condescendants à mon égard, mais tous étaient apparemment imperméables au danger que représentait l'immunité dont bénéficiait Kadhafi au sein de la communauté internationale après s'être attaqué à des avions transportant des civils.

Depuis, l'histoire s'est accélérée : le 11 septembre a créé une rupture... Une partie de l'humanité a pris conscience que la menace terroriste constituait une nouvelle forme de guerre non codifiée, que les valeurs démocratiques étaient menacées et qu'il n'y avait plus de sanctuaire.

Dès lors, des voix se sont faites entendre, soit pour déclarer comme M. Hans Corell que "*la Charte des Nations Unies est un instrument vivant qui doit être interprété à la lumière de l'évolution du monde*", soit pour comparer cet acte à un crime contre l'humanité.

Le droit hésite encore sur la qualification : acte de guerre ou acte de terrorisme. L'ONU n'hésite pas et considère que l'agressé a un droit immédiat à la légitime défense. En quelques heures, le Conseil de sécurité a adopté la résolution 1368 et en quelques jours la résolution 1373. Il considère que les actes de terrorisme international "*constituent une menace à la paix et à la sécurité*", demande aux États de collaborer d'ur-gence pour les prévenir et les réprimer, et appelle les États à ratifier les conventions signées... Ces résolutions ont autorisé les États-Unis à bombarder l'Afghanistan, afin d'éliminer Oussama Ben Laden, puisqu'elles ont été jusqu'à autoriser le recours à la légitime défense, sans l'assortir d'aucune condition, en contradiction avec tous les principes et les valeurs démocratiques. Par ailleurs,

1. Sculpture-fontaine "Parole portée, à la mémoire des victimes du terrorisme" de Nicolas Aquin.

ces événements ont suscité, au sein de l'administration Bush, l'idée de tribunaux militaires d'exception qui, si elle est contestée par certaines organisations américaines, en particulier Human Right Watch, ne soulève pas l'indignation que cette justice à huis clos devrait soulever à mon sens chez les défenseurs des Droits de l'homme.

Il faut avoir le courage, face à l'ampleur de la menace, de juger tous les terroristes sans avoir besoin de recourir à des mesures d'exception. **Appliquons jusqu'au bout le droit tel qu'il existe, sans exclure le terrorisme de la liste des crimes graves et sans exclure les chefs d'États ou les dirigeants**. Toute faiblesse, toute concession en matière d'immunité, qui serait consacrée comme principe supérieur, saperait le fondement même des États de droit.

Un long combat

Patrick Lagadec : Ce n'est que récemment que les victimes ont vu leurs droits s'affirmer et qu'elles ont pris leur place comme acteurs des situations d'attentats ou de catastrophe. Quelles ruptures a-t-il fallu introduire pour y parvenir ? Quelles ont été les lignes essentielles de ce combat ?

Françoise Rudetzki : L'irruption des victimes comme acteurs dans les situations de crise représente en elle-même une véritable rupture dans nos traditions. Longtemps en effet, les victimes ont été exclues, peut-être du fait que nos cultures sont restées très conditionnées par les guerres du XXème siècle : **nous n'avons pas suffisamment pris en compte les déplacements de vulnérabilités du front purement militaire à celui de la société civile**. D'où des vides considérables.

Ainsi, dès l'instant où elles n'étaient plus objet de soins médicaux intensifs, les victimes ne rencontraient qu'une course d'obstacles épuisante, sans aides, ni psychologique, ni sociale, ni financière, ni juridique. Plus encore : elles avaient le sentiment d'une seconde agression ou "victimisation", dès lors que la société semblait leur signifier qu'en tant que victimes, elles n'avaient finalement rien à dire – avant tout, "elles dérangeaient". Le malheur, et avec la culpabilisation en supplément.

Bien sûr, les décideurs montraient quelques signes d'attention, tout particulièrement envers les victimes du terrorisme, mais ces égards étaient inversement proportionnels à leur mobilisation médiatique. Aux déclarations solennelles et spectaculaires – "on va mettre tout en œuvre pour lutter contre le terrorisme et pour retrouver les coupables..." – , succédait, dès le départ des caméras et des micros, une absence générale de prise en compte des personnes atteintes dans leur chair. Face à une violence qui vise à déstabiliser un État de droit, et en dépit du fait que l'État est garant de la sécurité des citoyens, les victimes, objet de toutes les compassions sur l'instant, retombaient très vite dans l'oubli et la solitude. Les décideurs se mobilisaient surtout pour effacer les traces visibles des dégâts matériels.

C'est cet univers qu'il fallait bouleverser. Bien sûr pour les victimes du terrorisme, mais beaucoup plus largement : j'ai toujours eu à l'esprit que ce qui pouvait être obtenu pour des victimes d'actes parti-

culièrement médiatisés pourrait ensuite être étendu à l'ensemble des victimes. Et je soulignerai immédiatement un premier facteur décisif : l'importance du levier médiatique, sans lequel il n'aurait pas été possible de casser les résistances, de créer les ruptures néces-saires, dans tous les domaines.
Une série de moments, de percées, ont marqué ce long cheminement.

Le vide, et la création d'une association

L'association S.O.S. ATTENTATS a été créée fin 1985. Ses membres sont toutes victimes du terrorisme : il s'agit bien d'une association *de* victimes. Elle répondait à un vide, à une impréparation étonnante de l'État à prendre en charge les conséquences humaines des attentats.

Petit signe qui en disait long : l'affolement qui allait de pair avec l'intrusion d'une femme en chaise roulante dans des salons de la République, peu accessibles aux handicapés. Le vide était bien là : plusieurs centaines de personnes victimes d'attentats, commis depuis 1974, étaient totalement démunies. Elles ont adhéré à l'association, lui conférant ainsi sa légitimité. D'autres facteurs ont été déterminants : nous sommes début 1986, en campagne électorale ; le 20 mars débute la première cohabitation politique ; et surtout, une nouvelle vague d'attentats frappe la France en février et mars 1986 (2 morts et 60 blessés).

Les verrous juridiques

La reconnaissance juridique n'a pu s'imposer que grâce à une campagne de sensibilisation et de mobilisation de l'opinion publique, et par une pétition organisée par S.O.S. ATTENTATS avec l'aide des médias. En avril et mai 1986, je fus reçue par le Président de la République et par le Premier ministre. Un projet de loi relatif à la lutte contre le terrorisme fut élaboré par le Gouvernement. Lapsus révélateur, la première version du projet ne prévoyait que des dispositions spécifiques pour la prévention et la répression du terrorisme : la réparation des victimes était une nouvelle fois "oubliée". Une nouvelle campagne de presse fut nécessaire pour débloquer la situation.

L'idée proposée était de débudgétiser le financement de l'indemnisation, afin qu'elle soit intégrale et rapide. Mais il fallut se battre : cette logique ne s'est imposée qu'en commission mixte paritaire, phase ultime de la procédure législative. En juillet 1986, une loi fut finalement adoptée créant un Fonds de garantie chargé d'indemniser tous les préjudices subis par les victimes. Cette indemnisation devenait intégrale grâce au financement du Fonds, par une contribution de solidarité nationale. En 1990, ce système d'indemnisation a pu être étendu à l'ensemble des victimes de toutes les violences (loi du 6 juillet 1990). Mais le combat n'est pas terminé : siégeant encore aujourd'hui et depuis 1987 au Conseil d'administration de cet organisme, je dois mener un combat permanent pour y défendre les droits de *toutes* les victimes, y compris celles de l'amiante, de la transfusion, de l'aléa thérapeutique et de catastrophes collectives.

Autre volet du combat juridique, et pas des moindres, le combat pour le statut des victimes : en dépit du refus exprimé au plus haut niveau de l'État, l'association exigea que le terrorisme soit considéré comme une nouvelle forme de guerre, en temps de paix. Il faudra quatre ans (23 janvier 1990) et un attentat particulièrement meurtrier commis contre un avion français le 19 septembre 1989 (DC-10 d'UTA, 170 morts), pour que le statut de victime civile de guerre soit reconnu par une loi. Ce combat législatif sera encore mené pour permettre aux victimes, au-delà de l'indemnisation, un meilleur accès à la justice, en soutenant les victimes dans leur constitution de partie civile – seule garantie d'avoir un accès à toute la procédure pénale. Cet accès était important pour stimuler la recherche de la vérité, l'identification des responsables et leur condamnation. Il apportait à la société civile une vraie reconnaissance. Jusqu'alors, il était rare en effet que les procédures judiciaires aboutissent : les dossiers faisaient parfois l'objet d'un classement sans suite ou d'un non-lieu ; les crimes étaient parfois correctionnalisés. Les terroristes, quand ils étaient condamnés, pouvaient bénéficier d'amnisties ou de grâces présidentielles.

L'article 2 du code de procédure pénale sera modifié pour que l'association puisse se porter partie civile (alinéa 9), aux côtés des victimes, afin que la voix des victimes puisse se faire entendre lors des procès contre les auteurs d'actes de terrorisme. L'in-demnisation ne doit pas priver les victimes de la parole, de la reconnaissance publique de la souffrance et de la confrontation avec les auteurs. C'est précisément cette procédure de constitution de partie civile, introduite le 5 novembre 2001, qui permet, depuis la désignation de deux juges d'instruction français, dans la mesure où des Français ont été tués, aux parents des victimes et à S.O.S. ATTENTATS, d'avoir accès au dossier judiciaire de l'attentat contre le World Trade Center. Cet accès à la procédure pénale n'existe pas, pour les victimes, dans le droit américain, pendant la phase d'instruction. Cependant, ce droit, légitime risque d'être bafoué si les autorités américaines refusent la coopération judiciaire internationale pour lutter contre le terrorisme, après avoir réclamé la solidarité des membres du Conseil de sécurité pour mener la guerre contre ce même terrorisme.

Quels que soient les obstacles, nous irons jusqu'au bout de ce dossier, comme dans les autres, en mémoire des milliers de morts du 11 septembre mais aussi de ceux qui ont été tués dans d'autres attentats commis par d'autres, en d'autres lieux. **La réponse judiciaire reste, lorsque la prévention a échoué, la seule qui soit digne des États démocratiques**.

Pour autant, les événements du World Trade Center et du Pentagone doivent nous obliger à de nouveaux questionnements.

Première série d'interrogation : les procédures actuelles restent-elles toujours adéquates ? Ou bien la justice américaine, forte des contraintes imposées par ce contexte totalement nouveau, ne va-t-elle pas devoir ouvrir largement les procédures, ou va-t-elle au contraire s'enfermer dans des logiques d'exception en restreignant l'accès à l'information et à l'action pour les victimes ?

Seconde série d'interrogation : il faudrait réfléchir sur l'inversion que provoquent ces principes de légitime défense et ces principes d'exception face au terrorisme de masse. Le terrorisme ne peut plus être considéré comme l'effet d'une subversion mais bien comme un acte de guerre délibéré. Qu'en résulte-t-il en termes de droit international, et de traductions nationales de ce droit ? Il est encore prématuré de conclure sur ce sujet, mais il faut s'attendre à des développements significatifs sur lesquels les victimes doivent rester très attentives.

Enfin, dernière interrogation : les notions de Justice et de Diplomatie sont-elles compatibles ?

À une question que j'ai posée sur ce sujet au ministre des Affaires étrangères, Monsieur Hubert Vedrine, lors d'un colloque sur le principe de responsabilité[1], le Ministre a répondu en ces termes : "*théoriquement il n'y a pas de contradiction entre la diplomatie et la justice (...), je pense que la justice internationale n'empêchera jamais que les hommes politiques, les diplomates aient une responsabilité particulière pour trouver des solutions aux conflits. (...) Ce que l'on attend de la justice pénale internationale, c'est la lutte contre l'impunité, et de la diplomatie de régler les problèmes politiques dans le monde : diplomatie et justice ont chacune leur légitimité...*".

1. 27 & 28 novembre 2001, Assemblée nationale, Premiers États Généraux de l'Action et du Droit International Humanitaires, organisés par le Comité international de la Croix-Rouge (CICR).

La connaissance et l'action médico-psychologique

Patrick Lagadec : J'ai l'impression, en vous écoutant, que le problème des victimes ne s'arrête pas à la reconnaissance d'une question d'acte de guerre ou de subversion, et que c'est beaucoup plus complexe.

Françoise Rudetzki : En effet, notre action n'a pas seulement abouti à créer des droits ; elle a conduit aussi à rompre avec des pratiques : une victime, effectivement, n'a pas seulement besoin de protections juridiques. Il y a d'autres aspects à prendre en compte. L'association a engagé elle-même des études épidémiologiques en 1986[2] et en 1998-2001[3], afin d'étudier les conséquences globales, sanitaires, sociales et psychologiques d'un événement traumatique, et d'en mesurer l'impact sur la population concernée. Par ce moyen, nous avons pu faire évoluer les règles d'indemnisations

2. William Dab, Lucien Abenhaim, Louis-Rachid Salmi, Jean Auclair :
"État de santé physique et mentale des victimes d'attentats", *Annales de psychiatrie.* 1988, 3, 191-195.
"Épidémiologie du syndrome de stress post-traumatique chez les victimes d'attentat et politique d'indemnisation", *Santé Publique*, 1991, 3, 36-42.
"*Study of civilian victims of terrorist attacks (France 1982-1987)*", *Journal of Clinical Epidemiology.*, 1992, 45, 103-109.
Voir aussi : William Dab, "Épidémiologie et indemnisation des victimes d'attentats", *Administration.*, 1995, n° 6.
3. Résultats publiés le 6 février 2001 (cf. site sos-attentats.org) et dans les n° 12, 13, 14 du journal "Paroles de Victimes).

appliquées aux victimes par le Fonds de Garantie et faire reconnaître un véritable préjudice psychologique. En effet, la première étude a révélé que les victimes présentaient une fréquence plus importante que la population générale de névroses de type "névrose de guerre".

Se référant à cette enquête, Xavier Emmanuelli, Secrétaire d'État à l'action humanitaire d'urgence, créa au printemps 1995 un groupe de travail sur la prise en charge psychologique des victimes. Mais c'est l'attentat du 25 juillet 1995, commis à la station du RER Saint-Michel (8 morts et 200 blessés), et la visite du Président de la République aux blessés, dans les hôpitaux, qui ont été les éléments déclencheurs de la création, le 28 juillet 1995, des cellules médico-psychologiques d'urgence chargées d'assurer une "prise en charge psychologique et psychiatrique précoce et sur place des victimes d'attentats et d'accidents collectifs".

Autre terrain : à la suite des attentats de 1995, nous avons fait évoluer la pratique des expertises médicales auxquelles sont soumises les victimes. Véritable "nerf de la guerre" entre les victimes et les organismes indemnisateurs, l'expertise est souvent vécue comme une étape psychologiquement douloureuse. Leur multiplication, qui traduit au premier chef l'empilement des administrations et organisations et un bien faible égard pour les personnes obligées de réexpliquer leur cas à moult reprises, est naturellement mal acceptée et accentue encore les difficultés. Comment débloquer ce verrou bureaucratique ? Il a été nécessaire de saisir le Premier ministre, et d'aborder le problème sous l'angle des économies de santé pour que le nombre des expertises soit divisé par trois. Un accord a pu être conclu entre le Fonds de garantie, la Sécurité sociale et le Secrétariat d'État chargé des anciens combattants et victimes de guerre (organismes chargés de l'indemnisation des victimes du terrorisme), pour que des expertises communes dans chaque spécialité soient ordonnées. Nous avons aussi constitué un réseau médecins de victimes, qui peuvent assister les victimes lors de ces expertises – toujours éprouvantes.

L'Étude épidémiologique des conséquences sanitaires des attentats (ECSAT) menée en 1998, auprès des victimes des attentats commis en France, en 1995 et 1996, a porté sur 251 victimes.

Deux et trois ans après l'événement, les séquelles physiques et sensorielles sont fréquentes et sévères chez les victimes : près des 2/3 souffrent de bourdonnements et de sifflements d'oreille et la moitié des victimes souffrent d'une atteinte auditive sévère. **Des liens étroits existent entre les séquelles physico-sensorielles et la souffrance psychique.**

La souffrance psycho-sociale apparaît liée aux atteintes persistantes de l'audition et de l'apparence physique. Le fonctionnement physique est perturbé par la gravité de l'atteinte initiale et celle de l'apparence.

La qualité de vie des victimes expertisées s'est révélée nettement dégradée par rapport aux normes connues en population générale, plus encore en ce qui concerne la santé mentale, la vitalité, le fonctionnement social et émotionnel, qu'en ce qui concerne le fonctionnement physique.

Les résultats de cette enquête corroborent ceux de l'enquête réalisée 12 années plus tôt chez les victimes d'attentats du début des années 1980. L'étude ECSAT montre également le lien entre ces troubles psychiques et la gravité de l'atteinte initiale, le rôle important des séquelles physiques et sensorielles dans la genèse et la persistance de troubles psychologiques, mais aussi les conséquences psychologiques non négligeables dont souffrent les sujets non expertisés et moins touchés au plan somatique. J'espère que, quelles que soient les réponses apportées aux États-Unis aux événements du 11 septembre, ces multiples dimensions de la réponse ne seront pas oubliées, bien au contraire.

Les pratiques judiciaires

Des ruptures ont aussi été introduites en matière de pratiques judiciaires. L'intrusion en masse des victimes du terrorisme dans l'organisation judiciaire appelait en effet de nouvelles pratiques. Nous avons obtenu du Parquet et des magistrats instructeurs que des réunions régulières avec les parties civiles soient organisées, afin que ces dernières puissent être tenues informées et suivre les enquêtes – point capital pour que soit respecté le droit à la vérité. Cette présence des parties civiles n'a d'ailleurs pas que des inconvénients pour les magistrats dans des dossiers sensibles où la raison d'État interfère.

Les magistrats parisiens en charge des dossiers de terrorisme ont pris conscience du fait que les victimes n'étaient pas un facteur de trouble. En outre, ils ont bien mesuré que l'information qu'ils diffusaient dans le cadre de procédures longues et difficiles avait une fonction thérapeutique et qu'ils participaient ainsi à la réparation des victimes. L'information donnée tout au long des différentes phases de la procédure judiciaire et la préparation du procès faisaient bien partie de ce travail de cicatrisation.

De façon générale, je ne cesse de souligner que la phase judiciaire est l'ultime phase qui peut permettre à une victime de sortir de sa situation de victime et qui permet une véritable réparation. Dans le monde judiciaire lié au terrorisme, il n'y a plus aujourd'hui de difficultés à se faire accepter comme un partenaire à part entière et le dialogue est établi.

La mémoire, l'information

Enfin, pour que s'accomplisse le devoir de mémoire, le "travail de deuil", l'association a obtenu en 1998 les autorisations des pouvoirs publics pour la construction du monument dédié à la mémoire des victimes du terrorisme dans l'enceinte de l'Hôtel National des Invalides à Paris, mais l'association a dû trouver le financement nécessaire auprès des victimes elles-mêmes : celles du terrorisme et celles des guerres conventionnelles[1]. Ce devoir de mémoire permet de lutter contre l'oubli. Certes, là encore, il dérange – parce que c'est un rappel au devoir de sécurité qu'il revient aux autorités de mettre en œuvre. Il a pourtant une fonction thérapeutique, surtout quand la justice tarde à statuer.

1. L'association les Gueules Cassées, créée après la guerre 14-18, a financé 50 % du coût.

La création d'un journal "Paroles de victimes"[1] véritable forum où la parole peut être écrite, et la création d'un site Internet, participent à la fonction d'information, de lien et lutte contre l'indifférence. À nouveau, il n'est pas inintéressant de regarder aujourd'hui comment réagit la société américaine après la tragédie du 11 septembre.

Patrick Lagadec : Il est clair que vous n'êtes pas parvenue au bout du chemin : quels combats reste-t-il à mener pour donner aux victimes la place que vous souhaitez ?

Françoise Rudetzki : Première remarque : certains combats dépendent aujourd'hui de la capacité ou des possibilités pour les victimes à se regrouper en associations de victimes. Ce qui est loin d'être toujours le cas.

Le médical et le social

Des ruptures sont nécessaires encore dans le cadre des expertises médicales. La formation des experts, leur indépendance, et l'accueil réservé aux victimes doivent être revus. Une réforme s'impose quant à la redéfinition des termes et la mission d'ex-pertise ; l'aspect contradictoire de l'examen doit être garanti. L'expérience de l'expertise médicale commune peut et doit être étendue à l'ensemble des victimes de la route, des agressions, de catastrophes et d'accidents. Je participe à un groupe de réflexion mis en place par le ministère de la Justice et j'espère que les recommandations qui seront proposées seront prises en compte

1. 15 numéros publiés fin 2001.

Autres questions à ouvrir : les cellules médico-psychologiques, créées en 1995, sont-elles adaptées ? Remplissent-elles leurs fonctions ? Qui assure la formation des intervenants ? Plusieurs années après leur création, ne faudrait-il pas mener une réflexion et une évaluation. Les résultats de la dernière étude épidémiologique devraient inciter les pouvoirs publics à s'interroger.

Le soutien social ne doit pas relever du seul système associatif et bénévole. Les réseaux publics existent et sont sous-utilisés, les travailleurs sociaux doivent être intégrés le plus rapidement possible dans la prise en charge des victimes et de leur famille.

La pratique quotidienne de l'équipe de S.O.S. ATTENTATS laissait bien penser que de nombreux problèmes n'étaient pas résolus, mais les résultats de notre dernière étude surprennent et inquiètent par l'ampleur de l'impact sanitaire des actes terroristes. Il ne suffit pas de sauver des vies par des interventions urgentes, même s'il faut remercier ceux qui le font dans des conditions le plus souvent très difficiles.

Il est désormais clair que les victimes vivent un bouleversement total, somatique, psychologique et social. La prise en charge de ces problèmes ne peut se concevoir que dans la durée. Nous demandons aux pouvoirs publics de prendre la mesure de ces phénomènes et d'offrir aux victimes des réponses appropriées à leurs besoins dans le cadre d'une véritable concertation avec les victimes et leurs associations. Plus particulièrement, nous voulons :

- qu'une meilleure prise en charge psychologique soit rendue accessible et cela durant une période prolongée (plusieurs années après l'attentat). L'intervention psychologique d'urgence ne peut pas tenir lieu de réponse suffisante.

- qu'une véritable formation soit offerte à tous les praticiens, y compris les généralistes, sur la réalité des états de stress post-traumatiques et l'ensemble des conséquences des traumatismes psychologiques.
- que les pouvoirs publics encouragent des recherches sur l'évaluation des différents modes de prise en charge du retentissement psychologique des actes de terrorisme.
- que les victimes d'événements traumatisants fassent l'objet d'une recherche systématique ; que les séquelles de *blast* ORL fassent l'objet d'une investigation systématique.
- que d'autres victimes bénéficient des apports de la recherche, notamment les victimes de catastrophes collectives, les accidentés de la route, les personnes victimes d'agressions ou de viols.

Développer les capacités d'intervention

La continuité entre l'urgence gérée par les pouvoirs publics et le post-immédiat assuré par l'associatif n'est toujours pas satisfaisante. Les associations devraient toujours prendre le relais très rapidement.

Il reste un travail important à mener pour assurer la qualité des réponses d'urgence lors des événements faisant un grand nombre de victimes. Les grands services de l'État doivent se préparer à apporter toutes les compétences voulues à la prise en charge des victimes – sur l'instant, mais aussi dans la durée.

L'étude ECSAT, présentée en 2001 à Bernard Kouchner, nous a permis de signer une convention sur trois ans avec le ministère de la Santé, afin d'élaborer un guide pratique sur la prise en charge médico-sociale des victimes d'attentats mais aussi de catastrophes collectives et de violences.

Au vu des résultats de notre enquête, la Direction Générale de la Santé, dès le 21 septembre 2001, jour de l'explosion de l'usine chimique AZF de Toulouse, a demandé que les professions médicales lancent un programme de dépistage des séquelles O.R.L. parmi la population.

Les outils d'étude développés par le Comité scientifique ont été mis à la disposition d'une équipe de chercheurs de l'I.N.S.E.R.M. afin de lancer une étude épidémiologique sur les conséquences de cet événement. Ils devraient permettre, dans l'avenir, d'améliorer la prise en charge médicale, psychologique et sociale de toutes les victimes.

Bien entendu, il sera utile, le moment venu, d'effectuer des comparaisons avec les résultats des études qui seront menées auprès des rescapés des attentats du 11 septembre 2001 aux États-Unis, et ainsi de progresser peut-être sur la connaissance des besoins des victimes et d'atténuer leurs souffrances.

Je soulignerai ici l'essentiel de la démarche à déployer : **la prise en charge d'une victime ne peut être que globale et pluridisciplinaire en raison des interactions entre le médical, le social, le psychologique, l'adminis-**

tratif, le juridique et le judiciaire. C'est tout cela qu'il faut savoir mettre en œuvre, dès le premier instant. Ce n'est que si tous ces aspects sont traités simultanément qu'une véritable reconstruction peut être envisagée, permettant ainsi une réintégration sociale, familiale et professionnelle.

Le médiatique

Des connaissances plus que préoccupantes ont été recueillies par des travaux de recherche[1] auprès des victimes : elles ont pu dire à quel point le comportement des médias, et surtout de l'utilisation et la réutilisation faites des photos les concernant, ont pu aggraver et réitérer le poids de leurs difficultés. À ce jour, il n'a jamais été possible d'ouvrir un débat sur ce terrain tabou car il touche à l'information. Il reste donc à changer le regard porté par la société sur les victimes, à lutter contre les images habituellement diffusées sur elles, images dégradantes et associées au sang, et à créer avec la profession, à partir de travaux de retours d'expérience qui s'imposent ici comme ailleurs, un débat sur la nécessité d'une éthique.

Il n'est pas impossible que l'exemple de New York, où la presse a choisi de ne pas montrer des corps déchiquetés, nous fasse réfléchir de ce côté-ci de l'Atlantique.

1. Patrick LAGADEC, Françoise RUDETZKI, "Les Victimes d'attentats et les médias", *Administration*, n° 171, Avril-Juin 1996, p.197-207.

Trouver une place juste et judicieuse pour les associations de victimes

De façon générale, l'existence d'une association de victimes, interlocuteur reconnu et identifiable, est indispensable. À défaut, les situations conflictuelles ingérables se développent, avec risque de surenchère et d'exploitation médiatique. L'association de victimes est aussi un support pour prendre le relais, ce que les administrations et entreprises ne peuvent assurer dans la longue durée : pour écouter, soutenir, aider, accompagner les victimes et leurs familles.

Et pourtant, même lorsqu'on les tient pour des "partenaires privilégiés" (selon les termes du ministère de la Justice), les associations de victimes doivent souvent s'imposer pour être écoutées et parfois entendues.

La victimologie, science qui s'intéresse aux victimes, nouvelle branche de la criminologie qui, historiquement, étudiait les phénomènes criminogènes du seul point de vue des auteurs de crime, est devenue un "marché porteur" au niveau politique, médiatique et économique. De nombreux colloques, séminaires, réunions sont organisés sur le sujet. Les idées développées par les associations sont parfois reprises, mais cette réappropriation se fait dans certains cas sans associer les représentants des victimes et souvent très partiellement, comme à travers un filtre. Les idées ne sont en réalité acceptées que si elles proviennent des institutions. Les décideurs, les responsables, n'agissent certes plus *contre* mais *sans* les victimes – qui restent tenues à distance. Pareille attitude dénote, c'est là une régularité, une certaine peur engendrée par le manque de connaissance de l'autre.

Une évolution s'amorce mais il faudrait ici une rupture : ne plus systématiquement se laisser envahir par un syndrome d'évitement, provoqué par l'angoisse, quand il est question de victimes ; ne plus redouter avec une telle constance les associations de victimes.

Regardons les faits. Au cours de la dernière décennie, les avancées majeures ont concerné l'organisation des services de secours et les soins médicaux pour les blessés. Notre association a assuré la prise en charge dans le post-accidentel immédiat, à moyen terme et à long terme dans les domaines sociaux, psychologiques et juridiques ; elle exerce ainsi une mission de service public.

Cette expérience nous amène à pouvoir affirmer qu'une association de victimes, parce qu'elle donne la possibilité aux victimes d'être acteurs de leur histoire et pas simplement objet, peut avoir un rôle thérapeutique.

Par l'action, leur regroupement identitaire, par le soutien apporté aux autres victimes dont elles comprennent mieux que quiconque les besoins, par les groupes de parole qui peuvent y être organisés, les victimes peuvent aider les autres victimes. L'action collective permet aussi de faire évoluer les structures figées.

Les victimes qui ont vécu le même événement, au même moment, sur les mêmes lieux, auront une meilleure connaissance de leur propre dossier ; elles défendront mieux leurs droits. Une place juste et judicieuse doit être, en France, accordée aux associations de victimes dans les politiques publiques. Nous faisons œuvre de justice, nous avons fait évoluer le droit, les règles de sécurité et nous agissons en matière de prévention.

Patrick Lagadec : Votre expérience illustre une règle générale : qui veut introduire des ruptures doit faire face à bien des difficultés. Quelles seraient vos suggestions pour qui, dans le milieu associatif ou ailleurs, veut réussir ces ruptures créatrices ?

Françoise Rudetzki : Chaque avancée que nous avons pu obtenir dans le cadre du droit des victimes et de l'amélioration de leur prise en charge s'est faite à l'occasion d'attentats. Seule la situation de crise rend possible les sauts nécessaires – et les acquis doivent faire l'objet de combats permanents. Ils ne sont jamais définitifs, la vigilance doit s'exercer à chaque instant.

Il faut aussi être vigilant sur un certain nombre de pièges. Ainsi, les progrès réalisés en matière d'indemnisation ont pu être un obstacle à une prise de conscience sociale, notamment de la part des pouvoirs publics, concernant la nécessité de mettre en place des structures de soins appropriées.

Il faut également du recul sur sa propre action. La prise en charge des victimes nécessite, comme plus généralement sans doute toute action novatrice, des remises en cause fréquentes, des retours d'expérience et une évaluation. Il est difficile de trouver le ton juste, le juste milieu. Par exemple, il ne faut pas créer une survictimisation, soit par manque de soutien, soit en prolongeant indûment l'action d'assistance. La solidarité ne doit pas créer des assistés. Autre difficulté dont il faut se garder, naturellement : toute dérive qui tendrait à donner une place indue aux victimes, une des craintes majeures de toutes les instances établies.

Mais j'ai une conviction : ce n'est pas en rejetant les victimes qu'on se protégera des dérives, bien au contraire. L'atomisation, la désocialisation, risque fort, au contraire, d'amener tous les dangers que craignent et qui bloquent les défenseurs de l'ignorance et de la suspicion à l'endroit des victimes.

Les associations régies par la loi du 1er juillet 1901 ont fait l'objet de tous les éloges lors des fêtes organisées par la Mission du centenaire, présidée par Jean-Michel Bélorgey. Mais elles méritent mieux que des cocktails, des discours et des médailles. Elles sont garantes de la défense et du progrès des libertés individuelles et collectives. L'espace de liberté accordé par cette loi est un atout majeur pour la démocratie. Véritable contre-pouvoir, elle permet à la société civile de se faire entendre de façon directe.

Aujourd'hui, comme d'autres associations, nous accomplissons une véritable mission de service public en permettant l'accès au droit à de nombreuses victimes et pas seulement dans le domaine du terrorisme.

Nous avons pris la mesure du danger du terrorisme. Face à lui, il est impératif d'affirmer des convictions. Le rendez-vous avec les convictions et le courage est là, à chaque étape, dans la question des victimes d'attentats. Là, on ne triche pas. Et les tragédies du 11 septembre nous le rappellent brutalement, alors que certains auraient pu penser que ce dossier était clos.

Le colloque organisé le 5 février 2002 à l'Assemblée nationale par S.O.S. ATTENTATS sur le thème ***"Terrorisme et responsabilité pénale internationale"***, qui entend mettre l'accent sur la responsabilité collective face au terrorisme international et faire évoluer le droit national et international, démontre que nous continuons, après quinze ans de combat, à garder notre indépendance, notre liberté d'action, notre crédibilité et nos capacités de propositions et de créativité.[1]

1. Travail accompli dans un local de $8m^2$, sous les yeux de hauts responsables compatissants et qui ont bon espoir de nous voir ainsi renoncer.

Santé publique,

avec le Docteur William Dab

Les nouveaux visages des risques sanitaires

Des événements qui semblaient autrefois fort éloignés du domaine de la santé sont désormais jugés à travers une grille de santé publique. La lecture de cette situation est gênée car la dimension populationnelle de la santé est souvent ignorée tandis que les problèmes de financement de la protection sociale l'emportent sur les politiques publiques de gestion des risques.

Depuis une vingtaine d'années, le champ de la santé publique est un champ de crises à répétition. Le décalage est trop grand entre la demande de protection sanitaire et la façon dont notre État peut y répondre. Celui-ci ne dispose pas d'une doctrine socialement partagée de gestion des risques sanitaires. La rupture vient de ce que la demande sociale repose sur des valeurs trop éloignées de celles sur lesquelles fonctionnent le système institutionnel de santé publique.

Comment combler ces lacunes ? Quelles évolutions sociotechniques faut-il promouvoir dans ce contexte ? Comment caractériser les problèmes de santé publique du XXIème siècle ? Quelle est la spécificité du bioterrorisme ? La sécurité sanitaire peut-elle entraîner une dérive totalitaire ? Il faut répondre à ces questions pour sortir des fiascos trop prévisibles qui caractérisent le champ de la santé publique. ■

William DAB a une double formation de clinicien (Docteur en Médecine, Ancien Interne des Hôpitaux de Paris) et de scientifique (Docteur ès Sciences en épidémiologie). Professeur titulaire de la chaire "Hygiène et sécurité" du CNAM (william.dab@cnam.fr), il est conseiller scientifique du directeur général de la santé au ministère de l'emploi et de la solidarité. Auparavant, il était chercheur au sein du Service des Études Médicales d'EDF-GDF et a pratiqué l'épidémiologie dans différentes institutions françaises (INSERM, Observatoire régional de la santé d'Île-de-France). Il a enseigné l'évaluation des risques en France, à l'Université et à l'École Nationale de Santé Publique, et au Canada, à l'Université McGill (Montréal). Il a été maître de Conférences à l'ENA sur les questions de sécurité sanitaire. Il est membre du Comité de la Prévention et de la Précaution du ministère de l'Aménagement du Territoire et de l'Environnement.

Ses travaux portent sur l'évaluation et la gestion des risques sanitaires liés aux facteurs d'environnement. Il vient de publier un livre sur la pollution atmosphérique (*L'air et la Ville*, Hachette Littératures en collaboration avec Isabelle Roussel).

Patrick Lagadec : Après les attentats du 11 septembre, le spectre du bioterrorisme a fait irruption dans nos vies. La géostratégie et la santé publique semblent converger. S'agit-il d'une rupture ?

William Dab : L'utilisation d'agents biologiques à l'encontre d'une population civile afin de semer la terreur est certainement un tournant historique. Le contexte dans lequel les cas de la maladie du charbon sont survenus aux États-Unis bouleverse la santé publique et sa science de base, l'épidémiologie. Aucun modèle épidémiologique n'a jusqu'à présent envisagé l'hypothèse de l'épidémie créée par un kamikaze ou un "savant fou". Il va falloir repenser tous les scénarios d'épidémies et vraisemblablement redimensionner les systèmes de détection et d'action en sécurité sanitaire.

Heureusement, cet épisode qui aurait pu conduire à une grave désorganisation n'a pas vraiment atteint ce but. Outre le réflexe de civisme après que les élus et les journalistes aient été clairement désignés comme cible, il faut dire d'une part que le bacille du charbon était en tête de la liste des agents susceptibles d'être utilisés à des fins terroristes (donc l'événement avait pu être en quelque sorte anticipé) et d'autre part que les États-Unis disposent avec les *Centers for Disease Control and Prevention* d'un outil exceptionnel qui a plus de 50 ans d'expérience.

Autrement dit, s'il y a rupture, c'est à l'échelle historique et politique. Parce que du strict point de vue du professionnel de santé publique, **il n'y a pas forcément de différence de nature entre une épidémie causée par une action terroriste et une épidémie créée par une évolution écologique**. Ce sont les mêmes outils d'investigation qu'il faut mettre en œuvre. En leur temps, la légionellose, révélée sous une forme épidémique en 1976, le sida en 1981 et la nouvelle forme de la maladie de Creutzfeldt-Jakob en 1996 ont représenté des ruptures sanitaires, cette dernière maladie constituant authentiquement une rupture scientifique puisque le prion pathogène peut être considéré à la fois comme un agent chimique et biologique. En termes de santé publique, la lutte contre le bioterrorisme n'a donc pas de réelles spécificités et ne requiert pas un dispositif décisionnel spécial.

On peut d'ailleurs noter que cet épisode s'inscrit au sein d'un phénomène nouveau qui révèle une attente considérable de la population en matière de protection sanitaire. Survient-il une marée noire ? Elle se discute désormais en termes de santé publique. Rien de tel au moment du Torey Canyon ou de l'Amoco Cadiz. Le naufrage de l'Erika marque ici une rupture. Des agressions terroristes se produisent-elles ? Leur impact sanitaire est désormais mis en avant. Ainsi, les conséquences psychologiques des attentats de septembre ont déjà été étudiées et sont publiées dans l'une des meilleures revues médicales du monde. Penser les évolutions en termes sanitaires est désormais une obligation pour tous les décideurs, même ceux qui pensent à bon droit agir dans un champ éloigné de la santé. **La santé publique est sur tous les fronts**. L'impact sanitaire de toute action publique sera désormais discuté. C'est une nouvelle sensibilité.

Patrick Lagadec : Mais comment se fait-il que l'expression "santé publique" semble associée à une série de défaites, d'incompétences et d'incuries ? Sommes-nous réellement prêts ?

William Dab : La liste des "affaires" de santé publique, du sida à la vache folle, est longue et **l'idée s'est durablement installée dans l'opinion que la santé n'est pas correctement défendue** dès que des intérêts économiques sont en jeu. Et ceci est préoccupant parce que, pour gérer des problèmes qui comportent une part d'incertitude scientifique, **la confiance** est un paramètre-clé. Sans elle, la seule arme du décideur est de surréagir pour bien montrer que la "santé n'a pas de prix". C'est ainsi que les crises introduisent un biais dans l'allocation des ressources, certains craignant d'ailleurs que l'application du principe de précaution se fasse au détriment du principe de prévention. Le terrain de la santé publique est à ce point **déstabilisé** que la moindre alerte prend la dimension d'une crise.

Patrick Lagadec : La santé publique n'était pas une dimension de choix quand les faits scientifiques étaient relativement évidents (cas de l'amiante, par exemple). Et maintenant, comment le faire alors que les connaissances sont parfois difficiles à réunir ?

William Dab : C'est effectivement un constat frappant : la dissociation entre l'ampleur des risques et celle des crises. Les décideurs sont souvent décontenancés. Mais pourtant, nous ne sommes pas sans **repères** pour fabriquer des réponses adaptées. La nature des problèmes de santé a changé.

Le progrès technologique et la mondialisation ont créé un tableau de risques marqué par moins de risques forts au niveau individuel, mais un plus grand nombre de risques faibles au niveau collectif. C'est une complexité supplémentaire. L'incertitude, ce n'est plus seulement ce qu'on ignore des mécanismes d'action biologique. Les nouveaux visages de l'incertitude, ce sont ces risques faibles au niveau individuel mais qui peuvent néanmoins s'inscrire comme des épidémies dans la population.

Qui dit signal faible sur un bruit de fond fort, dit grand potentiel de **controverses**, donc grande difficulté de décision. Tout ceci se discute dans un contexte de production accélérée de connaissances biologiques et sanitaires. Il faut donc être performants en matière de **veille** technologique et sanitaire. Sans quoi, l'objet de gestion deviendra le retard de décision.

Patrick Lagadec : Si la santé publique est un lieu de ruptures, n'est-ce pas d'abord parce qu'elle est méconnue et mal comprise ?

William Dab : Sans aucun doute, car le premier élément de réponse est que la notion de santé publique est polysémique. Souvent, on parle de santé publique pour faire référence à l'état de santé d'une population. Par ailleurs, nous parlons en France de santé publique pour désigner l'intervention des pouvoirs publics dans le domaine de la santé. Dans les pays anglo-saxons, en revanche, la santé publique renvoie plus largement à l'ensemble des actions de santé visant des groupes et de ce point de vue, un acteur privé, comme une fondation ou un assureur, peut être légitimement considéré comme un acteur de santé publique. On peut encore en parler pour représenter l'ensemble des politiques publiques menées dans le domaine de la santé. En dépit de cette complexité apparente, il est clair que la santé publique n'est pas seulement une affaire d'individus ; et ce n'est pas non plus l'ensemble des activités médicales, qu'il s'agisse de prise en charge, de soins, de diagnostics, de thérapeutiques – autant d'activités qui, pour essentielles qu'elles soient, ne suffisent pas à satisfaire l'ensemble des besoins de santé. La santé publique, c'est l'étude et la résolution des problèmes de santé analysés au niveau populationnel.

Fondamentalement, derrière la notion de santé publique, il y a deux idées qui permettent de comprendre pourquoi la seule action médicale au cas par cas ne suffit pas à protéger efficacement la santé. La première énonce un droit fondamental : la possibilité d'accès aux soins pour tous. Le financement socialisé qui supporte ce droit nécessite des règles du jeu qui ne peuvent pas être élaborées au cas par cas. Ces règles, s'appliquant à la collectivité, sont nécessairement définies au plan politique. La seconde idée renvoie à ce qui détermine le niveau de santé d'une population. Les facteurs impliqués sont très nombreux. Certains relèvent du champ de la médecine (le cholestérol sanguin, la pression artérielle, l'état immunitaire, etc.) ; mais d'autres – de nature sociale ou environnementale – échappent complètement à l'action de la médecine. Ainsi, un des déterminants de la santé, le plus fort au plan statistique, est le fait de disposer ou non d'eau potable. Pas d'eau potable, pas de santé. Or, fabriquer et distribuer de l'eau potable ne relèvent ni de la responsabilité, ni du savoir-faire des médecins. Sous ces deux aspects, il est évident qu'il y a un besoin de penser et d'agir sur la santé à un niveau qui n'est pas le niveau individuel. Ce niveau populationnel est celui de la santé publique.

Mais alors même que la France a produit nombre de scientifiques à l'origine d'avancées fondamentales dans ce domaine, **la légitimité de la pensée de santé publique n'a jamais été pleinement re-connue**.

Par exemple, un des pionniers de l'épidémiologie médicale est français : Pierre Louis, qui proposa dans les années 1830 l'utilisation des pourcentages pour comprendre des faits médicaux. Mais il ne fut guère écouté. Il y a toujours eu une réticence française à penser les problèmes de santé au niveau de la collectivité. Ainsi, la première loi d'hygiène a été adoptée en France en 1902 quand la loi britannique équivalente date de 1848. Il s'agissait de traiter les problèmes d'insalubrité, d'eau potable, de surveillance et de contrôle des maladies infectieuses comme la tuberculose et des “fléaux sociaux”. C'est-à-dire ni plus, ni moins, de mettre en application les découvertes pasteuriennes au pays de Louis Pasteur. Mais en France, à cette époque, le débat fut très vif avec ceux qui ne voulaient pas consentir à la moindre restriction des libertés individuelles pour protéger la santé et la loi ne fut adoptée qu'après des années d'âpres discussions.

Qu'il y ait là spécificité française ou, comme cela a été avancé, la marque d'une culture catholique différente de la protestante (avec une place différente à l'individu au sein de la société), peut être discuté. On sait aussi que le rapport des Britanniques à l'État est moins fort que chez nous, tandis que la notion de "communautés" est plus vivace chez eux qu'en France, où la Révolution nous a légué un idéal d'égalité et d'intégration. C'est une constante historique : l'État n'a jamais été légitime à se mêler des affaires de santé. C'est ainsi que **la santé publique est restée orpheline**. L'État en France, qui est pourtant un État fort, est extraordinairement faible dans le domaine sanitaire. Aquilino Morelle, dans son livre *La défaite de la santé publique*, illustre ce fait par l'image d'un État "Gulliver"[1]. Les mille milliards de francs consacrés chaque année à la maladie vont pour l'essentiel à l'approche individuelle des problèmes.

Patrick Lagadec : Depuis quand ce retard culturel s'est-il transformé en ruptures ?

William Dab : Le tournant date de **l'affaire du sang contaminé par le virus du sida.** La rupture est juridique avec une condamnation de l'État pour carence sanitaire, mais aussi sociale avec la perte de la confiance que j'évoquais ci-dessus. Il n'a pas été compris qu'il s'agissait de gérer des incertitudes scientifiques, donc des probabilités. Les pouvoirs publics ont été comme paralysés, alors même que l'incertitude appelle à l'action publique. L'État a été pris à contre-pied car, dans un domaine où il est nain, il a été jugé à l'aune de ses capacités dans d'autres secteurs où il est puissant, comme la politique industrielle, la politique économique ou sociale, la politique énergétique. Cette rupture n'est pas encore digérée. Elle a instauré le règne de la suspicion généralisée.

Il s'en est suivi une indignation d'une ampleur considérable. Il ne s'agissait pas d'une simple poussée de fièvre, mais d'une profonde mutation interpellant un droit individuel fondamental dont l'État est le garant et qui est sa véritable raison d'être : le droit d'être protégé. Une révision constitutionnelle (la création de la Cour de justice de la République) s'en est suivie, ce qui n'est pas rien, et d'autres évolutions arrivent, contenues dans la loi sur la sécurité sanitaire de juillet 1998.

En quelques années, on est ainsi passé de l'hygiène avec sa connotation passéiste à la **sécurité sanitaire** qui a motivé la création de plusieurs établissements publics comme l'Institut de veille sanitaire, l'Agence française de sécurité sanitaire des produits de santé, l'Agence française de sécurité sanitaire des aliments et l'Agence française de sécurité sanitaire environnementale. Cet effort important, couplé à une profonde réforme de l'administration de tutelle, la Direction Générale de la Santé, va permettre de construire une véritable culture de santé publique ; mais cela prendra du temps.

Ce qui est en jeu est de relégitimer l'approche collective des problèmes de santé sans que pour autant, cela soit vécu comme une tentative de collectivisation de la santé, de mainmise de l'État dans des domaines où on ne veut pas le voir agir, ni d'une négation de l'individu. Il est vrai que l'État est pris sous une double contrainte très forte : d'une part, le respect des droits individuels ; d'autre

1. Aquilino Morelle : *La défaite de la santé publique*, Flammarion. Paris 1996.

part, l'exigence sociale de voir la protection et la sécurité sanitaires de mieux en mieux assurées. Il y a quelque chose qui peut apparaître comme contradictoire dans ces deux demandes. Et le monopole occupé dans le débat sur la santé par les questions budgétaires ne facilite pas cette mutation. Chaque fois que l'on peut mettre en œuvre une plate-forme de type Agence, on a une meilleure situation pour surmonter ces fossés entre l'individuel et l'étatique. Ce peut être une leçon pour d'autres situations de crise, pas seulement dans le domaine sanitaire.

Patrick Lagadec : Nous venons d'examiner le problème au niveau d'un pays. Mais, si on prend en compte le développement fulgurant des réseaux à l'échelle de la planète, on exacerbe encore les contradictions.

William Dab : Le problème qui va être posé, tôt ou tard, est celui d'une véritable **autorité sanitaire mondiale**. Car nous sommes en train de vivre une autre grande rupture : désormais, le risque peut être subi loin du lieu où il est produit. Les épisodes récents (Coca-Cola, poulet belge pollué par la dioxine, vache folle) sont éloquents. **Nous n'en sommes plus aux risques de proximité**.

En créant l'industrie au XIXème siècle, on est passé du monde artisanal au monde ouvrier et on a exposé des populations entières à des risques professionnels. Dans les années 1970, avec le développement de la grande industrie, on est sorti de l'enceinte industrielle pour s'apercevoir que les populations au voisinage immédiat des grandes installations industrielles pouvaient subir un risque accidentel majeur dont l'usine AZF de Toulouse est désormais l'emblème.

Aujourd'hui, la globalisation est totale. Un risque alimentaire créé dans une petite usine du nord de l'Europe peut créer une épidémie mondiale. L'affaire est complexe, car nous sommes dans un contexte où le risque sanitaire est de plus en plus pris en otage par des intérêts industriels et commerciaux. **De grandes batailles de concurrence vont se faire au nom du risque sanitaire**. On le voit dans l'alimentaire, le nucléaire et dans tous les choix énergétiques, par exemple. Les arguments sur les risques créés, sur la capacité de l'homme à les maîtriser vont être centraux dans les grands choix qui devront être faits vers 2010. C'est la première fois que la santé entre ainsi en force dans des débats de cette dimension. Je suis persuadé que la lutte contre l'effet de serre restera bloquée tant que son impact sur la santé publique ne sera pas démontré. On ne s'intéressait pas à cela à l'époque du charbon et pourtant il tuait des milliers de mineurs chaque année... Ce sont les mêmes processus à l'œuvre dans les débats sur le génie génétique.

Patrick Lagadec : Tout cela montre que la gestion des risques va devoir reposer sur de nouveaux principes. Quels sont les grands enjeux ?

William Dab : Le premier enjeu est celui de la **complexité**. Comment prendre en charge des risques individuels faibles, mais des risques collectifs non négligeables en raison du nombre de personnes concernées par cet excès de risques faibles ? C'est la problématique de la pollution atmosphérique : 80 % des gens vivent en ville et par conséquent un faible excès de risque de 5 à 10 %, appliqué à une population d'une métropole comme l'Île de France crée un risque collectif qui peut représenter plusieurs milliers de décès annuels. D'où la difficulté de savoir ce que l'on veut gérer : du risque individuel ? du risque collectif ? Si on change l'objectif de l'intervention sanitaire (maîtriser le risque au niveau collectif), voire si on change l'objet même de la gestion des problèmes de santé (gérer des risques et plus seulement les cas), on opère une véritable rupture qui suppose une modification complète des principes de responsabilité, de fonctionnement et de décision des services de santé publique.

Nous avons là, à nouveau, un potentiel de controverses alors que les doctrines d'intervention publique ne sont pas véritablement prêtes. Ainsi la visibilité des maladies liées à la pollution atmosphérique est faible (nous ne sommes pas dans le registre de l'accident de la route) ; la détection suppose de passer par une abstraction – l'abstraction épidémiologique. Le nombre de professionnels qui peuvent entrer dans cette nouvelle manière de poser ces problèmes de santé publique est peu élevé et l'on a encore beaucoup d'avancées à faire pour bien comprendre ces terrains où les relations de causes à effets sont difficiles à cerner. De surcroît, face à ce type de problèmes, il n'y a pas de décideur unique. Toutes ces questions se gèrent en interministériel avec au départ des points de vue et des intérêts divergents.

Tout cela se traduit – et je pense que c'est aussi de l'ordre de la rupture – par quelque chose de redoutable qui constitue l'enjeu démocratique. **Si la confiance n'est pas restaurée, la démocratie est menacée**. Car l'insécurité est le fonds de commerce des mouvements politiques totalitaires : si l'insécurité au quotidien se double d'une insécurité en termes de santé, l'avenir de la démocratie est en cause. On pourrait revivre de nouvelles formes de fascisme liées à la sécurité sanitaire, comme il y en eut pour la sécurité économique dans les années 1930.

Le troisième enjeu est bien sûr **économique**. On l'a vu une nouvelle fois à l'automne 2 000 avec l'effondrement de la filière bovine et l'impossibilité pour les maires d'inscrire du bœuf au menu des cantines scolaires. Nous sommes dans la situation d'un balancier, en train d'osciller d'un extrême à l'autre. Actuellement, nous sommes sur un versant hypersécuritaire qui entraîne des réactions rapides et brutales du type embargo ou interruption d'un programme de vaccination.

Pour les responsables de santé publique, l'enjeu est celui de la **performance**. Il ne suffit pas de formuler des directives, d'édicter des règles, de promulguer des normes. Il faut en contrôler l'application, disposer de moyens de le faire. On l'a vu avec l'amiante, avec la collecte du sang dans les prisons. Il y a un vrai problème d'ingénierie décisionnelle : l'État perd sa crédibilité et entretient une crise de confiance quand il prend des décisions sans se donner les moyens d'en vérifier la bonne application. Mais cela ne va ni sans difficulté, ni sans risque : pour contrôler, il faut être présent. Sur les lieux de travail, pour l'amiante ; dans le colloque singulier entre le médecin transfuseur et le donneur, pour le sang, etc.

Il y a là un immense chantier, pour lequel seul le **débat collectif** peut permettre d'avancer. Toute solution autoritaire sera une fausse bonne solution. Si on veut décider trop vite, si on prétend avoir des solutions miracles dans ce domaine, le fiasco est assuré. La décision de suspendre la vaccination sur l'hépatite B en milieu scolaire a été très critiquée ; la décision inverse l'aurait été de la même façon. C'est la méthode utilisée pour décider qui pose problème. Bayer a vécu la même chose avec le médicament anticholestérolémiant retiré du marché en août 2001. Il faut apprendre à raisonner et à débattre en termes de bénéfices/risques.

L'émergence du **principe de précaution** est le grand enjeu social. Il vient signifier que les retards décisionnels ne sont plus acceptés quand celui-ci comporte un prix sanitaire. Mais en même temps, l'idée que l'on pourra résoudre cette crise de confiance en fondant la décision publique, non plus sur des faits avérés mais sur des hypothèses non confirmées, est curieuse puisque le décideur peut être facilement accusé d'arbitraire et que le potentiel de controverses reste entier.

Personnellement, je crois beaucoup aux procédures de **retour d'expérience**. En France, on a préféré juger un Premier ministre sur la question de savoir ce qu'il fallait faire vis-à-vis du risque transfusionnel du VIH. Remonter au Premier ministre pour cela montre l'absence de maturité du pays en matière de santé publique. Celui-ci est jugé innocent mais alors pourquoi cela s'est-il produit ? Quinze ans après, aucun document officiel ne le dit.

Il faut mentionner aussi l'enjeu scientifique : comment ne pas être pris au dépourvu ? Comment alerter le décideur à temps ? Quelles sont les procédures d'expertise à favoriser ? La mondialisation de ces questions ne fait qu'accroître les difficultés. C'est aussi pourquoi il est important de systématiser les **procédures de veille**. Il n'y a pas suffisamment de recherches sur les modes d'organisation de la veille et leur efficacité.

En fait, l'attitude attendue est, je crois, d'apporter des signaux forts indiquant que l'on prend ses **responsabilités**. De l'Erika à l'usine AZF, c'est bien ce que la population attend des responsables industriels et politiques. Nier l'incertitude, dénoncer la soi-disante irrationalité de l'opinion et l'illégitimité des autres acteurs, c'est augmenter l'incertitude, les blocages, les controverses. Sur ces logiques d'autodestruction, des empires peuvent s'écrouler. Devenus sourds et aveugles, ils n'ont plus de capacité de réaction. Reste à savoir si, dans le contexte actuel de concurrence exacerbée, les grandes organisations pourront justifier aux yeux de leurs actionnaires des ouvertures nécessaire-ment coûteuses. On voit actuellement de grands groupes démanteler leurs capacités d'expertise interne au niveau de leurs services centraux. Pour qu'au bilan n'apparaisse pas de poste pouvant être lu comme "dépense improductive récurrente". Et l'on a déjà vu ce que peut coûter en Bourse une lecture externe peu favorable et bien exploitée par des concurrents. L'actionnariat peut aussi condamner des choix à long terme à traduction immédiate faible, voire négative. Il peut refuser des mesures ayant des effets sans doute positifs dans vingt ans, mais avec quelques risques immédiats ; et préférer une abstention, même si cela signifie un fiasco à venir (mais une fois qu'on se sera retiré de ce marché). C'est exactement ce que Bayer a dû affronter avec son médicament contre le cholestérol. La difficulté est d'autant plus grande que l'action de santé publique doit être fortement proactive : contrairement à la médecine (le médecin ne va pas chercher ses patients, ils viennent chez lui pour guérir d'un mal qu'ils ressentent), elle ne devrait pas attendre qu'il y ait plainte pour intervenir.

Mais le succès d'une action de prévention est quelque chose qui n'est pas visible puisque, par définition, c'est quelque chose qui ne survient pas. Richelieu ne disait pas autre chose : "*Il n'y a rien de si caché que les effets de la prudence, vu qu'ils consistent principalement à éviter les maux en les prévenant, ce qui fait que souvent on n'estime pas beaucoup les services de ce genre, lesquels sont néanmoins les plus grands qui se puissent rendre*". Puissent les crises ne pas rester le principal moteur de changement.

Alimentation

avec Philippe Baralon

Vulnérabilités maximales

Les "peurs alimentaires" qui s'installent auprès des consommateurs entraînent des crises de plus en plus fréquentes qui ébranlent de plus en plus gravement les filières de production les plus fragiles. Pourtant, la sécurité des aliments progresse sans cesse.
En la matière, la rupture vient de l'incapacité des professionnels et des pouvoirs publics à mobiliser suffisamment de moyens avant le déclenchement d'une crise, c'est-à-dire avant la prise de conscience du public de l'existence d'un danger. Or, la crise conduit – par un processus de sur-réaction – à privilégier les mesures spectaculaires visant la seule réassurance du consommateur. Il s'ensuit un énorme gaspillage de ressources au détriment de la capacité future à traiter au fond les nouveaux dangers.
La sécurité des aliments représente un défi sans cesse renouvelé. Chaque progrès pose des problèmes nouveaux, révèle de nouvelles failles. Dans un système de plus en plus sécurisé, les insuffisances résiduelles voient leurs conséquences amplifiées par la complexité croissante des filières alimentaires – élaboration des aliments, internationalisation des approvisionnements et des marchés – et par la concentration des acteurs.
Comment sortir de cette impasse ? Comment établir un vrai débat démocratique conduisant à des choix collectifs et à des comportements d'entreprises pour une véritable protection du consommateur ? Comment, enfin, reconquérir une confiance qui s'estime profondément trahie ? Il faut répondre à ces questions pour rétablir la sérénité indispensable à la relation intime qui existe entre l'Homme et son alimentation. ■

Philippe BARALON a une double formation de technicien (Docteur Vétérinaire) et de gestionnaire (MBA HEC-ISA). Il est associé au sein de Phylum, cabinet de conseil spécialisé dans la stratégie et l'organisation au sein des filières alimentaires.

Ses missions, auprès de nombreuses entreprises et organisations au sein de l'Union européenne et en Europe centrale et orientale, portent notamment sur la conception et la mise en œuvre de systèmes de maîtrise de la qualité et de la sécurité des aliments, ainsi que l'implication des problèmes de sécurité des aliments sur la stratégie des entreprises agro-alimentaires.

Il est co-auteur de *L'affolante histoire de la vache folle* (Balland, 1996).

Phylum
BP 111 – F-31675 Labège Cedex

baralon@phylum.fr

Patrick Lagadec : Après la grande dépression de la vache folle et les inquiétudes extrêmes sur la santé publique, aujourd'hui encore non refermées, nous venons de subir le choc de la fièvre aphteuse Outre-Manche. Et cela sur fond de crises incessantes dans le domaine agroalimentaire : de la listériose aux OGM. Le citoyen semble se dire qu'il y a décidément quelque chose de pourri au royaume de la nourriture. La défiance *a priori* n'est pas loin de s'être solidement installée, la contestation de nos modèles déferle à la moindre inquiétude. Et l'on ne sait plus comment penser la gouvernance de nos systèmes. Quel est votre diagnostic : qu'est-ce qui ne fonctionne plus ?

Philippe Baralon : Jusqu'à présent, nous avons toujours eu besoin de la crise pour traiter les dangers en matière de sécurité des aliments. Cela fonctionnait tant que nous avions à traiter des dangers connus, avec du temps et un faible niveau de conscience des citoyens. Aujourd'hui, face à des dangers inconnus ou mal connus, potentiellement majeurs, face à une opinion publique sensibilisée par la crise de la vache folle, en quête de repères, le cycle ancien de traitement des dangers ne fonctionne plus. Nous sommes enfermés dans une alternative désastreuse : **sans la crise, pas de véritable prise en compte des dangers ; avec la crise, des solutions inadaptées et une mauvaise allocation des ressources**.

Patrick Lagadec : Quel était ce cycle ancien de traitements des dangers ?

Philippe Baralon : Tout d'abord, les techniciens prennent conscience du danger et tentent de le résoudre de manière souterraine. La difficulté vient de l'insuffisance des moyens mis en œuvre car les décideurs – direction générale des entreprises, pouvoir politique dans la société – ne sont pas suffisamment mobilisés sur le sujet. Souvent, la crise se déclenche alors que le travail est en cours, mais encore loin d'aboutir. Une crise, c'est la prise de conscience par les consommateurs – c'est-à-dire les clients des entreprises et les électeurs des politiques – qu'un problème existe et qu'il lui a été dissimulé. Habituellement, la crise permettait de mieux mobiliser les ressources et de débloquer des moyens. Ce qui ne fonctionne plus avec les dangers et les acteurs – citoyens, producteurs, autorités – d'aujourd'hui, c'est que la crise débouche systématiquement sur une succession de sur-réactions dont l'objectif essentiel est de rassurer et non de protéger. Alors qu'il était impossible d'obtenir 100 pour mettre en œuvre des mesures fondées, on débloque très vite 1 000 ou 10 000 pour financer des gesticulations souvent peu cohérentes.

Tout se passe comme si la crise était indispensable au déblocage de la situation mais conduisait alors à des solutions inadaptées.

Patrick Lagadec : Quelle est l'origine d'un tel blocage ?

Philippe Baralon : C'est tout l'acquis historique classique : la maîtrise de la sécurité des aliments considérée comme un problème strictement technique et comme une affaire de techniciens. Tout d'abord, à plusieurs reprises, la technique a montré ses limites, voire ses défaillances. Ensuite, l'opinion ne suit plus : les gens ne pensent plus que la science et la technologie vont leur apporter plus de sécurité, mais au contraire moins de sécurité, et surtout de nouveaux dangers. Il s'agit là d'une crispation très importante aux conséquences multiples.

Patrick Lagadec : Ce tableau vaut pour les consommateurs. Et en interne, dans la filière de production ?

Philippe Baralon : En interne, la prise de conscience d'une telle évolution a été trop lente. Dans un premier temps, les directions générales se sont alignées sur la position de leurs techniciens : "nous maîtrisons la situation, nos contradicteurs ne sont que des activistes incompétents". Confrontés à des crises successives auxquelles ils étaient mal préparés, les dirigeants sont aujourd'hui dans le brouillard : est-ce seulement un problème de communication, d'incompréhension, y-a-t-il effectivement des failles dans le système, suffira-t-il d'améliorer les procédures et les outils pour retrouver la confiance du consommateur ? Autant de questions qui divisent une communauté plus habituée aux certitudes qu'à un environnement incertain.

Or, rien ne va s'arranger, notamment avec l'apparition des nouvelles technologies. **Le fossé entre les techniciens d'une part et l'opinion d'autre part ne cesse de se creuser**. Les dirigeants d'entreprises se situant quelque part entre les deux.

Patrick Lagadec : Le tournant, c'est la vache folle ?

Philippe Baralon : La crise de la vache folle est extrêmement intéressante à autopsier car c'est une bonne illustration, un excellent révélateur du blocage actuel. Il est encore trop tôt pour évaluer le problème sanitaire mais les informations actuelles plaident en faveur d'un phénomène limité, notamment en regard d'autres grands sujets de santé publique.

Quoi qu'il en soit, une dimension fort intéressante de l'affaire est la relecture que chacun a fait du problème : pour la plupart des gens (incluant nombre de responsables d'entreprises et de décideurs politiques), le cas est considéré comme une rupture dans la chaîne du vivant, liée à une dérive de la technologie moderne – alors qu'il résulte d'une **technique ancienne insuffisamment sécurisée** pour prévenir un danger, alors inconnu, de transmission de l'agent de l'ESB.

Ce dossier a servi de révélateur en montrant les deux éléments fondamentaux de la rupture actuelle. Premièrement, malgré les progrès constants de la technologie, malgré une alimentation toujours plus sûre, une faiblesse, même minime, d'un des points de la chaîne alimentaire peut avoir des conséquences importantes sur la sécurité des aliments : l'effort est donc toujours à renouveler, la protection du consommateur n'est jamais définitivement acquise. Deuxièmement, l'industrie alimentaire paie, au prix fort, le divorce profond qui existe entre une sphère de chercheurs, de techniciens, d'industriels, d'une part, et une sphère de consommateurs d'autre part.

Notre problème, aujourd'hui, c'est cette incapacité à communiquer entre ces deux sphères. Chaque tentative aggrave la situation, avec même une catastrophe à la clé si l'on s'enferre dans le discours classique du type : "Vous n'avez pas compris, ce n'est pas grave, je vais vous expliquer, c'est très simple, c'est rien par rapport à la cigarette, etc."

Quels que soient les effets finaux de l'affaire, elle fera date. C'est la première fois qu'on se rend compte d'une manière aussi aiguë du divorce existant. La lecture générale du monde de l'alimentation n'y est pas pour rien. Nous en sommes restés à l'idée qu'il nous faut des aliments les plus proches possibles de la nature, du terroir, de l'origine, provenant d'une ferme, d'un lieu connu, situé sur une carte. Nous valorisons un passé mythique. Et cela est très fortement exploité, renforcé, par le marketing agro-alimentaire. Telle grande marque utilise Jan Vermeer et sa laitière du XVIIème siècle tenant une immense cuiller en bois et préparant ses produits laitiers. On exploite l'attente des consommateurs, en présentant des produits alimentaires de plus en plus élaborés comme très proches du terroir. Le jour où, à travers la crise de la vache folle ou tout autre épisode, les consommateurs se rendent compte de l'écart entre le mythe et la réalité, il se crée une très grande incompréhension – et l'on rencontre une très grande difficulté à faire le lien entre les attentes d'un côté et la réalité de l'autre.

Patrick Lagadec : Et vous pourriez nous rappeler quelques catastrophes de dame nature ?

Philippe Baralon : Les conserves familiales, sources de botulisme, la brucellose et la tuberculose, vieilles maladies animales transmissibles à l'homme, etc. Ces accidents pouvaient être nombreux, mais comme ils n'affectaient pas des réseaux de grande échelle, il n'y avaient pas d'effets de masses et il n'y avait pas de médiatisation. Ce qui ne veut pas dire que l'accumulation d'accidents restait négligeable.

Aujourd'hui, il y a beaucoup moins de problèmes – encore une fois l'alimentation est sans cesse plus sûre – mais les incidents ou les accidents ont des conséquences beaucoup plus spectaculaires. La crise de la dioxine de 1999 nous en fournit un exemple frappant. Un défaut de contrôle, bien réel, dans le système de collecte des huiles de friture usagées au Benelux – système dont l'existence témoigne d'une préoccupation environnementale exemplaire – entraîne une contamination d'aliments pour animaux que l'on retrouve dans une bonne moitié de l'Europe. Donc, le système a connu une défaillance très limitée dont les conséquences ont été amplifiées par la structure des filières modernes (un même fournisseur de graisses approvisionne plusieurs fabricants d'aliments dans plusieurs pays, qui eux-mêmes approvisionnent un grand nombre d'élevages).

Il s'y ajoute des dimensions plus collectives. La tradition alimentaire est constitutive de l'identité des peuples. Un Français peut être relativement tolérant pour des accidents liés à des produits traditionnels, le cas le plus typique étant celui du fromage au lait cru : on connaît des problèmes de Listeria, avec des morts – mais ce n'est pas aussi grave pour un Français que pour un autre. Au contraire, pour un Américain, l'idée même qu'on puisse encore utiliser du lait cru pour faire ce type de préparation est totalement aberrante. À l'inverse, la foi des Américains dans la technologie les conduit à accepter sans difficulté l'utilisation d'anabolisants en production de viande bovine, ce que les Européens refusent nettement.

Le culturel est bien au cœur du problème. Mais on ne sait pas comment le prendre en compte, surtout avec nos outils actuels.

Patrick Lagadec : On voit donc s'exprimer de l'angoisse, du refus, mais aussi de nouvelles aspirations, notamment en termes d'alimentation proche de la nature.

Philippe Baralon : L'idée se développe en effet que, pour avoir des aliments meilleurs, plus sûrs, il faut revenir en arrière. Les citoyens ne pensent plus que c'est en améliorant nos techniques qu'on parviendra à diminuer le risque mais que c'est au contraire en retrouvant celles de nos grands-parents. La conviction est là : "On est allé trop loin, on a joué aux apprentis sorciers".

Au moment même où les gens pensent que nous sommes déjà allés trop loin, qu'arrive la révolution des biotechnologies, notamment les organismes génétiquement modifiés (OGM). Toucher au génome ! : c'est perçu comme une provocation. D'où une hostilité massive, sourde ou explosive. Nous sommes là dans une situation de rupture. L'hostilité des consommateurs a éclaté au grand jour sur le cas de la vache folle. Les politiques et l'Administration embrayent parce qu'il leur est impossible d'aller à contre courant.

On voit se heurter ici le positivisme des uns, le refus des autres, inquiétés déjà par des échecs de la sécurité. Et quand le blocage se durcit, on monte vite aux extrêmes : **"Vous soutenez qu'il n'y a pas de danger ? Pouvez-vous me le garantir ?"**. **Et l'on tombe sur une impossibilité : une science expérimentale comme la biologie est incapable de prouver que quelque chose n'existe pas.**

C'est la rupture que nous vivons aujourd'hui. En réalité, cette rupture est ancienne. Le problème, c'est qu'elle n'a jamais été traitée. Donc, on débouche sur des fractures vraiment très graves et très difficiles à gérer.

On peut traiter une crise spécifique, il est très difficile de reconstruire les banlieues, la ville, la société... De même, dans les grands débats en alimentation : on se trouve rapidement devant des défis qui sont hors de portée d'une entreprise, d'un grand groupe, et même hors de portée des institutions. Signe de cette impuissance : les institutions n'appliquent plus le droit, devenu lui-même inacceptable pour le consommateur. Ainsi, des procédures d'homologation de semences ou d'enregistrement de nouveaux médicaments : les procédures, les exigences sont parfaitement respectées, mais les produits ne sont pas enregistrés ou homologués car la population ne paraît pas en mesure de l'accepter.

Cela conduit à une insécurité très forte pour les entreprises. Elles déploient des ressources considérables en termes de recherche et perdent ensuite 4 ou 5 années pour des problèmes échappant au droit, aux mécanismes établis de régulation.

Patrick Lagadec : Que peut-on faire ?

Philippe Baralon : Il y a plusieurs voies. Dans le tumulte actuel, certains, très pragmatiques, disent : "Les gens veulent être rassurés, on va les rassurer mieux que les autres et ainsi on va gagner de l'argent". C'est la voie du "bio business", ou celle qu'empruntent plusieurs grandes enseignes de distribution, qui proclament haut et fort qu'elles interdisent à leurs fournisseurs d'utiliser des OGM. C'est incontestablement la posture actuellement dominante, celle qui semble la plus facile.

Pourtant, si l'on se contente de rassurer les consommateurs, on arrive vite à deux impasses. Tout d'abord, on réagit toujours avec retard, après chaque crise, en finissant par céder à des demandes que l'on a d'abord jugées illégitimes ou infondées. Une telle attitude ne peut pas rassurer le consommateur. Au contraire, elle le conforte dans ses angoisses par des réactions spectaculaires (avec de gros budgets de communication), consécutives à des crises, généralement avec des mesure d'exclusion (on supprime telle ou telle matière première mise en cause, d'abord les farines de viandes, puis les graisses animales, les OGM...). Ensuite, la simple réassurance conduit rapidement à des impasses techniques et économiques : la faisabilité, le délai de mise en place et le coût des mesures d'exclusion ne permettant pas leur mise en œuvre efficace. Cette deuxième impasse est elle-même génératrice de crises futures : annoncer que l'on n'utilise pas d'ingrédient OGM, alors que c'est difficile à faire, c'est s'exposer à une sévère déconvenue si une association arrive à retrouver – sur tel produit à tel moment – des traces d'OGM, indépendamment de tout danger pour le consommateur.

La deuxième voie est beaucoup plus exigeante. Elle repose sur une idée simple de la mission de l'industrie alimentaire : protéger le consommateur et non pas seulement le rassurer. Cela suppose donc, d'abord, d'améliorer encore le traitement des problèmes de fond : identifier tous les dangers existants et potentiels, les hiérarchiser et concevoir les meilleurs systèmes de prévention des problèmes prévisibles et de correction des problèmes qui le sont moins. Dans un second temps, l'enjeu – énorme – en terme de communication consiste à donner confiance au consommateur dans les efforts que l'on fait pour le protéger.

Cette deuxième voie part du postulat que le consommateur est un adulte et qu'il peut aussi dépasser ses pulsions et ses angoisses. Les difficultés tiennent à la faible culture scientifique du public et surtout à un problème de relais, de corps intermédiaires. Le tissu associatif, même dans les pays les plus développés, est aujourd'hui beaucoup plus représentatif d'une frange extrême, enfermée dans sa propre logique militante – sans doute respectable mais avec laquelle il est difficile de discuter.

Quelles que soient les difficultés, je suis convaincu que seule la voie de la protection pour restaurer la confiance permettra de surmonter la rupture.

Patrick Lagadec : Le problème est donc bien de réussir une discussion démocratique...

Philippe Baralon : Oui, ce qui va nécessiter d'inventer de nouvelles formes de débats en échappant aux ornières classiques et extrêmes : la caricature si fréquente dans le monde des médias ou l'extrémisme de ceux qui vivent sur le conflit et n'ont aucun intérêt à le résoudre.

Nous sommes ici confrontés à un problème de démocratie. La rupture actuelle vient du refus légitime d'un discours que l'on peut qualifier de dictatorial : "les techniciens ont pensé à tout, ce n'est pas votre affaire, vous n'êtes pas assez compétents pour comprendre, cessez de discuter et mangez". Face à ce refus, la tentation est grande de sombrer dans ce que j'appellerais la démagogie populiste de ceux qui veulent apparaître comme les alliés des consommateurs en les renforçant dans leurs angoisses ; angoisses qui ne sont traitées que par des gesticulations aussi spectaculaires que vaines.

Saurons-nous reprendre pied et installer un débat démocratique fondé sur la transparence, sur un contrôle public indépendant à la fois des intérêts économiques mais aussi des réactions épidermiques du consommateur ? Hier, la création de l'Agence française de sécurité sanitaire des aliments a marqué un premier pas dans cette direction. Demain, l'Autorité européenne de l'alimentation donnera à l'Europe un outil d'évaluation des dangers à la dimension du marché unique.

Patrick Lagadec : Dans ce genre de situation, on constate souvent qu'avant d'avoir eu le temps de tisser de l'intelligence collective, on va directement au blocage par des gaffes majeures. Avez-vous vu ce phénomène sur le dossier alimentaire, et particulièrement des OGM ?

Philippe Baralon : Sur le dossier des OGM, les gaffes ont été à peu près toutes commises. On a commencé par magnifier la technologie en la qualifiant de révolutionnaire, en mettant en exergue la rupture avec les pratiques de sélection plus anciennes, en compliquant à souhait, or un danger inconnu est beaucoup plus anxiogène qu'un danger familier, que l'on cerne depuis longtemps. Puis on a expliqué aux gens : "Ce sont de grands groupes américains qui ont inventé cette technologie" : désigner des "tiers profiteurs", qui plus est des multinationales d'origine américaine – ne peut que renforcer l'hostilité du public. On souligne ensuite : "De toutes les façons, vous n'aurez pas le choix" ; rendre le danger supposé totalement inéluctable le renforce instantanément. Et l'on clôt en disant : "Ne vous inquiétez pas, ce n'est pas grave, il n'y a aucun risque". En outre, les consommateurs ne perçoivent pas d'avantage direct à retirer de l'acceptation des OGM de première génération (soja résistant à un herbicide, maïs résistant à un insecte ravageur). Confronté à une nouvelle technologie très mal connue dont les risques sont présentés comme faibles et hypothétiques mais dont les bénéfices lui paraissent – à tort – nuls pour les populations et très importants pour les sociétés détentrices des brevets, le consommateur européen ne montre aucun enthousiasme. C'est finalement une évaluation assez rationnelle de l'offre !

Dans toutes les crises liées à la sécurité des aliments, le schéma est souvent du type suivant.

Il y a une longue phase de développement souterrain – une phase de dissimulation – avec à l'appui le raisonnement : "Si on commence à expliquer aux gens, on est perdu". La dissimulation se fonde sur le mépris des citoyens ("Les gens sont trop bêtes pour comprendre, si on leur explique, on va les inquiéter, donc autant ne rien leur dire"), sur une crainte (une haine ?) des médias et sur une confiance excessive dans les systèmes en place : "Notre alimentation est la plus sûre du monde, nos services de contrôle sont les meilleurs". Pour parfaire le tout, on organise cette tendance spontanée, en donnant la consigne de ne pas parler.

Au cours de cette phase de dissimulation, la situation ne progresse que lentement. Tout d'abord, les moyens dégagés sont insuffisants car, en l'absence de crise, la prise de conscience des dirigeants économiques et politiques reste faible. Ensuite, les techniciens en charge d'imaginer les solutions s'enferment assez facilement dans des blocages mentaux du type "pour résoudre nos difficultés, il faudrait changer si profondément nos méthodes de production que cela est impossible, donc ne faisons rien ou pas grand-chose". Enfin, la concurrence entre les entreprises d'un même secteur interdit à l'une d'entre elles de prendre seule l'initiative sous peine de se voir pénalisée sur le marché. Bref, tout concourt à un certain immobilisme, ou au moins à une action trop molle au regard du danger, les acteurs se trouvant réduit à espérer que la crise jamais ne vienne. Et pourtant, tout se passe comme si la crise était nécessaire au déblocage de la situation.

Patrick Lagadec : Qu'est-ce qui déclenche la crise ?

Philippe Baralon : Les ingrédients de la crise sont là, manque le détonateur. Lorsqu'un problème survient, soit parce que les connaissances avancent (par exemple, lorsque des médecins britanniques constatent plusieurs cas d'une nouvelle forme de Maladie de Creutzfeldt-Jakob probablement liés à la maladie de la vache folle) ou lorsqu'une faille du système se révèle (par exemple, lorsqu'un lot de graisse est contaminé par la dioxine), la crise éclate. Dans certains cas, le système est devenu si fragile que le moindre incident peut constituer un redoutable détonateur. Ainsi en octobre 2000, la découverte d'une vache atteinte d'ESB lors d'un banal examen *ante mortem* dans un abattoir du Calvados – c'est-à-dire la preuve même que les contrôles fonctionnent – dans un contexte alourdi par les annonces de nombreux cas, par la proximité des élections municipales, par la cohabitation entre une majorité de gauche plurielle et un Président de droite, a conduit à une crise majeure qui a gagné en quelques semaines l'Europe entière, ébranlé son premier distributeur et fortement affecté une entreprise de viande connue pour la qualité de son système de traçabilité.

Dès lors, le système échappe à tout contrôle. Plus les problèmes potentiels ont été niés ou minimisés auparavant, plus le débat a été occulté et plus il apparaît aux responsables publics qu'il est indispensable et urgent de prendre des mesures spectaculaires, généralement inutiles, toujours coûteuses, encore une fois destinées à rassurer sans forcément protéger.

Patrick Lagadec : Alors, que fait-on ?

Philippe Baralon : De la prestidigitation. En 1996, on décrète un embargo sur le bœuf britannique, alors que le problème était de retirer de la consommation les organes potentiellement contaminants – quelle que soit leur origine. Pour expier le sentiment de culpabilité, il fallait une mesure spectaculaire et en vingt heures, le pouvoir politique a pris, au plus haut niveau, une décision d'embargo sur la viande britannique. Les véritables mesures de protection de la santé publique ont été prises, par l'administration compétente, en quelques jours et dans la discrétion. En 2000, on interdit totalement l'utilisation des farines de viandes et d'os, ce qui conduit à dépenser chaque année 500 millions d'euros (uniquement pour la France, sans comptabiliser le coût environnemental considérable), alors que, malgré la crise de 1996, il n'avait pas été possible d'investir une fois 500 millions de francs pour une sécurisation rapide et totale de ces produits.

Patrick Lagadec : Mais si on tente d'échapper à la prestidigitation, comment voyez-vous l'action ?

Philippe Baralon : Nous n'avons pas d'autre voie que de sortir du cycle infernal : dissimulation – crise – sur-réaction pour évaluer et gérer rationnellement et démocratiquement les dangers. Cela suppose de relever trois défis.

Le premier défi réside dans une démarche d'identification et d'évaluation des dangers potentiels. Au niveau de la société, ce rôle est dévolu aux agences d'évaluation, dans les entreprises ou les filières, les cellules de veille sont en cours de structuration.

Ensuite, il s'agit de renforcer la gestion des dangers en dégageant les moyens de son efficacité. Il ne suffit pas d'obtenir plus de moyens, il faut surtout définir les priorités. **Le système actuel conduit à allouer les ressources en fonction de l'impact émotionnel des crises et non pas selon les risques pour la santé publique**.

Enfin, le défi le plus important et le plus difficile tient dans la définition d'un cadre démocratique pour l'évaluation et la gestion des dangers. Comment associer vraiment les citoyens aux choix, à la définition des priorités, à la gestion des ressources ? Après l'échec des démarches secrètes menées par les seuls techniciens, après l'échec des messages réducteurs de la communication, le temps du débat est venu.

Patrick Lagadec : Cela suppose des prises de risques pour les responsables et des interlocuteurs représentatifs des citoyens.

Philippe Baralon : Oui, la prise de risques est importante. D'autant plus que, désormais, toucher à une marque est extrêmement lourd de conséquences. Tous les grands groupes agro-alimentaires ont une politique marketing de réduction de leur nombre de marques. Ce qui veut dire qu'un problème sur une marque est d'emblée un problème majeur pour l'entreprise.

Mais, en même temps, on sait que, si on ne fait rien, on peut couler la marque complètement : en cinq ans, un capital de confiance accumulé pendant trente ans peut s'évanouir. Il y a donc nécessité de gérer la prise de risques, ce qui veut dire tout à la fois : remettre à plat tout son dispositif de maîtrise de la vulnérabilité des aliments, le reconcevoir éventuellement, expliquer ce que l'on fait, et surtout échapper aux déclarations archaïques classiques.

En matière de représentation des citoyens, le besoin de structures de médiation est évident. Il s'agit sans aucun doute, d'associations, indépendantes donc crédibles, compétentes donc structurées, venant d'horizons divers. On pense tout de suite aux associations de consommateurs – en France *UFC-Que choisir ?* constitue un bon exemple – mais il faut élargir la réflexion aux syndicats, aux associations de parents d'élèves.

Patrick Lagadec : Peut-être faut-il aussi consentir à dire, à l'avance, qu'il y aura des problèmes, et que le rôle des filières agro-alimentaires est de les traiter.

Philippe Baralon : C'est un point très important. Quelles que soient les qualités des systèmes de prévention que nous concevons, ils sont incapables de prendre en compte tous les accidents potentiels. Certains problèmes sont encore inconnus, d'autres sont très improbables. L'important, c'est d'être organisé, à l'avance, pour prendre la mesure d'un phénomène dès qu'il survient et le circonscrire vite afin d'en limiter les conséquences pour le public, et secondairement pour la marque et pour l'entreprise.

Il faut aussi dédramatiser, comme on a su le faire en matière de rappel de voitures : le retrait d'un produit alimentaire en cas de doute doit devenir une procédure banale, révélatrice de la sagacité et de l'organisation du producteur ou des services officiels de contrôle.

Patrick Lagadec : Autre tableau de ce secteur agricole et alimentaire, que je vois lui aussi en rupture : la situation du porc, avec ses pollutions hors échelle, les soulèvements sociaux épisodiques mais graves, ses épizooties gravissimes comme le récent épisode de fièvre aphteuse.

Philippe Baralon : Là aussi en effet, nous vivons actuellement des ruptures importantes. Jusqu'à un passé récent, la préoccupation environnementale n'était pas prise en compte. Ici encore, la première tendance a été de nier le problème, puis de tenter de le traiter dans l'opacité. La situation est parvenue à un point tel que l'on ne peut pas exclure demain des ajustements brutaux, sans doute excessifs, consécutifs à une crise violente.

Le secteur de la pêche constitue un exemple édifiant. Après des années sans gestion de la ressource, le secteur se voit confronté à des ajustements très importants de nature à remettre en cause jusqu'à son existence. En matière de productions animales, saura-t-on traiter le problème en amont, sur la base d'un véritable débat citoyen ?

La difficulté, c'est qu'on ne peut pas tout résoudre par l'incantation. Dire que l'on va revenir à vingt truies par exploitation, c'est une vue de l'esprit ; traiter le lisier de porc comme un déchet nucléaire alors que, bien utilisé, il constitue un excellent fertilisant, ne résout pas le problème.

Patrick Lagadec : Mais, comme dans d'autres secteurs, lorsque l'on est allé trop loin et sans aucune concertation, on se retrouve vite prisonnier d'une logique d'expiation.

Philippe Baralon : Exactement. Et cela joue beaucoup dans un univers comme l'alimentaire où l'on touche très vite à du magique ou du sacré. Toute la difficulté est d'**arriver à sortir d'une logique totalement inacceptable, sans tomber dans une logique totalement inapplicable**.

Le problème est que, là encore, le fossé est profond entre les acteurs, avec une double diabolisation : les éleveurs, par les écologistes ; et réciproquement. Pour les premiers, les seconds sont des incompétents dangereux ; pour les seconds, les premiers sont des affairistes sans scrupule. Heureusement, la réalité est plus nuancée. Le dialogue apparaît à la fois impossible et indispensable. Le déblocage pourra-t-il intervenir sans crise majeure, elle-même génératrice de surréactions ?

Patrick Lagadec : Nous avons là un secteur en vulnérabilité extrême en raison de ce que vous venez de souligner – et l'opinion y ajoutera une sorte de droit inaliénable à l'impunité en matière de destruction collective de biens publics. Rajoutez là-dessus n'importe quelle rumeur de risque de santé publique, vous allez, sur fond de rupture, à des crises véritablement difficiles à appréhender...

Philippe Baralon : C'est clair. Je suis plus pessimiste pour le dossier de l'impact environnemental des productions animales que pour la sécurité des aliments. Dans le secteur de l'élevage, les dirigeants sont parfois dépassés sur le plan culturel. Leurs structures sont souvent incapables de percevoir les enjeux, et il leur est impossible d'imposer des mutations à ces structures. D'où des radicalisations qui laissent le champ libre aux seuls extrémistes des différents camps.

Patrick Lagadec : Et l'on ne peut pas faire une conférence de paix tous les jours...

Philippe Baralon : Le problème, c'est qu'aujourd'hui nous sommes dans cette logique d'affrontement autiste dans le domaine de l'élevage. Ici, contrairement à ce qui se passe dans le domaine de la sécurité des aliments, on ne dispose guère de la structure de l'entreprise, de l'autonomie de décision des dirigeants. Dans le domaine de l'élevage, les dirigeants, souvent très conscients des problèmes, restent des élus, forcément proches de leur base.

Dans le même temps, des initiatives concrètes et intéressantes voient le jour, ce qui démontre une réelle évolution. Manque encore le souci du dialogue et de la transparence pourtant indispensable.

Patrick Lagadec : L'épisode de la fièvre aphteuse n'a-t-il pas encore renforcé l'incompréhension entre les citoyens et les producteurs ?

Philippe Baralon : Cet épisode a révélé un autre aspect du même problème. Non seulement les consommateurs sont choqués par les modes de production, mais ils n'acceptent pas les méthodes de résolution des problèmes sanitaires.

L'élimination des animaux atteints ou exposés au risque d'une épizootie constitue un moyen de lutte techniquement efficace, économiquement optimal, mais socialement non accepté. La réaction des citoyens confrontés à l'image des bûchers géants à l'heure du dîner est édifiante : "comment peut-on sacrifier tous ces animaux pour lutter contre une maladie dont les seuls effets sont économiques ?". La réponse est évidente, mais ne peut plus être entendue par la société : "un tel sacrifice est possible car la seule finalité de l'élevage est économique". Si les britanniques vaccinent leur cheptel ovin tout entier tourné vers l'exportation, ils ne pourront plus exporter, donc leur cheptel perd tout intérêt.

La réaction des citoyens remet en cause des pratiques et des modalités du dialogue entre société et filières alimentaires. L'avenir de l'élevage et des industries alimentaires ne peut échapper au développement durable. Celui-ci ne reposera pas sur les techniques des années 1930, il supposera au contraire de nouveaux progrès techniques, une meilleure maîtrise de l'impact sur l'environnement et sur la sécurité des aliments, une prévention des crises et non pas seulement leur gestion.

Cette évolution ne se réussira pas contre les citoyens ; au contraire, elle exige une collaboration étroite avec leurs organisations représentatives.

Experts

avec le Docteur Dominique Dormont

Positionner l'expertise dans les grands épisodes de crises et de ruptures

"Le premier message à faire passer doit concerner les limites des connaissances à disposition ; dès lors, le décideur peut clairement voir qu'au-delà de ça, c'est lui qui opère."

"Le politique doit sortir du parapluie de l'expertise, l'expertise doit admettre de ne plus être un oracle quasi inviolable, et le citoyen prendre conscience que la décision politique est multifactorielle : la science n'est qu'un des paramètres." ■

Dominique DORMONT est Médecin du Service de Santé des Armées, Directeur d'Études à l'École Pratique des Hautes Études, Président du Comité interministériel sur les encéphalopathies subaiguës spongiformes transmissibles.

dominique.dormont@cea.fr

Patrick Lagadec : Vous avez eu, et avez toujours, la lourde tâche de conduire une large part des travaux d'expertise relatifs à l'encéphalopathie spongiforme bovine. Avant d'entrer précisément avec vous dans votre expérience et ses enseignements en termes d'expertise et de pratique de l'expertise dans les phases de ruptures, j'aurais souhaité revenir sur le nouvel état du monde après le 11 septembre 2001. Le sujet des prions pourrait en effet être perçu comme bien marginal vu le petit nombre de victimes quand on considère les destructions massives et les enjeux colossaux du bioterrorisme de masse…

Dominique Dormont : Les évènements du 11 septembre ont, d'une certaine façon, éclipsé ou considérablement modifié la perception des problèmes sociaux qui prédominaient avant cette date. Bien évidemment, les milliers de victimes des agressions contre New York et Washington ne peuvent se comparer aux 116 patients décédés des conséquences de l'infection de l'homme par la maladie de la vache folle. Mais on ne peut s'arrêter à ce seul bilan pour réfléchir sur ces deux crises, qui ressortent de deux univers distincts. Dans un cas, l'acte terroriste, quasi guerrier, est habituel dans l'histoire de l'homme, même si les circonstances sont nouvelles. Dans l'autre cas, l'ESB est perçue de façon confuse par la société comme le premier grand raté du progrès technologique, opposé ici à la nature, et surtout comme un problème absolument inattendu touchant à un acte vital, l'alimentation. Même si quelques idées ont pu être développées dans les deux cas par certains analystes, comme la réaction à un comportement dicté par le profit, le choc créé par les attentats du 11 septembre ne pourra qu'éclipser temporairement les problèmes liés à la santé publique, au moins dans les pays développés. Cette montée en puissance des impératifs de santé publique est certainement la grande voie d'évolution des attentes du corps social en cette fin XXème siècle et ce début du XXIème. Et la question de l'ESB n'est bien sûr qu'un problème spécifique, dans un contexte général très lourd en termes de santé à l'échelle de l'Humanité (sida, paludisme, hépatite C, etc.).

Patrick Lagadec : Prenons donc le cas de cette rupture qui fait irruption avec la maladie de la vache folle. Pourriez-vous nous la resituer brièvement, avec le recul dont nous disposons actuellement ?

Dominique Dormont : L'encéphalopathie spongiforme bovine, une maladie à prions apparue au Royaume-Uni en 1986, a été propagée par les farines animales préparées à partir de carcasses de ruminants utilisées dans l'alimentation des bovins. Compte tenu du fait que les maladies à prions animales n'avaient jamais, à cette date, été transmises à l'homme, l'ESB a été considérée par un certain nombre de responsables comme non transmissible à l'homme, bien que l'aptitude des prions à franchir les barrières d'espèces ait été montrée auparavant, et que le développement de l'encéphalopathie spongiforme féline au Royaume-Uni au début des années 1990 ait constitué des arguments en faveur d'une attitude de précaution. Dix ans après l'apparition de la maladie bovine, les neurologues britanniques décrivaient une nouvelle maladie à prions humaine : la nouvelle variante de la maladie de

Creutzfeldt-Jakob (vMCJ). On dispose maintenant d'un nombre important de faits expérimentaux et d'observations indiquant que cette maladie est induite par l'infection de l'homme par l'agent de l'ESB. C'est l'annonce des premiers cas de vMCJ qui a généré, en mars 1996, la première "crise de la vache folle".

Patrick Lagadec : La crise a donné lieu à un émoi de très grande ampleur en raison notamment des bilans anticipés sur les conséquences de la maladie : on a parlé de centaines de milliers de morts, voire davantage. Il semble aujourd'hui que l'on réduise sensiblement l'ampleur du mal. Avec le recul, que sait-on aujourd'hui, et que pensez-vous de ces montées aux extrêmes que l'on a connues à un moment donné dans les anticipations ? Peut-on dire, comme c'est fréquent, que l'on s'est lourdement trompé ? que l'on a fait preuve d'un pessimisme exagéré ? ou que le propre de ce type de crise est précisément que l'on ne sait pas – et que c'est bien cette incertitude radicale qu'il s'agit de gérer (on aurait pu avoir des résultats effectivement catas-trophiques) ?

Dominique Dormont : Il faut avoir plusieurs points présents à l'esprit :

1. Il est normal que les fourchettes se resserrent au cours du temps, dès lors que les modèles sont basés sur ce que l'on connaît de l'épidémie ; plus on a de recul en termes d'observation, plus les estimations des paramètres de modélisation seront ajustés.
2. Il y a deux façons d'effectuer les modélisations ; la façon "épidémiologique" qui prend en compte les paramètres stricts décrivant la courbe du nombre de cas en fonction du temps, et une façon "mixte" intégrant ce qui est connu de la physiopathologie. Les deux approches sont à mon avis complémentaires, mais il est trop tôt pour dire quelle approche est la meilleure.
3. Lorsque les premières modélisations ont été publiées, tout le monde s'est accordé à penser que les chiffres ne seraient fiables que lorsque nous aurions dix ans de recul sur l'épidémie humaine (en raison, en particulier, des temps d'incubation remarquablement longs de ces maladies). Donc, attendons 2005... Le point important est d'accepter de considérer que l'expertise n'est pas dans le faux ou le vrai, mais dans l'incertitude.

Patrick Lagadec : Quoi qu'il en sera, nous avons vécu un problème important en matière d'expertise. Dans ce dossier de l'encéphalopathie spongiforme bovine, du point de vue scientifique, où se situe la rupture ?

Dominique Dormont : La rupture, c'est la très forte suspicion clinique du passage d'un agent animal à l'homme, ce qui n'avait jamais été le cas avant cet épisode pour ce type de maladies (même s'il avait été évoqué au plan théorique de nombreuses fois).

Dès lors que ce **principe de barrière forte entre l'animal et l'homme vole en éclats**, l'expertise se trouve face à des chaînes de difficultés aiguës. Nous sommes confrontés à des maladies dont on ne connaît pas les agents, pour lesquelles nous ne disposons **d'aucun outil diagnostic** (en dehors d'une inoculation à l'animal ou de l'examen biochimique du cerveau) qui permette de mettre en évidence l'infection, que ce soit en stade clinique ou préclinique, et pour lesquelles nous n'avons **pas de thérapeutique**. Enfin, nous n'avons **aucune notion (et c'est toujours la situation actuelle) de la prévalence de l'infection**.

Nous savons combien de patients ont présenté un nouveau variant de la maladie de Creutzfeldt-Jakob mais nous n'avons aucune idée du nombre d'individus infectés en phase d'incubation. Il en est de même pour les animaux : le nombre de cas d'encéphalopathie bovine spongiforme est relativement bien connu, mais nous n'avons aucune idée de la prévalence exacte de l'infection dans la population bovine. Or, ce sont des outils extrêmement importants pour évaluer l'ampleur d'une épidémie. Par exemple, pour le VIH, très rapidement, en un peu plus d'un an, la communauté scientifique a eu à sa disposition des méthodes diagnostiques, certes grossières, mais qui permettaient de faire des petits sondages dans des populations supposées à risque et de se rendre compte que, par exemple, un nombre significatif d'hémophiles étaient infectés. Pareille connaissance permet de proposer des mesures. Pour l'ESB, ce n'est pas le cas.

Patrick Lagadec : L'expertise se retrouve entre incertitudes et inconnues massives, au moment même où on va tout attendre d'elle.

Dominique Dormont : C'est ce qui se passe à chaque fois qu'il y a une maladie émergente ou réémergente. Je ne dirais pas que nous y sommes habitués mais c'est le lot commun : ce fut le cas avec le VIH comme avec l'hépatite C pendant quelque temps. La spécificité, dans ce cas précis des maladies humaines à prions, c'est qu'il ne s'agissait pas vraiment de maladies émergentes mais d'une forme nouvelle d'une maladie anciennement connue, pour laquelle on n'avait peu de données thérapeutiques et épidémiologiques, même si la clinique en était parfaitement connue. Il est toujours plus difficile de tolérer de ne rien savoir sur quelque chose qu'on connaît depuis longtemps que sur quelque chose qui vient de se produire.

Patrick Lagadec : Dans un tel contexte, comment l'expertise se débrouille-t-elle pour retrouver des marques ?

Dominique Dormont : Elle se débrouille comme elle peut. Comme nous n'étions pas vraiment dans le cas d'une maladie émergente mais dans l'émergence d'une nouvelle forme d'une maladie connue, nous disposions tout de même d'un certain nombre de points de repère. Nous savions comment les maladies de ce groupe pouvaient se transmettre expérimentalement ; nous en connaissions les caractéristiques cliniques et biologiques, même si nous ne connaissions pas avec précision l'agent infectieux. Et surtout, nous avions une idée relativement précise de la résistance de l'agent infectieux aux procédés d'inactivation : nous savions donc tout de suite qu'il fallait utiliser des procédés très drastiques si on voulait inactiver l'agent.

Patrick Lagadec : Plus globalement, qu'avions-nous appris des situations précédentes qui pouvaient aider à encadrer la démarche à suivre ?

Dominique Dormont : Un principe général d'action s'était affirmé : le principe de précaution. Il me semble que personne en France n'a abordé ce problème des encéphalopathies spongiformes sans intégrer les conséquences du dossier du sang contaminé.

Patrick Lagadec : Mais, sur un plan plus précisément opérationnel, de quel retour d'expérience très direct pouviez-vous bénéficier ?

Dominique Dormont : À ma connaissance, personne parmi les experts scientifiques n'a vécu les trois "crises" VIH, hormone de croissance, ESB. Pour ma part, cependant, j'avais travaillé dès 1983 sur le VIH (même si je n'avais pas été partie prenante des processus d'expertise). J'avais vu le dossier de l'intérieur, j'avais pu observer les problèmes de perception, de distorsion des perceptions entre monde de la puissance publique et monde scientifique ainsi qu'au sein même du monde scientifique et médical. C'était un capital de référence très précieux.

Patrick Lagadec : Et, concrètement, comment êtes-vous entré dans le problème ?

Dominique Dormont : Le tout premier message que nous avons fait passer fut précisément un message de rupture : "Les scientifiques pensent que l'agent bovin est passé à l'homme".

Patrick Lagadec : Vous attaquez directement sur le point critique, et vous en faites état…

Dominique Dormont : Dès la première réunion du groupe d'experts, le questionnement est allé droit au point de fracture : "Le problème est là, **quelle est notre intime conviction ?**" Et nous avons émis un avis, sans attendre qu'une autorité nous le demande (voir ci-après). Cet avis a été unanime : il s'agit d'une prise de position collective.

Patrick Lagadec : Comment en est-on venu à ce positionnement net, à cette prise d'initiative ?

Dominique Dormont : Au sein du comité, un certain nombre de scientifiques connaissaient les prions. Ils sont allés droit au but : "Ce que l'on sait de la pathologie expérimentale et de la biologie fondamentale, nous conduit à pouvoir affirmer cela". D'autres, qui n'étaient pas directement spécialistes des prions, ont été très utiles car ils ont eu un regard extrêmement aigu et neuf, sans *a priori*, sur le problème.

Patrick Lagadec : L'attitude n'a donc pas été : "Attendons d'être sûr" ?

Dominique Dormont : Non, pas du tout. Au contraire.

Patrick Lagadec : Mais comment prendre ainsi position, alors que les références les plus fortes tendent à s'évanouir ?

Dominique Dormont : C'est là que la composition du comité d'experts est à mon avis critique. Il ne doit être ni trop restreint ni pléthorique. Mais, surtout, il y faut des gens de qualité. En outre, il ne faut pas constituer un comité d'experts qui soit fait uniquement de spécialistes du domaine. **Il faut introduire une bonne dose de gens solides scientifiquement et extérieurs au domaine**.

Vous mettez un bon biologiste moléculaire et un bon neurologue avec trois spécialistes des prions – et les avis ne seront pas rendus de la même façon que si vous aviez cinq spécialistes de la biologie moléculaire des prions. Il ne faut quand même pas, *a contrario*, tomber dans l'excès et qu'il n'y ait aucun spécialiste des prions.

Patrick Lagadec : Cela, c'est pour le front scientifique. Mais j'imagine que vous avez été directement confrontés à une pression médiatique extrême. Comment l'avez-vous traitée ?

Dominique Dormont : Nous avons très vite établi une règle de communication : personne ne s'exprime au nom du Comité, même si chacun a bien sûr le droit de s'exprimer en son nom propre. Tout le monde a joué le jeu.

Patrick Lagadec : Pourquoi cette règle ?

Dominique Dormont : Nous avons senti qu'il y avait besoin de cette règle de communication pour que chacun puisse garder sa liberté et, plus encore, pour qu'on ne se trouve pas en porte-à-faux avec les tutelles. Il ne fallait pas mélanger les genres.

Il n'y a donc jamais eu d'expressions "ès qualité" télévisuelles du Comité. Je ne suis jamais allé à aucune émission de télévision. Les apparitions télévisuelles des membres du Comité ont été rarissimes. En une occasion, nous avons été pratiquement contraints d'y aller : celui qui s'y est rendu n'a pas eu le temps de s'expliquer. Une de nos collègues est allée à titre individuel plusieurs fois sur des plateaux de télévision ; ce qu'elle a dit était tout à fait sensé. Même chose pour la radio, et de rares interviews dans les journaux.

En revanche, on avait adopté comme ligne de conduite de toujours discuter avec les journalistes **et de leur donner toute information dont ils avaient besoin et qui était de notre compétence**. Je n'ai jamais refusé de répondre à un journaliste, presse écrite et radio.

Patrick Lagadec : Aurait-il pu y avoir des moments où vous auriez été amené à transgresser cette règle ?

Dominique Dormont : Je crois qu'on n'est jamais condamné à le faire – mais on peut se faire piéger. Je l'ai été une fois, de façon très mineure, quand il fut question d'un cas de maladie de Creutzfeldt-Jakob un peu particulier en France. Le Directeur Général de la Santé m'avait dit : "J'ai une réunion avec la presse, j'aimerais que vous ne soyez pas trop loin si j'ai besoin de renseignements techniques". À un moment donné, il m'a positionné très différemment : "Le Pr. Dormont, qui est dans la salle...". Je ne suis plus allé à quelque point de presse que ce soit après cet épisode.

Patrick Lagadec : Je suppose pourtant que, s'il y avait eu côté politique une énorme bourde, vous auriez été obligé d'intervenir.

Dominique Dormont : Absolument. Si un ministre avait dit : "Non il n'y a aucun danger, les experts scientifiques sont unanimes, on peut continuer à importer de la viande de Grande-Bretagne sans contrôle, l'agent de la vache folle passe pas à l'homme", il va sans dire qu'à ce moment-là, nous serions intervenus publiquement.

Patrick Lagadec : Chacun dans son rôle mais si vous venez jouer le mien et mal...

Dominique Dormont : Exactement.

Patrick Lagadec : Vous aviez donc également des règles pour vos relations avec le politique...

Dominique Dormont : Nous tenions à une distance nécessaire. D'où, là aussi, des règles : pas de scientifique à côté d'un politique le jour d'une conférence de presse ; pas de commentaires sur les décisions des politiques. Sauf si, par exemple, il y avait eu une contradiction majeure entre la décision publique et l'avis scientifique, auquel cas nous serions montés au créneau de façon à ce que les scientifiques n'apparaissent pas comme des soutiens des politiques et donc se décrédibilisent.

Patrick Lagadec : Cela n'a pas dû être très facile à tenir vis-à-vis du politique qui a toujours besoin de se légitimer en pareil contexte.

Dominique Dormont : C'est exact, ce qui exige de la fermeté sur les principes. Et puis, de temps en temps, il faut savoir "botter en touche" et trouver de bons prétextes pour refuser courtoisement.

Patrick Lagadec : On pourrait voir ici une rupture dans les positionnements des scientifiques : dans la période 1950-1970, en cas de difficulté, le politique sort l'expert officiel qui justifie sa décision ; désormais, quand il veut solliciter le monde de l'expertise, ce dernier n'a plus les clés. La décision politique doit être prise sans ce socle auparavant si sûr et affirmé. Cela conduit nécessairement à un repositionnement assez fondamental des uns et des autres.

Dominique Dormont : Absolument. Et le scientifique a ici une ligne de conduite à appliquer très rapidement : positionner les limites des connaissances auprès des décideurs. J'entends : des décideurs opérationnels – ainsi, dans ce cas, non pas le ministre, mais le directeur général de la Santé par exemple. Le premier message à faire passer doit concerner les limites des connaissances à disposition ; dès lors, le décideur peut clairement voir qu'au-delà de ça, c'est lui qui opère.

Mais il y a eu d'autres règles. Nous avons veillé à ne pas nous laisser entraîner sur des terrains techniques hors du champ de notre compétence et de notre mandat. Par exemple, il pourrait être tentant pour un haut fonctionnaire de dire aux experts : "On me propose deux machines à désosser la viande britannique : vous qui êtes experts, dites-moi laquelle est la meilleure". Nous avons toujours refusé de rentrer dans ce genre de questionnement, parce que nous ne sommes pas des experts du désossement des viandes. Cependant, quand on nous a interrogés sur les modes de transmission de ces agents, sur les risques d'utilisation de telle procédure de désinfection à l'hôpital, comme il y avait des gens compétents au sein du comité, nous avons répondu.

Nous avons également veillé à ne jamais répondre à des questions du type : "Tel comité a dit cela, qu'en pensez-vous ?". Le modèle de réponse fut le suivant : "Les autorités de tutelles ont souhaité, comme elles en ont la possibilité, s'informer auprès de plusieurs instances scientifiques. Il n'appartient pas au Comité d'effectuer un choix dans les analyses qui ont été faites par d'autres scientifiques dont la qualité ne peut être mise en cause. La complexité des problèmes posés, les incertitudes majeures inhérentes à ces sujets rendent inévitable un certain degré de variabilité dans les avis rendus par les experts." Les raisons d'une telle attitude sont évidentes : d'une part, quand un fragment d'avis est sorti de son contexte, comme c'est souvent le cas dans ce type de démarche, le terrain n'est pas bien sûr ; en second lieu, les gens à qui on a demandé des avis sont des gens compétents : ce n'est pas à un autre comité, créé pour un autre mandat, de se poser en censeur et de dire que tel comité à mal raisonné, que tel autre a bien raisonné.

Patrick Lagadec : En d'autres termes, vous pilotez un Comité scientifique, et vous écartez toute demande visant à vous transformer en conseil direct du politique.

Dominique Dormont : Exactement.

Patrick Lagadec : Vous avez en quelque sorte inventé ces règles d'action en situation. Si on tentait d'en tirer des éléments pédagogiques, quelles seraient vos suggestions ?

Dominique Dormont : Tout d'abord, réduire le nombre des interlocuteurs et savoir les choisir. Dans notre cas, les décideurs ont eu une démarche qui, de prime abord, pouvait apparaître bien française : "Faisons un comité"; *a posteriori*, cependant, on se rend compte que cette idée a été bonne. On a concentré les interlocuteurs en un seul endroit ; comme il y avait peu de spécialistes du problème, tous se sont retrouvés, et on a ainsi évité la dispersion. En second lieu, comme je viens de le souligner, veiller à ce que chacun joue son rôle et pas celui des autres : un comité scientifique, notamment, n'est pas un comité d'experts conseiller du ministre.

Patrick Lagadec : Mais aucun comité scientifique, même clairement situé, ne peut subsister si le pouvoir politique ne fait pas preuve lui-même de solides compétences.

Dominique Dormont : Exact. Si, au troisième avis rendu par le Comité, toutes les décisions politiques avaient été à l'inverse des recommandations émises, c'était la démission collective, bien évidemment.

Patrick Lagadec : Ce qui serait extrêmement dangereux pour le politique...

Dominique Dormont : Bien entendu.

Patrick Lagadec : Mais il faut aussi tenir compte des problèmes de choix du pilote au sein de la sphère politique.

Dominique Dormont : Effectivement. La crise était européenne, mais il semble qu'en 1996 la Santé Publique n'était pas une compétence européenne. À Bruxelles, tout était géré par le Conseil des ministres de l'Agriculture. En France, c'était le ministre de l'Agriculture qui, aux yeux du citoyen, apparaissait en charge d'un problème de santé humaine (il faut d'ailleurs rappeler que la Santé était dirigée par un secrétaire d'État, et se souvenir que le titre, en France, est une donnée capitale). Il faut aussi prendre en compte le fait que, dans son champ propre, la Santé avait pris de nombreuses mesures depuis 1991-92 et n'a pas eu à effectuer de révolution dans son domaine de compétence lors de l'apparition de la crise ; dès lors, en raison même de cette meilleure réactivité et de cette capacité à devancer la crise, il pouvait apparaître – paradoxalement – délicat que la Santé prenne les rênes. Mais je reste persuadé que cela aurait été préférable pour l'image que donne la puissance publique de son action aux yeux des citoyens.

Patrick Lagadec : Le Comité ne s'est pas exprimé sur ce point, je suppose.

Dominique Dormont : Non. Ce n'est pas son rôle. D'ailleurs, je n'ai jamais rencontré le ministre de l'Agriculture en 1996 et 1997, sauf le jour où il est venu installer le Comité. Nos interlocuteurs privilégiés étaient les responsables des administrations de la Santé, de la Recherche, de l'Alimentation.

Patrick Lagadec : Le plus difficile est de bien trouver sa place, rien que sa place, toute sa place, dans ce puzzle complexe et instable... Et d'avoir la chance de ne jamais, par défaillance externe, se retrouver tout de même à devoir exercer des responsabilités qui ne sont pas les siennes... Cependant, quand il y a de tels enjeux, il doit bien y avoir des moments-clés où on est directement confronté à la question : en référer ou non aux plus hautes instances du pays ?

Dominique Dormont : Il faut pouvoir alors s'assurer – sans qu'il y ait pour autant intervention direct – que les informations nécessaires parviennent bien, dans leur intégralité, aux personnes en question.

Patrick Lagadec : Mais tous ces équilibres ne tiennent que si chacun joue effectivement bien sa propre partition.

Dominique Dormont : Si ce n'est pas le cas, on s'en va ; ou on réagit.

Patrick Lagadec : On a vu dans plusieurs cas (La Hague, OGM), des démissions au sein des comités scientifiques. Comment voyez-vous les difficultés qui se posent, précisément dans le positionnement des scientifiques vis-à-vis du politique ?

Dominique Dormont : Fondamentalement, il faut admettre qu'un politique n'aligne pas forcément sa décision sur l'expertise scientifique. Ce n'est pas aux scientifiques de gouverner. Toutefois, le scientifique est là pour veiller à ce que l'action publique ne s'oriente pas dans un sens qui apparaisse à l'évidence comme délétère pour le bien public.

Patrick Lagadec : Je vois au moins une difficulté : comment acquérir références et maturité nécessaires en tant que scientifique, sachant que ce type de situation n'est pas son lot quotidien et que, lorsque les projecteurs s'allument, il n'a pas grand temps pour faire son apprentissage ?

Dominique Dormont : Le problème, c'est probablement la vitesse avec laquelle il faut percevoir les difficultés.

Patrick Lagadec : Et que dire de la constitution, et du choix du Président, pour les comités scientifiques chargés d'éclairer les décideurs dans ces situations de crise et de rupture ?

Dominique Dormont : Je suis naturellement très mal placé pour répondre sur le point du choix du Président, mais je pense qu'il y a deux cas de figure. En face d'une crise très aiguë comme l'a été la crise de la vache folle, si la tête du comité avait été assurée par quelqu'un qui ne connaissait pas les prions, même s'il avait été de grande qualité, même s'il avait fait du bon travail, la première réaction de la communauté scientifique et la première réaction de la presse auraient été : "Pourquoi ne va-t-on pas chercher les gens compétents ?". Je pense qu'il était bien de mettre quelqu'un qui avait travaillé dans le domaine. À l'inverse, quand on met en place des structures, non pas en temps de crise, mais pour veiller, anticiper et traiter les problèmes, on a intérêt à retenir une personnalité un peu en dehors du sujet. Les problèmes ne se posent pas de la même façon.

Patrick Lagadec : Autre question difficile : pour l'expertise scientifique, comment gérer le problème toujours délicat de la fin de la crise ?

Dominique Dormont : Pour l'encéphalopathie bovine spongiforme, la crise va-t-elle cesser ou pas ? Je suis toujours incapable de vous répondre aujourd'hui. La maladie bovine n'a pas disparu ; il y a toujours un embargo sur les viandes britanniques et le nombre de cas de nouvelle forme de maladie de Creuzfeldt-Jakob augmente en Grande-Bretagne ; il y a toujours des questions posées par l'opinion publique ; il y a toujours, au moins au niveau européen, un certain nombre de questions fondamentales réglementaires qui sont posées. L'un des problèmes est effectivement de décréter la fin de la crise. La fin de la crise, c'est le retour à un état social et économique acceptable et qui tienne compte de l'expérience acquise au cours de la crise. Dans le cas particulier de la vache folle, plusieurs alternatives peuvent être envisagées :

1. La maladie bovine s'éteint dans les pays européens, et la confiance dans la viande bovine "sécurisée" par l'interdiction des farines et la traçabilité revient.
2. La maladie bovine ne s'éteint pas, mais les mesures prises sont en adéquation avec les attentes du corps social et la santé publique : c'est certainement vers cette voie que nous nous dirigeons.

Le nombre de cas d'ESB diminue significativement en Grande-Bretagne, mais augmente, toutes proportions gardées, dans d'autres pays (Allemagne, Espagne, Italie, France). Néanmoins, l'harmonisation "par le haut" des mesures de protection de la santé humaine au niveau européen (interdiction totale des farines dès lors qu'il semble difficile de contrôler leur sécurisation, campagne de tests de dépistages dans les abattoirs, retrait systématique des organes à risque de la consommation humaine) constitue un élément majeur de sortie de la crise "bovine".

En outre, au plan national, ainsi qu'au Royaume-Uni, la création d'Agences d'évaluation du risque sanitaire, indépendantes des pouvoirs en place et des administrations, est un facteur de sécurité pour les citoyens qui voient dans ces institutions des entités pour lesquelles la primauté de l'économie sur la santé publique n'existe pas. La création future d'une agence européenne de l'alimentation pourra, à cet égard, participer à la "fin de crise" et à la prévention des crises potentielles à venir ; il faut cependant noter que le corps social doit "apprendre à vivre" avec ces agences, et progressivement s'habituer à ce que certains de leurs avis ne soient pas suivis, et que les agences doivent échapper à la tentation gestionnaire. Il y a certainement un apprentissage de la notion de risque individuel et collectif, particulièrement dans les sociétés de tradition latine. Reste l'incertitude sur le nombre de cas de maladies humaines à venir, et une crise d'une autre nature pourrait survenir.

Patrick Lagadec : Revenons à notre point de départ : la rupture dans la connaissance elle-même. Si la connaissance est de plus en plus confrontée à l'inconnu, et non plus seulement à l'incertitude (par exemple les effets de tels produits dans cinquante ans), le scientifique est sans doute condamné à devoir inventer un nouveau type de démarche en matière d'expertise ?

Dominique Dormont : Il y a effectivement des problèmes pratiques qui, pour un scientifique, ne sont pas traitables – car non isolables. Voici un exemple : pour rester sur le terrain des prions, la contamination potentielle des nappes phréatiques n'est pas accessible à l'expérience scientifique dans l'état actuel des technologies et des connaissances. Dès lors que vous n'avez pas l'instrument de mesure, vous êtes effectivement en situation délicate.

C'est le type même de questions qui vont se poser de plus en plus au politique et pour lequel le scientifique n'est pas d'une utilité extraordinaire. Néanmoins, le politique ne peut pas le traiter sans le scientifique.

Patrick Lagadec : Cette réflexion me conduit à une ultime question : si nous sortions de votre propre domaine d'expertise et que nous nous interrogions sur l'expertise dans sa confrontation aux phénomènes de rupture, quels seraient vos convictions-clés, vos interrogations ? Qu'auriez-vous envie de dire à de jeunes experts, qui s'apprêtent probablement à s'engager dans une carrière qui sera de plus en plus marquée par ces phénomènes limites ? Qu'auriez-vous envie de dire aux institutions qui les emploieront ? Aux politiques qui les solliciteront ? Aux citoyens qui voudront les entendre ? À quelles mutations l'expertise doit-elle se préparer ?

Dominique Dormont : Mes convictions-clés sont les suivantes :

1. L'expertise doit être indépendante, pluridisciplinaire et, en cas de crise aiguë, menée par les seuls scientifiques des disciplines concernées (on peut discuter l'association de la société civile aux expertises pour les situations chroniques) ; ses conclusions doivent être accessibles au public, ce qui impose que tous les avis sans exception soient publiés. Cette transparence est un élément fondamental qui requiert toutefois une modification des comportements à la fois du public et des administrations : la publicité des avis implique que le citoyen ne confonde pas les Agences qui diffusent des avis et les directions opérationnelles de l'administration.
2. L'expertise de la crise doit être découplée : l'expertise scientifique d'un côté, l'expertise des moyens de l'État de l'autre (économie, moyens de contrôles, cadre juridique). Les "décideurs" assurent la péréquation. Ils doivent sans doute aussi pouvoir s'appuyer sur une expertise relative à la décision pour clarifier les critères, proportionner les mesures, prendre

en compte les aléas de l'application des mesures, etc. Il n'y a pas que l'expertise "scientifique", sinon cette dernière risque d'être tirée hors du territoire qui est le sien ; et elle risque d'être mise en porte-à-faux.

3. Corollaire : Il faut que l'expertise soit découplée de l'administration (il n'est pas souhaitable que les représentants de l'administration siègent dans les comités d'experts).
4. En conséquence, il faut que les administrations disposent dans leurs rangs de scientifiques de haut niveau pour préparer la décision publique, à partir des avis des experts et des choix politiques.
5. La qualité d'expert ne doit pas être un métier : un expert perd sa légitimité s'il ne conserve pas au moins en partie sa capacité d'innovation scientifique et s'il n'apporte pas, via ses publications par exemple, la démonstration de sa compétence.
6. Il doit donc y avoir une réflexion de fond des institutions de recherche scientifique qui vont être amenées à demander de plus en plus à leurs membres de participer à des expertises ; les questions de la durée des mandats d'expert, des éventuels conflits d'intérêt (intellectuels ou financiers), du support logistique à apporter aux experts (nul à ce jour), de la prise en compte du temps d'expertise dans le déroulement des carrières, doivent être posées. Le challenge est complexe : comment faire que ce soient les meilleurs dans leur domaine qui participent à l'expertise, sans grever le potentiel des équipes de recherche et sans induire d'effets délétères pour les individus ? Demeure le problème de l'articulation entre expert, politique et citoyen : tout d'abord, il est vital que chacun reste dans son rôle et veille à l'absence de zones de recouvrement trop denses entre les compétences des différents acteurs. Cela suppose qu'existe une base de confiance entre les acteurs, ce qui appelle sans doute des expertises plus ouvertes et une coordination ou au moins une prise en compte des autres structures d'expertise internationales.

Mais surtout, cette relation doit être démocratique : le politique doit sortir du parapluie de l'expertise, l'expertise doit admettre de ne plus être un oracle quasi inviolable, et le citoyen prendre conscience que la décision politique est multifactorielle : la science n'est qu'un des paramètres. Le corps social demande de plus en plus à ses élus de s'entourer d'avis d'experts ; il fonde d'ailleurs souvent lui-même ses revendications sur des avis d'experts scientifiques. La banalisation et d'une certaine façon la généralisation ou plutôt l'atomisation de l'expertise est donc un phénomène possible, générateur de nouvelles ruptures, qui obligerait à recréer une nouvelle forme d'analyse.

Avis du comité sur les encéphalopathies subaiguës spongiformes transmissibles et les prions

9 mai 1996

Le comité a examiné le développement récent d'une nouvelle forme de la maladie de Creutzfetldt-Jakob en Europe. Il rappelle l'existence d'une épizootie d'encéphalopathie bovine spongiforme documentée en Grande-Bretagne, actuellement en diminution.

Douze cas de la nouvelle forme de maladie de Creutzfeldt-Jakob confirmés sont actuellement répertoriés (11 en Grande-Bretagne et 1 en France). Cinq cas sont survenus en 1994 et 7 en 1995. Ils répondent tous aux critères suivants :

1. L'âge des patients est inférieur à 40 ans, ce qui est exceptionnel dans les formes sporadiques de maladie de Creutzfeldt-Jakob.
2. Les lésions neuropathologiques sont spécifiques, homogènes dans le groupe de patients, et nettement différentes de toutes les formes antérieurement connues.
3. Il n'existe aucun facteur de risque répertorié qui soit commun à tous les patients : pas d'antécédents familiaux, pas d'anomalie génétique, pas d'exposition à une contamination au cours d'acte de neurochirurgie ou par l'administration connue d'un médicament d'origine humaine.

Ces caractéristiques identifient clairement un nouveau variant de la maladie de Creutzfeldt Jakob (V-MCJ selon la nomenclature de l'O.M.S.). Elles obligent à prendre en considération l'hypothèse de l'exposition de ces patients à un agent commun. Le comité a examiné les origines possibles. Il estime que :

1. L'existence d'une épizootie d'encéphalopathie spongiforme bovine en Grande-Bretagne évoque un lien très probable entre ces deux événements. Toutefois, il n'existe à ce jour aucune preuve expérimentale d'un lien de cause à effet et plusieurs experts indiquent que l'on ne peut exclure d'autres hypothèses.

2. Dans l'hypothèse d'une transmission bovin-homme et compte tenu de l'incubation très longue des encéphalopathies spongiformes transmissibles, il est vraisemblable que les patients recensés aujourd'hui aient été contaminés avant les mesures réglementaires récentes.

3. Dans la même hypothèse, il reste malheureusement une incertitude majeure sur le nombre de sujets ayant été contaminés et pouvant être en phase d'incubation. Cette incertitude ne pourra être levée avant quelques années, les patients pouvant développer la maladie plus de dix ans après la date de leur contamination. En conséquence, il y a nécessité de mise en œuvre urgente d'un effort considérable de recherche fondamentale, appliquée et thérapeutique.

Dans ce contexte d'incertitude, le principe de précaution implique que, dans les décisions à prendre en matière vétérinaire et de santé publique, l'agent de l'encéphalopathie spongiforme bovine soit considéré comme transmissible à l'homme.

Le Président du comité,
Dominique DORMONT

Crises : quelles nouvelles logiques d'apprentissage ?

avec Bertrand Robert

Un nouveau générateur de crises est à l'œuvre depuis le milieu des années 1990 : il produit une multiplication des situations de crise et l'émergence de nouvelles caractéristiques, dont la montée de l'aberrant. Face à ce changement de paysage, les dispositifs classiques de crise sont de moins en moins efficaces.
De nouvelles pratiques sont à définir et mettre en œuvre pour s'adapter à ces exigences nouvelles. Elles invitent les responsables d'entreprises et d'organisations à pratiquer des "ruptures créatrices" avec le management de crise traditionnel – et à revoir en conséquence les logiques de préparation héritées du passé. ■

Bertrand ROBERT, co-fondateur d'Argillos et d'Arjuna, intervient en conseil depuis plus de quinze années sur l'anticipation et le pilotage des situations de crise. Il consacre le tiers de son temps aux interventions à chaud au sein des cellules de crise. Il aide les entreprises et les organisations publiques à se préparer via des actions de veille, la mise en place de dispositifs de crise, des simulations, du retour et partage d'expérience et des actions de formation. Auteur de Damoclès, système d'apprentissage, de pilotage à chaud et de capitalisation des retours d'expérience basé sur un simulateur de cockpit. Expert APM, professeur au CRC et chargé d'enseignement dans différentes écoles. Il anime également des activités de recherche appliquée et des projets innovants dans le champ des crises.

Son expertise s'appuie sur des centaines d'intervention centrées sur la santé – agro-alimentaire, pharmacie, hôpitaux –, les grands réseaux – énergies, eau, transports, banques, grande distribution – , l'environnement et les risques industriels, la défense, les grands événements – lancement de nouveaux produits, an 2000, Euro, manifestations sportives – et les risques émergents.

Argillos, 2 rue de la Roquette, Passage du Cheval Blanc,
Cour de Mars, 75002 Paris

argillos@argillos.com

Patrick Lagadec : Le paysage des crises évolue rapidement et profondément. D'après votre expérience, au plus près des crises, dans de multiples domaines, qu'est-ce qui ne fonctionne plus dans nos préparation ?

Bertrand Robert : Les dispositifs classiques de crise reposent sur l'armature : identification des risques + procédures de crise + *media-training* + exercices de simulation. Chacun de ces points est pris à revers par les crises émergentes. C'est l'architecture même de notre préparation et de notre prévention de crise qui est dépassée.

Prenons *l'identification des risques.* Le plus souvent, elle suit une méthode visant à classer les risques selon des critères quantifiés de probabilité et de gravité. Or, on s'aperçoit aujourd'hui que ce sont les risques improbables qui se manifestent – le stockage d'AZF à Toulouse avait été écarté de l'étude de dangers du fait de son caractère faible sur ces deux critères – et qu'on peut se retrouver en crise malgré un coefficient très bas en gravité – Coca-Cola en Belgique, ou même l'Erika si l'on considère le fait qu'il n'y a eu aucune victime humaine à déplorer. De plus, ces analyses sont souvent lourdes et vieillissent très vite. Imaginez le sort d'un tel rapport présenté le 10 septembre 2001 dans le domaine de l'aviation civile. Ces analyses gardent naturellement une certaine pertinence, mais elles méritent d'être complétées par des approches moins conventionnelles.

Des *procédures de crise* tentent ensuite de répondre aux risques sélectionnés par l'analyse. Elles ont donc une forte chance de traiter une menace qu'on ne rencontrera jamais dans la vie réelle. De plus, elles sont rarement à jour (à commencer par la liste téléphonique d'urgence). Elles sont en général rédigées et connues de leur seul auteur – mais ce n'est pas si grave car, sous stress, en cellule de crise, ces procédures ne sont pas suivies, ni mêmes lues...en fait elles ne sortent même pas des armoires. Ces procédures ne sont pas vaines si on les utilise comme processus de réflexion en équipe autour des risques, et non comme panacée anticrise, et si on cherche à les élaguer au maximum – ce que nous qualifions volontiers de "procédures-bonsaï". Et il est toujours bon, bien évidemment, de pouvoir s'appuyer sur un schéma d'alerte opérationnel, des locaux de crise bien équipés, un partage des rôles clarifié, une grille de premiers réflexes bien rôdée et quelques schémas de questionnement et de décision.

Le *media-training* des porte-parole est toujours utile, mais il masque trop souvent une confusion entre "gestion de crise" et "communication de crise". La communication demeure bien sûr essentielle en cas de crise, mais elle n'est que le reflet d'une stratégie – ou d'une absence de stratégie – et le révélateur d'une culture d'entreprise dans un moment de vérité.

Quant aux exercices classiques de crise, nous suggérons de les abandonner.

Patrick Lagadec : Ce qui ne manquera pas de surprendre tous ceux, et c'est la majorité, pour lesquels ils représentent le pilier, non discutable, de la préparation aux crises...

Bertrand Robert : Ils ont montré leurs limites et ne doivent être utilisés qu'à bon escient, par exemple pour le test de matériels ou des liaisons. Il est étonnant de constater la longévité de cette pratique en dépit de ses faiblesses, qui ne manquent pas :

- ils se trompent de focale en mettant exagérément l'accent sur le "jour J". Ils considèrent les participants comme les testés d'un jour au lieu de les rendre acteurs d'un processus continu. Ils sous-entendent que le management de crise se joue entièrement dans le feu de l'action et sous le feu des médias alors que l'efficacité se joue bien plus en amont et en sortie de la phase aiguë.
- ils mettent les participants en insécurité psychologique et en **esprit de résistance** : le scénario choisi est rarement jugé pertinent par les acteurs du terrain et les règles du jeux sont toujours biaisées et donc contestables, par exemple dans le fait de compacter une crise d'une semaine en une demi-journée pour la rendre "jouable" d'une façon compatible avec les emplois du temps des uns et des autres.
- ils créent une séparation et souvent du ressentiment entre ceux qui savent, qui ont préparé en secret le scénario, et les autres, ceux qui vont souffrir en cellule de crise.
- ils se bornent à constater que la crise a gagné le match, que les dispositifs et les équipes ne sont pas opérationnels, ce dont on se doutait bien, mais ne permettent pas de les améliorer.
- ils démotivent les participants, surtout si des observateurs, et parfois pire des observateurs supérieurs hiérarchiques, notent scrupuleusement leurs insuffisances.
- ils sont inefficaces, car ils produisent comme résultat une liste impressionnante d'améliorations à apporter, liste trop copieuse pour être suivie d'effets dans la réalité : après une opération lourde et un peu traumatisante, chacun préfère retourner au plus vite aux occupations pour lesquelles il est reconnu et rémunéré. En d'autres termes, rien de significatif ne se fait en management de crise… jusqu'au prochain exercice, en général un ou deux ans plus tard.
- ils s'insèrent dans une routine, à l'instar des exercices incendie, souffrant de la même perte de crédibilité et d'attrait : "On a fait notre exercice" l'emporte sur "comment progresser ?" Lorsque le risque est jugé tabou (nucléaire, chimie, bioterrorisme, etc.), l'exercice pourra même glisser de la routine au rituel. Il met alors en scène un scénario conventionnel, affaibli, vidé de tout ferment de déstabilisation : on ne testera pas le traitement d'une population gravement atteinte, ni la chute d'un avion sur un site sensible, ou une prise d'otages. Il s'agit de se rassurer soi-même et de rassurer l'extérieur, notamment par la médiatisation de l'exercice et de ses conclusions.
- ils diffusent une **image négative** du management de crise et de ses acteurs : on ne voit pas progresser le système – "à quoi bon participer à des exercices qui ne servent à rien ?" – ; on y prend des coups – "j'aimerais bien les y voir !" – sur la base d'hypothèses contestables – "dans la réalité, on saurait faire" –, ce qui condamne *a priori* toute action dans

ce domaine. Il en résulte une participation de plus en plus réduite des acteurs, à commencer par celle du président et de l'équipe de direction, comme des hauts représentants de l'État quand il s'agit du secteur public.

- plus grave encore, ces exercices classiques empruntent une contre-pédagogie car **ils ancrent des réflexes d'échec dans la mémoire** des participants : on se souvient d'abord de ce qui a été source de stress et de trauma, même minime. Exercice après exercice, ce sont les mêmes dysfonctionnements qui sont observés et pire, avec une tendance à s'accentuer. Le pli est pris. En cas de crise réelle, le risque est grand de voir ressurgir ces comportements inadaptés. Celui qui met des chaînes sur son véhicule de nuit, couché dans la neige, les mains gelées et sous les sarcasmes de sa famille une fois tous les trois ans est-il devenu plus compétent la seconde fois ?
- enfin, ces exercices ont été conçus il y a plus d'une trentaine d'années pour tester des "plans de secours" répondant à des menaces bien cadrées (ainsi des plans ORSEC), dans une logique de procédures et de déploiement de moyens. Ils ne coïncident plus avec la réalité mouvante actuelle qui génère de plus en plus de scénarios non conventionnels.

Patrick Lagadec : Dans le même souci de réexaminer à fond les bases actuelles de la gestion de crise, vous êtes très critique sur toutes les notions qui font en quelque sorte le bagage courant des "gestionnaires" de crise.

Bertrand Robert : Oui – mais j'espère le faire de façon constructive –, la première exigence est bien de se libérer des carcans qui empêchent les réflexions hardies, les actions innovantes, les apprentissages les plus féconds. Il faut s'interroger sur ces notions tellement établies qu'on ne songe même pas à les discuter. Ainsi :

- le concept de **"Plan de crise"**. La plupart des politiques de management de crise s'enlisent car elles n'impliquent pas le numéro 1, confient la réalisation du dispositif à une société extérieure, après avoir démotivé les équipes internes par un travail préalable inabouti de six mois pour tenter de définir le concept de"crise", identifier tous les scénarios potentiels de crise, et mettre sur papier un "plan de crise" comme des "argumentaires" de choc pour des situations délicates. Soudain inquiètes, les directions exigent un investissement coût-délai aussi serré que possible : "vous comprenez, on a déjà perdu six mois, et depuis les attentats le Président – ou le ministre – nous met la pression !". Cette attitude est aussi raisonnable que celle qui consisterait, au niveau de votre santé individuelle et donc de votre survie, à vous faire représenter par un collègue à la visite médicale de la médecine du travail, sans même l'interroger à son retour ! Le plan est rédigé, il ne résiste pas à l'analyse – que personne n'engage d'ailleurs.
- le concept de **"Cellule"** de crise. Est-il pertinent ? Les fiascos répétés ne sont-ils pas dûs en bonne partie à la simple réunion d'un groupe dans

le format d'une cellule de crise, chaudron mis sous température et pression et générant *ipso facto* des comportements inadaptés ? Toute cellule de crise est d'abord et surtout un assemblage de personnalités, une pâte humaine avec son historique et ses passions. Ce collectif va se trouver soumis à un niveau exceptionnel de peur, de stress, de fatigue. Est-il familiarisé avec ces difficultés qui sont plutôt reconnues ailleurs, dans le monde des situations-limites traitées par la médecine, le sport de haute compétition ou dans les armées ? Et que dire de l'influence considérable de l'architecture des salles de crise sur l'ambiance et la qualité de la prise de décision ? Où sont les études opérationnelles sur ce thème ? Combien de locaux de crise, inadaptés, ont-ils condamné à la mort stratégique et au délitement des équipes pourtant valeureuses ?

- la notion de **"Pilote"** ou "directeur de crise". Existe-t-il seulement une personne sur terre ayant toutes les aptitudes requises et capable de les conserver jour après jour ? Ne vaut-il pas mieux faire le deuil de cette idée et imaginer de nouvelles fonctions pour combler les lacunes inévitables du pilote par un entourage *ad hoc* ? Sept nouvelles fonctions peuvent être développées dans l'entourage du pilote.
- et le fameux **"Livre de bord"** ? On peut repenser totalement ses finalités, ses supports, et les moyens de le visualiser pour en faire non plus une main courante mais un outil puissant au service du pilote et de la prise de décision.
- et si les **"Décideurs"** ne prenaient en réalité jamais de décision en situation de crise ? Et si on demandait à telle secrétaire de direction qui connaît les faiblesses des uns et des autres de donner son avis (éventuellement de façon protégée), ne serait-on pas surpris de sa pertinence supérieure à celle des autres membres de la cellule ?
- que penser du si souvent mal baptisé **"Retour d'expérience"** ? pourquoi n'en a-t-on jamais, de retours ? Comment s'y prendre pour que la chose corresponde vraiment à son appellation et ne provoque pas des dégâts irréparables en interne ?
- peut-on encore oser parler de **"Gestion"** de crise quand on observe autant d'absence de maîtrise et qu'on ne sait même pas mesurer combien coûte une crise, ni dire si finalement elle a été bien ou mal gérée !? On pourrait poursuivre à foison ce réexamen des fondamentaux, au risque de voir l'ensemble des cadres mentaux communément admis tomber en fine poussière.

Pour l'avant-crise, le concept de **Veille**, est toujours cité. Qu'en est-il véritablement ? Tout le monde est d'accord avec l'idée qu'il vaut mieux anticiper, voir venir les crises pour les prévenir, les esquiver ou les traiter au mieux, ce qui veut souvent dire en faire des occasions de progrès. Mais qui s'y investit vraiment ? Les constats issus des retours d'expérience sont récurrents : des signaux précurseurs de crises sont peut-être captés, mais ils restent régulièrement non acheminés ni exploités. Pour se convaincre de la faiblesse des efforts habituellement consentis sur la veille, une question toute simple doit être posée dans toute organisation : dispose-t-on d'un système d'évaluation de la politique de veille ? La veille figure-t-elle au moins dans les items inscrits dans les retours d'expérience ? Dans la quasi-totalité des cas, la réponse est négative, ce qui en dit long sur l'importance effectivement accordée à la veille. Il y a bien loin entre cette veille louée dans les mots mais étriquée dans les actes, et la veille dynamique s'attachant à repérer avec détermination et rigueur les signaux faibles et convergences de signaux non conventionnels émergeant à l'horizon ou dans des territoires inhabituels.

Pour l'après-crise, en phase de **cicatrisation**, lorsqu'il faut tirer les enseignements, statuer sur les nouvelles règles du jeu, re-fabriquer du lien… là encore, peu d'efforts sont consentis. On est trop pressé de rattraper le business perdu et d'oublier ces moments pénibles – et le refus de regard neuf est encore plus marqué si l'on est englué dans d'éventuelles suites judiciaires.

Patrick Lagadec : Il s'agit donc de repenser radicalement les modes de préparation. Comment voyez-vous les ruptures à effectuer ?

Bertrand Robert : L'expérience montre qu'elles sont de plusieurs ordres : ruptures mentales, ruptures dans nos visions et nos modes de management, ruptures de pratiques opérationnelles. Sans rechercher ici une présentation systématique[1], on peut clarifier les enjeux à partir de quelques mots-clés. C'est à partir de ce socle qu'il faut repenser les actions de préparation. Le premier verrou à faire sauter est celui de nos rigidités mentales – largement réfractaires à toute idée de surprise. **Le temps est venu de passer d'une logique de procédures à l'apprentissage de la surprise**.

Les crises qui se matérialisent nous offrent des scénarios de plus en plus aberrants. Ainsi ces deux tempêtes inédites sur la France au moment du passage à l'an 2000, les attentats de New York, l'explosion de Toulouse… Mais ce qui frappe le plus, lorsque l'on fait une analyse de vulnérabilités, ce sont bien nos **rigidités mentales**. Souvent, en effet, il y avait eu des signaux avant-coureurs – et ils ne furent pas exploités ; ils n'ont entraîné aucun changement de posture des équipes dirigeantes.

Pour les dirigeants, ces scénarios sont d'autant plus surprenants qu'ils provoquent la déstabilisation, voire l'effondrement de leur organisation **sur les points qu'ils croyaient les plus solides** – la qualité de la communication pour Coca-Cola au moment de l'affaire belge, la sécurité pour Mercedes avec la Classe A, la marée noire de l'Erika pour le président élu premier manager de l'année et son service de communication venant de gagner l'OPE face à Elf, l'éthique olympique pour le CIO, l'éternité pour une institution telle que le Tour de France, l'invulnérabilité et la qualité de ses services de renseignement pour les USA aujourd'hui.

Les dirigeants sont également surpris par la **nature** de ces crises, leur **ampleur** nouvelle du fait de leur **caractère transversal** et/ou **vertical** – dioxines, effets des attentats de septembre 2001 sur le

1. Voir le tableau de synthèse en fin d'entretien.

tourisme et les transports aériens –, leur tendance à ne se refermer jamais – après les attaques aériennes sur les USA, les lettres piégées à l'anthrax, et le climat de crainte sur d'autres attaques plus graves encore –, leur prédilection pour la révélation brutale **des faces cachées** des organisations et des métiers qui ne comprennent pas pourquoi des systèmes aux défauts pourtant connus depuis longtemps se mettent un beau jour à exploser – farines animales, hygiène à l'hôpital, épandage des boues urbaines, financement des partis. Enfin, par-dessus tout, les dirigeants sont déstabilisés par ces crises qui montent vite jusqu'à eux et s'acharnent sur leur personne – Toulouse après l'Erika pour le Président de TotalfinaElf, Coca-Cola, Club Med. Leur inconfort est accru par leur implication personnelle et celle de leurs proches dans la situation – presque tous les décideurs sont consommateurs de viande, prennent des avions potentiellement kamikazes, tous sont soumis à rendre des comptes sur le plan pénal.

Mais l'expérience montre que ce n'est pas une fatalité : ainsi, dans l'affaire de la vache folle, les fabricants de petits pots pour bébés surent décider d'interrompre l'adjonction de toutes variétés à base d'abats dès 1990, soit six ans avant l'explosion publique de l'affaire ; mais ce laps de temps ne fut pas utilisé avec pareille efficacité par la filière viande pour se préparer.

Plusieurs voies s'offrent pour réduire par avance la surprise ou pour s'y familiariser. Ces techniques visent à assouplir les principales barrières qui nous enserrent en la matière, et qui sont des rigidités mentales. **Les simulations demeurent le meilleur moyen d'apprivoiser la surprise**.

Nous pratiquons de **nouvelles gammes d'exercices**, conçus précisément pour mettre les acteurs, de façon créative et constructive, face à ces surprises. L'expérience montre clairement que ces nouveaux modes d'exercices sont porteurs de progrès, particulièrement stimulants pour les équipes devant affronter les environnements instables que sont désormais les nôtres.

Patrick Lagadec : Les événements du 11 septembre, l'explosion de Toulouse, confirment bien un constat que nous faisions depuis plusieurs années. Mais, pour aller au-delà, il faut cerner des clés d'entrée. Si vous en aviez une à privilégier, quelle serait-elle ?

Bertrand Robert : À coup sûr, la **confiance**. Le but du management de crise consiste à servir la pérennité de l'entreprise. Or la clé de voûte de la pérennité, c'est la confiance. Cette affirmation peut d'abord s'éprouver par son absence : sans confiance, pas d'ouverture au monde extérieur, mais repli sur soi, incapacité à percevoir des signaux d'alerte. Sans confiance, pas de vision à long terme, mais défaut d'anticipation et manque d'enthousiasme pour se lancer dans des décisions importantes. Sans confiance, pas de cohésion interne autour d'une identité et de valeurs fortes, mais fragilité constante et effondrement à la première épreuve. Sans confiance, pas de partage de l'information, pas de tolérance à l'erreur, pas de climat propice à la créativité, à l'innovation, mais compétition stérile en interne, fuite des éléments porteurs d'avenir, recherche de bouc émissaire. Bref, une route à l'opposée des vents portants pour la pérennité de l'entreprise, et pour sa croissance comme le démontre Alain Peyrefitte dans son ultime ouvrage : *La société de confiance.*[1]

La confiance précède et conditionne la prise de décision. En situation de crise, les acteurs impliqués – salariés, consommateurs, riverains – se sentent menacés pour leur santé, leur sécurité, leur avenir, leur emploi. Ils sont sur leurs gardes et très réceptifs aux signaux émis par l'entreprise. Dans ce contexte habité par la peur, si l'entreprise ne préserve pas la confiance, ses décisions ne seront jamais acceptées ou mises en œuvre, quelle que soit leur pertinence.

En situation de crise, les acteurs se positionnent, forgent leurs opinions et leurs actes non sur le socle unique d'analyses logiques et d'arguments techniques, mais davantage sur une combinaison d'indices, de signaux implicites, d'interprétations, sur une impression d'ensemble, et l'influence du discours de leaders d'opinion et du comportement de leurs proches. Autrement dit, la **gestion symbolique** l'emporte sur la gestion technique de l'événement, le "que croire" dépend largement du "qui parle". Là encore, tout se résume à une affaire de confiance – étymologiquement, de foi.

Enfin, les crises sont des moments de vérité où se pose "la question de confiance". Les crises interpellent les pouvoirs en place et les menacent d'une rupture du contrat de confiance – réactualisant le sens premier de "défi" et défier, qui signifiait la rupture du contrat de fidélité entre un vassal et son seigneur. L'autorité remise en cause risque la perte de ses "fidèles" – "*Fidelis*" signifiait en latin "ami sûr", en qui l'on peut avoir confiance – clients, actionnaires, salariés, électeurs. Si l'hémorragie n'est pas stoppée, c'est leur disparition pure et simple qui est en jeu.

Toute crise peut donc s'interpréter, se lire comme un "défi", c'est-à-dire comme le signe d'une perte de confiance. C'est pourquoi la préservation du capital-confiance est, ou devrait être, la préoccupation majeure et constante des équipes dirigeantes.[2]

Pour bien apprécier l'importance de ce capital-confiance, il faut naturellement dépasser une simple vision de la gestion comme l'art de l'écumage rapide dans le cadre d'une activité sans lendemain. D'un point de vue stratégique, le but ultime du management de crise est de servir **la pérennité** de l'entreprise, sa (sur)vie, de l'aider à traverser les tempêtes et turbulences qui jalonneront inévitablement sa route. En un mot, de faire face à ses responsabilité dans la durée.

Patrick Lagadec : Certes, la responsabilité est un grand et bon principe, mais encore faut-il passer de l'idée à la pratique...

Bertrand Robert : Le levier est ici **l'implication personnelle des dirigeants, et dans la durée**. Le dossier des crises exige bien évidemment le dévelop-

1. Alain Peyrefitte, *La Société de confiance*, Odile Jacob, 1998.

2. Nous avons développé en ce sens un outil qui prend place au centre des cellules de crise.

pement d'outils, de schémas d'organisation, de *check-lists*, etc. Mais le point critique, aujourd'hui, n'est pas là : il est dans l'implication des responsables sur ce dossier difficile, fort éloigné des terrains de travail habituels. J'insiste, et l'expérience est ici d'une régularité confondante : la condition *sine qua non* de réussite de l'implantation d'une politique de management de crise est l'implication personnelle des principaux dirigeants. Ce seront d'ailleurs eux qui seront sollicités – et jugés par les médias – en cas de coup dur. Autant s'y préparer lucidement et avec toute l'énergie requise.

Cette condition première se double de la nécessaire implication des équipes internes pour forger – elles-mêmes – leurs propres outils et culture. Le meilleur dispositif papier restera inefficace et inemployé s'il a été "pondu" de l'extérieur ou par un spécialiste interne solitaire. On ne peut pas – et il ne vaut mieux pas – manœuvrer un bateau dans une tempête si on ne l'a jamais barré et si on n'a jamais navigué. Même si l'on s'est offert "la navigation par temps de cyclone en 10 leçons".

On nous rétorque volontiers : "mais nous n'aurons jamais le temps ! Et qui va s'occuper de mes objectifs pendant que je travaille sur des risques hypothétiques ?" La réponse est simple : les crises sont en train de devenir la normalité, et il y va de la survie de l'entreprise.

Que dirait-on d'une armée qui ne mobiliserait qu'une poignée de tièdes réservistes en cas de conflit ouvert ?

Patrick Lagadec : La difficulté, qui provoque bien des résistances, la mobilisation puissante de tous les mécanismes de défense, c'est bien le malaise devant ce dossier, inévitablement taxé de négatif, de terrain propre au pessimiste maladif, etc.

Bertrand Robert : Et c'est cela qu'il faut rompre. Il nous faut affirmer **une approche résolument positive des crises**. Les meilleures organisations l'ont bien compris : la préparation aux crises peut être inscrite dans une dynamique d'innovation, un état d'esprit résolument positif.

Nombre d'idées constructives peuvent être engagées, nous ne sommes pas ici dans des logiques "Maginot". Ainsi, peut-on greffer les progrès en management de crise sur des projets réels majeurs ou de grands rendez-vous, tels le lancement de nouveaux produits, l'ouverture d'un site, le passage à l'Euro, un parrainage aux J.O. Autre piste, pour les organisations qui sont en permanence en train de gérer des crises (services publics spécialisés) : il est possible de mettre en place un mécanisme en temps réel permettant repérage, analyse d'exploitation de chaque crise. L'idée fondamentale est bien de se mettre en posture de créativité collective sur le sujet.

Les capacités immunitaires de l'organisation seront ainsi renforcées si l'on combat la tendance à monter des murailles pour se défendre. Les dispositifs à retenir doivent tirer leur efficacité des vertus suivantes, qui sont d'ailleurs celles-là mêmes de la crise : légèreté, vélocité, force (par l'implication des hauts dirigeants et d'une vision stratégique), souplesse par l'ouverture à la surprise et aux perceptions du monde extérieur.

Les dispositifs de crise ne doivent plus être vus comme des procédures-bastions à installer et à conserver (tout au moins sur le papier...) envers et contre tout. Il faut les envisager comme inscrits dans un processus continu, dans une spirale de progrès susceptible d'être réorientée et renégociée à tout moment. Ces projets ouverts s'intègrent encore mal ou pas du tout dans certaines cultures d'entreprise – et c'est bien la percée à opérer aujourd'hui.

Là encore, des outils opérationnels nouveaux (des simulations non conventionnelles, notamment) permettent de travailler sur les leviers effectivement essentiels en matière de crise. Entre autres caractéristiques fortes de ces outils : ils sont producteurs d'ouverture, de souplesse, de liens, de confiance.

Il y a davantage encore : la préparation aux crises non prévues est un excellent entraînement pour la capacité à saisir des opportunités inédites – ce qui est bien le cœur du management et du développement. Envisagées et anticipées avec un état d'esprit positif, les crises sont l'occasion de consolider la pérennité des organisations.[1]

Le management des crises peut même produire directement de la valeur ajoutée, y compris sur le plan commercial. Les entreprises françaises de distribution d'eau ont quasiment monopolisé le marché mondial des privatisations de réseaux d'eau potable et d'assainissement en raison de leur avance en management de crise (nous avons pu le voir directement en Argentine, par exemple). Les autorités locales sont en effet extrêmement attentives aux dispositifs de crise prévus pour défendre leurs citoyens en cas de pollution de la ressource ou de rupture d'approvisionnement. Des tendances analogues se dessinent dans le monde de l'alimentation et de la grande distribution.

On peut même poursuivre encore le raisonnement, si l'on suit Chris Lajtha, spécialiste des risques industriels. Mieux maîtriser les crises, c'est se mettre en meilleure posture pour assumer ses vulnérabilités, prendre des risques. Or, dans l'univers incertain et mouvant où nous sommes engagés, le management des risques ne peut se borner à limiter les risques ; il faut savoir courir des risques, des risques maîtrisés : sans prise de risque, on finit par disparaître – et en courir de plus grands encore. On est là au centre de la vie de l'entreprise : l'engagement maîtrisés de risques, dans un but clairement défini.

D'un point de vue managérial, les qualités développées par l'entraînement aux situations de crise sont un atout pour la vitalité de l'entreprise : capacités d'anticipation, aptitude à travailler en équipe, vitesse de réaction, gestion du stress, sûreté de jugement, créativité (et même humour, quand on parvient à retrouver le sens des priorités), sensibilité aux signaux faibles, acceptation du change-

1. Ces piliers ont pu être identifiés (Arie de Geus, *La Pérennité des entreprises*, Maxima, 1997) comme les suivants : ouverture au monde extérieur, liens avec les partenaires-clés, prudence financière, cohésion interne, force des valeurs et de l'identité de l'entreprise. Autant d'exigences dans la conduite, donc dans la préparation aux situations de crise.

ment, humilité, culture générale... Qui ne voudrait pas voir développer ces qualités parmi ses collaborateurs ? Entre autres, les crises sont par nature un sujet qui invite à "sortir du cadre". Elles offrent une formidable occasion pour travailler en mode transversal, pour décloisonner l'entreprise.

De façon fondamentale, le champ des crises recèle un fort potentiel d'implication, de création, d'accomplissement des personnes, et donc de reconnaissance dans ce qu'elle a de plus puissant et de plus noble.

Patrick Lagadec : Vous insistez donc d'abord, non sur des batteries d'outils, mais sur une nécessaire révolution mentale qui permettra d'aborder le champ des crises de façon non plus défensive mais résolument créative.

Bertrand Robert : En effet, on pourrait entrer dans le détail de ce que nous pratiquons dans les travaux de préparation au sein des organisations : de nouvelles modalités d'approche des risques, de cartographie des crises, de simulation de crise, de retour d'expérience dynamique, de partage d'expérience, des réseaux d'apprentissage, etc. Mais ce n'est pas là l'essentiel. Ces avancées ne sont possibles que parce que sont opérées des ruptures fortes.

Ruptures mentales tout d'abord : au cœur de l'entraînement, non plus la révision des *check-lists* de réponse, mais l'exercice de la surprise forte capable de nous faire dépasser nos rigidités mentales ; non plus la "gestion de crise", dans son bunker, mais un travail de lucidité ouverte sur toutes les facettes du management ; non plus l'examen des seules réalités habituelles, bien au centre du quotidien, mais l'examen attentif de ce qui surgit aux marges, là où n'attend rien de particulier et surtout pas d'occasions de mises en question. Ruptures mentales encore, car il faut prendre à bras le corps des notions telles l'anticipation, la prise de décision, la confiance – rarement étudiées à ce jour sous l'angle des crises (on pourrait même parler ici de véritables "trous noirs conceptuels", qui affectent gravement les capacités effectives de pilotage). Rupture enfin, avec le dépassement de la mono-rationalité, limitée trop souvent à la seule vision technique de la réalité.

Ruptures au niveau du management, avec tout particulièrement l'implication personnelle directe et continue des dirigeants sur ce sujet si lié à la pérennité de l'organisation, au sens de l'action collective. Avec aussi une démarche de progrès non inscrite dans des plans rigides mais bien dans des processus ouverts et continus.

Ruptures de nos visions : avec le positionnement de la confiance au centre de l'effort de conduite et de préparation ; avec plus encore une approche fondamentalement créative et positive de l'ensemble du champ de la crise et de la préparation à ces moments de bifurcation à la fois difficiles, douloureux – et libérateurs, tout au moins pour les entités préparées. Il faudrait aussi explorer de nouveaux langages, qui exprimeraient mieux ce monde toujours effervescent et naissant de la crise, qui trouve difficilement à s'exprimer au travers de nos références habituelles.

Certes, ces sujets sont encore loin d'être perçus. Pourtant, on commence à voir s'esquisser des chemins nouveaux : ainsi des réflexions incitant à la création de fonctions de président-copilote, chargé non pas de concevoir et animer la stratégie de l'entreprise, mais de s'assurer avec une égale autorité que cette vision et cette stratégie pourront s'inscrire sans mauvaise surprise dans l'avenir. D'autres (heureux !) délèguent 100% de leurs fonctions opérationnelles pour se consacrer à la vision du long terme et être en mesure de se rendre disponibles immédiatement en cas de crise.

Le temps n'est peut-être pas si éloigné, où les fonds de pension exigeront des entreprises qu'elles intègrent de façon significative l'anticipation et le pilotage des crises dans leurs pratiques. À ce stade, on pourra commencer à dire que la polarité du management de crise est en train de s'inverser.

La réussite de cette rupture, l'adoption de cette vision stratégique et positive du management des crises, c'est-à-dire sa transformation en politique de pérennité de l'organisation, commande tous les autres facteurs de succès. C'est la transition de *Krisis* (crise en grec ancien) à *Ktisis* (fondation) qui ouvre le passage hors des impasses où sont détenus les dispositifs classiques.

Patrick Lagadec : Le dossier est lourd. En m'inscrivant bien dans la logique dynamique que vous plaidez, je voudrais vous demandez finalement : si vous aviez à retenir une logique d'action, une référence à garder à l'esprit, aujourd'hui, pour aborder nos crises, vous retiendriez laquelle ?

Bertrand Robert : Je conserverais **le principe du questionnement**. Trop long-temps, et encore aujourd'hui, dès que l'on évoque la crise, on songe à des listes de réponses conformes. Trop longtemps, et toujours aujourd'hui, tout apprentissage sur le terrain des crises est borné dans les esprits à l'acquisition de ces capacités de réponse conforme. Les crises se caractérisent par l'absence de solutions évidentes, la rareté de l'information de qualité en temps utile, le nombre important d'erreurs majeures à ne pas commettre... d'où l'importance de la faculté à poser, à écouter, à partager les bonnes questions – pour approcher l'es-sentiel. Cet art du questionnement est traditionnellement étranger à la plupart des organisations.[1] Et pourtant, l'expérience concrète est éminemment encou-rageante : dès que l'on peut accepter de rentrer dans ces questions, les voies s'ouvrent, et le passage au temps des ruptures créatrices devient possible – et fécond.

1. L'art du questionnement nous invite une fois encore en Grèce ancienne. Au-delà du modèle de Socrate, la relecture des mythes – sur les traces de Vernant, Detienne, Hadot ou Diel – offre de magnifiques repères pour penser les crises et réactualiser les savoirs de Mètis, réunis dans Ulysse et l'art de la navigation.

Synthèse

Ruptures mentales

1. Rupture des **rigidités mentales** : *s'entraîner à la surprise*
2. Rupture par retournement des **théorèmes** admis : *remettre en cause la "gestion" de crise*
3. Rupture par changement de **point d'appui** : *l'efficacité est là où naissent et meurent les crises, pas au milieu*
4. Rupture par action sur les marges, **la périphérie** : *creuser les trous noirs conceptuels*
5. Rupture par dépassement de certaines **frontières** : *accepter la part de l'irrationnel*

Au niveau du management

6. Rupture par renversement des **priorités** : *l'implication des n° 1*
7. Rupture par l'adoption d'un **procès flottant** : *avancer sans planification*

En termes de vision

8. Rupture **au centre** du système : *installer le travail sur la confiance au centre du management de crise*
9. Rupture par inversion de **polarité** : *accorder une polarité positive au management des crises*
10. Rupture **conceptuelle** : *vers un nouveau langage*

© Argillos, 2001

BIBLIOGRAPHIE

ABDELWAHAB, B. (1999) : *Le droit international humanitaire*, Ellipses, Paris.

ANDURAND, R. (1996) : *Saga des Secrétariats Permanents de Prévention des Problèmes industriels*, Édition Préventique, Bordeaux.

Assemblée Nationale, Mission d'information commune (1997) : De la "vache folle" à la "vache émissaire", Jean-François MATTEI (rapporteur), Evlyne GUILHEM (président), n° 3291. Tome 1, Rapport ; tome 2, Auditions.

BALANCE, JM. et de la GRANGE, A. (1999, éd.) : *Mondes Rebelles*, Michalon, Paris.

BELLET, M. (1998) : *Le Sauvage indigné*, Desclée de Brower, Paris.

BENOIST-MECHIN, J. (1956) : *Soixante jours qui ébranlèrent l'Occident, 10 mai-10 juillet 1940*, Robert Laffont, Bouquins, Paris.

BERGE, D. (1990) : *The First 24 Hours. A comprehensive guide to successful crisis communications*, Basil Blackwell, Oxford.

BERNSTEIN, Peter L. (1996) : *Against the Gods - The remarquable story of risk*, John Wiley & Sons, New York.

BESNIER, J.M. (1996) : *Les Théories de la connaissance*, Flammarion-Dominos, Paris.

BRUGIDOU, M., CIHUELO, J., MEYNAUD, Y. (2001) : *Tempête sur le réseau, l'engagement des électricien(ne)s en 1999*, L'Harmattan, Paris.

CHAUPRADE, A. (2001) : *Géopolitique, constantes et changements dans l'Histoire*, Ellipses, Paris.

BIGOT, G. (2001) : *Les 7 scénarios de l'Apocalypse*, Flammarion, Paris.

BOVENS, M. and 't HART, P. (1996) : *Understanding policy fiascoes*, Transaction Publishers, London.

BOIN, A., LAGADEC P. (2000) : "Preparing for the Future : Critical Challenges in Crisis Management", in *Journal of Contingencies and Crisis Management*, special issue on Crisis Preparation and Training, volume 8, n° 4, Décembre 2000, p. 185-191.

BOURRIER, M. (2001, éd.) : *Organiser la fiabilité*, L'Harmattan - Risques Collectifs et Situations de Crise, Paris.

BOUTHOUL, G. (1991) : *Traité de polémologie*, Payot, Paris.

CHATEAURAYNAUD, F., TORNY D. (1999) : *Les sombres précurseurs - Une sociologie pragmatique de l'alerte et du risque*, Éditions de l'École des Hautes Études en Sciences Sociales, Paris.

COHEN, E. (1996) : *La tentation hexagonale*, Fayard, Paris.

DAB, W., GOLDBERG, M., MENGUAL, E., ROLLET, R. (1993) : *Décideurs tous risques - Du bon usage de l'épidémiologie*, ENSP Éditions - Éditions Frison-Roche.

DAB, W., ROUSSEL, I. (2001) : *L'air et la ville*, Hachette, Paris.

DE GEUS, A. (1997) : *La Pérennité des entreprises*, Maxima.

DE GEUS, A., DAB, W., ROUSSEL, I. (2001) : *L'air et la ville*, Hachette, Paris.

DE LA MAISONNEUVE, E. (2000) : "La Stratégie, à quoi bon ?", *Agir*, Revue Générale de Stratégie, n° 4, La perception des menaces, Juin 2000.

DE LA MAISONNEUVE, E., GUELLEC J., (2001, éd.) : *Un monde à repenser*, 11 septembre 2001, Economica, Paris.

DUVIGNAUD, J. (1994) : "Nous vivons une de ces périodes ambiguës où tout devient possible", *Le Monde*, 18 janvier 1994, Débats (p.2).

ECO, U. (1982) : *Le Nom de la Rose*, Grasset, Paris (Livre de Poche, 1986).

FERONE, G., D'ARCIMOLES, C. H., BELLO, P., SASSENOU, N. (2001) : *Le développement durable*, Éditions d'Organisation, Paris.

FINK, S. (1986) : *Crisis management. Planning for the Inevitable*, Amacom, American Management Association.

FLIN, R. (1996) : *Sitting in the Hot Seat : Leaders and Teams for critical Incident Management*, Chichester, Wiley.

FLIN, R., SALAS, E., STRUB, M., MARTIN, L. (1997, éd.) : *Decision Making Under Stress*, Aldershot, Ashgate.

FUKUYAMA, F. (1992) : *La fin de l'Histoire et le dernier Homme*, Champs, Flammarion.

FUKUYAMA, F. (2001) : "Nous sommes toujours à la fin de l'histoire", *Le Monde*, jeudi 18 octobre 2001, p. 17.

GILBERT, Cl. (1992) : *Le Pouvoir en situation extrême - Catastrophe et politique*, L'Harmattan, Paris.

GUILLEBAUD, J-C. (1999) : *La Refondation du monde*, Seuil, Paris.

GUILLEBAUD, J-C. (2001) : *Le Principe d'humanité*, Seuil, Paris.

HART, P. (1994) : *Groupthink in Government : a study of small groups and policy failures*, John Hopkins UP, Baltimore.

GODARD, O. (1997, éd.) : *Le principe de précaution dans la conduite des affaires humaines*, Maison des sciences de l'homme, INRA, Paris.

GUILHOU, X, LAGADEC P. (2000) : "Le temps des ruptures", Entretien animé par le général Eric de la Maisonneuve, *Agir*, Revue générale de Stratégie, n° 6, Hiver 2000, p. 5-22.

HANCE, B., CHESS, C., SANDMAN, P. (1988) : *Improving Dialogue with Communities - A Risk Communication Manual for Government, Submitted to New Jersey Department of Environmental Protection, Division for Science & Research* (Cook College, Rutgers University, 122 Ryders Lane, New Brunswick, NJ 08903).

Harvard Business Review (2000) : *Les Stratégies de l'incertain*, Éditions d'Organisation - L'Expansion Management Review, Paris.

HEATH, R. (1998) : "*Crisis management for managers & executives*", *Financial Times*, Pitman Publishing, London.

HEISBOURG, F. (2001) : *Hyperterrorisme : la nouvelle guerre*, Odile Jacob, Paris.

HENRY-LEVY, B. (2001) : *Réflexions sur la Guerre, le Mal et la Fin de l'Histoire*, Grasset 2001.

HOFSTEDE, G. (1991) : *Cultures and Organizations, Software of the mind*, McGraw Hill, New York.

HOSBAUM, E. (1999) : *L'âge des extrêmes - Histoire du court XXème siècle*, Complexe / *Le Monde Diplomatique*.

HUNTINGTON, S. (1997) : *Le choc des Civilisations*, Odile Jacob, Paris.

JANIS, I. (1982) : *Groupthink - Psychological Studies of Policy Decisions and Fiascoes*, Hougton Mifflin Company, Boston, 1982 (2nde éd.).

JOHANSSON, I., SKOLUND P. (1996) : *Crisis Management at the National Level, proceedings from the International Conference*, Stockholm, 20-22 mars 1996, Modin Tryck.

KERVERN, G.-Y., RUBISE, P. (1991) : *L'Archipel du danger - Introduction aux cindyniques*, CPE Economica.

KISSINGER, H. (1996) : *Diplomatie*, Fayard, Paris.

KISSINGER, H. (1979) : *À la Maison-Blanche*, Fayard, tomes 1 et 2.

KISSINGER, H. (1982) : *Les Années orageuses*, Fayard, Paris, tomes 3 et 4.

LAGADEC, P., (1981) : *Le Risque technologique majeur - Politique, risque et processus de développement*, Pergamon Press, Collection "Futuribles", Paris. (*Major Technological Risk - An assessment of Industrial Disasters*, Pergamon Press, Oxford, 1982).

LAGADEC, P. (1981) : *La Civilisation du risque - Catastrophes technologiques et responsabilité sociale*, Le Seuil, Collection 'Science Ouverte', Paris, 1981. (*La Civilizacion del riesgo - Catastrofes technologicas y responsabilitad social*, Madrid, Ed. Mapfre, 1984. *Das Grosse Risiko - Technische Katastrophen und gesellschaftlich Verantwortung*, Greno, Nördlingen, 1987).

LAGADEC, P. (1988) : *États d'urgence, Défaillances technologiques et déstabilisation sociale*, Le Seuil, Coll. "Science ouverte", Paris. (*States of Emergency - Technological Failures and Social Destabilization*, Butterworth-Heinemann, London, 1990).

LAGADEC, P. (1991) : *La Gestion des Crises - Outils de réflexion à l'usage des décideurs*, McGraw Hill, Paris. (Ediscience, 1994). (*Preventing Chaos in a Crisis*, McGraw-Hill, Maidenhead, 1993).

LAGADEC, P. (1993) : *Apprendre à gérer les crises - Société vulnérable, acteurs responsables*, Les Éditions d'Organisation, 1993. (*Crisis Management - Como affrontare e gestire emergenze e imprevisti*, Uomini & Imprese, FrancoAngeli, Milano, 1994).

LAGADEC, P. (1995) : *Cellules de crise - Les conditions d'une conduite efficace*, Les Éditions d'Organisation.

LAGADEC, P. (2000) : *Ruptures créatrices*, Éditions d'Organisation- Les Echos éditions, collection Tendances, Paris.

LAGADEC, P., RUDETZKI F. (1996) : "Les Victimes d'attentats et les médias", *Administration*, n° 171, p.197-207.

LAGADEC, P. (1996) : "Un nouveau champ de responsabilité pour les dirigeants", in *Revue Française de Gestion*, Dossier : "Crises : la gestion responsable", n° 108, mars-avril-mai 1996, p. 100-109.

LAGADEC, P. (1997) : "Learning processes for crisis management in complex organizations", *Journal of Contingencies and Crisis Management*, Blackwell, Vol. 5, n° 1, p. 24-31.

LAGADEC, P., RAYER, J. (1997) : "Des crises aux ruptures : se mettre en condition de réussite", *Administration*, n° 175, avril-juin 1997, p. 118-125.

LAGADEC, P. (1999) : "Les médias en situation de crises : constats et questionnements à partir de la couverture d'actes de terrorisme". Actes de la treizième séance du Séminaire du Programme Risques Collectifs et Situations de Crise du CNRS, organisée à l'École Nationale Supérieure des Mines de Paris le 1er avril 1999 - Grenoble (CNRS), juin 1999.

LAGADEC, P. (2000) : "Tempête de Verglas, Québec Janvier 1998", *Préventique-Sécurité*, n° 49, janvier-février 2000, p. 38-41.

LAGADEC, P. (2000) : "Le pilotage décisionnel des dossiers de risques émergents", in "*Communication Mobiles - Effets Biologiques*", Symposium International organisé par l'Académie des sciences, l'Académie Nationale de Médecine, le Conseil pour les Applications de l'Académie des Sciences, 2000, p. 283-294.

LAGADEC, P. (2001) : "Retour d'expérience : théorie et pratique. Le rapport de la Commission d'enquête britannique sur l'Encéphalopathie Spongiforme Bovine (ESB) au Royaume-Uni entre 1986 et 1996", *Cahiers du GIS Risques Collectifs et Situations de Crise*, n° 1, juillet 2001, 170 pages.

LAGADEC, P. (2001) : "Les exercices de crise - Pour des ruptures créatrices", *La Lettre des Cindyniques*, n° 34, juillet-août 2001, p. 5-9.

LANDES, D. (2000) : *Richesse et Pauvreté des Nations*, Albin Michel, Paris.

LANXADE, J. (2001) : *Quand le monde a basculé*, NiL Éditions, Paris.

LAPIERRE, D., COLLINS, L. (1980) : *Le Cinquième cavalier*, Livre de Poche, Laffont, Paris.

MAFFESOLI, M. (2001) : *Le temps des tribus*, La Table Ronde, Paris.

MAISONEUVE, D., SAOUTER, C., CHAR, A. (1999, éd.) : *Communications en temps de crise*, Presses de l'Université du Québec.

MAISONEUVE, E. (1997) : *La violence qui vient*, Arléa, Paris.

MAISONEUVE, E. et GUELLEC, J. (2001, éd.) : *Un monde à repenser*, 11 septembre 2001, Economica, 2001.

MORELLE, A. (1996) : *La défaite de la santé publique*, Flammarion, Paris.

MURAVIEC, L. (2000) : *La guerre au XXIème siècle*, Odile Jacob, Paris.

NAU, JY. (2001) : *Le Journal de la vache folle*, Georg Éditeur, Genève, Paris.

NICOLET, R. (1999) : "Pour affronter l'imprévisible : Les enseignements du verglas de 98", Rapport de la commission scientifique et technique chargée d'analyser les événements relatifs à la tempête de verglas survenue du 5 au 9 janvier 1998, Les Publications du Québec, Gouvernement du Québec.

Office Parlementaire d'Évaluation des Choix Scientifiques et Technologiques (1998) : "Conférence de Citoyens sur l'utilisation des organismes génétiquement modifiés (OGM) en agriculture et dans l'alimentation", Assemblée Nationale-Sénat.

PAUCHANT, Th., MITROFF, I. (1995) : *La Gestion des crises et des paradoxes - Prévenir les effets destructeurs de nos organisations*, Éditions Québec-Amérique, Montréal.

PAUCHANT, Th., MITROFF, I., LAGADEC, P. (1991) : "Toward a systemic crisis management strategy : learning from the best examples in the US, Canada and France", *Industrial Crisis Quarterly*, Volume 5, pp. 209-232, Elsevier.

PERROW, Ch. (1984) : *Normal Accidents : Living with High-Risk Technologies*, Basic Books, New York.

PERROW, C. (1999) : "Organizing to reduce the vulnerabilities of Complexity", *Journal of Contingencies and Crisis Management*, Volume 7, n° 3, pp. 150-155.

PERROW, C. (1999) : *Normal Accidents : Living with high risk technologies* (2nde Édition), Princeton University Press, Princeton.

PEYREFITTE, A. (1998) : *La Société de confiance*, Odile Jacob, Paris.

Lord PHILLIPS OF WORTH MATRAVERS, BRIDGEMAN J. Pr. FERGUSON-SMITH M. (2000) : *The BSE Inquiry, Findings and Conclusions*, Volume 1, House of Commons, London, HMSO, Octobre 2000.

President's Commission on Critical Infrastructure Protection (1998) : *Critical Foundations, Protecting America's Infrastructures*, Washington.

QUARANTELLI, E. (1996) : "The future is not repeated : projecting disasters in the 21st century from current trends", *Journal of Contingencies and Crisis Management*, Blackwell, vol. 4, n° 4, décembre, pp. 228-240.

QUARANTELLI, E. (*Edited by*) (1998) : *What is a Disaster ? Perspectives on the questions*, Routeledge, London & New York.

RAUFER, X., BAUER, A. (1999) : *Violences et Insécurité Urbaines*, PUF - Que Sais-je ?, Paris.

RAUFER, X (1998) : *Dictionnaire Technique et Critique des Nouvelles Menaces*, PUF, Paris.

ROBERT, B. (2001) : "*New policies for managing crises and emerging crises", ECMA - European Crisis Management Academy -, Foundations for cooperative european crisis management*, Establishing common ground, Stockholm, 22-23 novembre.

ROCHLIN, G.I. (1997) : *Trapped in the Net : The unanticipated consequences of computerization*, Princeton University Press, Princeton.

ROQUEPLO, Ph. (1997) : "*Entre savoir et décision, l'expertise scientifique*", INRA éditions, Col. Sciences en questions, Paris, 1997.

ROQUEPLO, Ph. (1998) : Entretien avec Michel Turpin à propos de la Conférence des citoyens sur l'utilisation des OGM, *Annales des Mines*, octobre 1998, p. 5-12.

ROSNAY (de), J. (1995) : *L'homme symbiotique, regard sur le troisième millénaire*, Seuil, Paris.

ROSENTHAL, U., CHARLES, M., 't HART, P. (1989, éd.) : *Coping with crises. The Management of Disasters, Riots and Terrorism*, Charles C.Thomas Publisher, Springfield, Illinois.

ROSENTHAL, U., 't HART, P., Van DUIN, M., BOIN, R., KROON A., OTTEN, M. *and* OVERDIJK, W. (1994) *: Complexity in Urban Crises : Amsterdam's Response to the Bijlmer Air Disaster*, James and James, London.

ROSENTHAL, U., BOIN, R., COMFORT, L.K. (2001, éd.) : *Managing crises*, Thomas Books, Springfield, IL.

RUCKELSHAUS, W. (1984) : "Risk in a free society", *Risk Analysis*, vol. 4, n° 3, pp. 157-162.

RUFIN, J-C. (1993) : *Le piège humanitaire*, Hachette, Paris.

SAGAN, Scott D. (1993) : *The Limits of safety - Organisations, Accidents and Nuclear Weapons*, Princeton Studies in International History and Politics, Princeton University Press, Princeton.

SANSON, G. (2000) : "Évaluation des dispositifs de secours et d'intervention mis en œuvre à l'occasion des tempêtes des 26 et 28 décembre 1999", Rapport d'étape de la mission interministérielle, Premier ministre, juillet 2000.

SÉGUIER, M. (1998) : *Construire des actions collectives, développer les solidarités*, Éditions Chronique sociale, Lyon, 1998.

SETBON, M. (1993) : *Pouvoirs contre sida - De la transfusion sanguine au dépistage : décisions et pratiques en France, Grande-Bretagne et Suède*, Éditions du Seuil, Paris.

SHEARER, A. (1991) : *Survivors and the Media*, Broadcasting standards council, John Libbey, London.

SLAMA, A-G. (1993) : *L'Angélisme exterminateur - Essai sur l'ordre moral contemporain*, Paris, Grasset.

SOUTOU, G.-H. (2001) : *La guerre de cinquante ans, Les relations Est-Ouest 1943-1990*, Fayard.

STACEY, R. (1996) : *Strategic management & organisational dynamics*, Pitsman Publishing, London (2e Édition).

STANTON, B. (2001) : *The Anti-terror checklist*, RegonBooks, Harpertorch-HaperCollins, New York.

THEYS, J. (1991) : *Environnement, science et politique - Les experts sont formels*, Germes, Paris.

TOFFLER, A. (1991) : *Les nouveaux pouvoirs*, Fayard, Paris.

TOFFLER, A. (1971) : *Le choc du Futur*, Denoel, Paris.

TOFFLER, A. (1983) : *Les cartes du Futur*, Denoel, Paris.

TUCHMAN, B. (1962) : *Août 14*, Les Presses de la Cité, Paris.

TUCHMAN, B. (1985) : *La marche folle de l'histoire - De Troie au Vietnam*, Robert Laffont, Paris, 1985.

WARCHAWSKI, M. (2001) : *Foi et développement, Revue du Centre Lebret*, octobre 2001, n° 297.

Revues :

Journal of Contingencies and Crisis Management, Blackwell Publishers, 108 Cowley road, Oxford, OX4 1JF.
JCCM@fsw.LeidenUniv.nl

Préventique-Sécurité, 37 et 68, cours de la Martinique, 33000 Bordeaux.
www.preventique.org

Responsabilité et Environnement, *Annales des Mines*, Éditions Eska, 5 av de l'Opéra, 75001 Paris.

La Lettre des Cindyniques, 9, rue de Rocroy, 75010 Paris.
Et : *Les Cahiers du groupe épistémologie des Cindyniques*, Institut Européen de Cindyniques, 9, rue de Rocroy, 75010 Paris.
secretariat@cindynics.org
www.cindynics.org

INDEX

www.ingramcontent.com/pod-product-compliance
Lightning Source LLC
Chambersburg PA
CBHW061134220326
41599CB00025B/4231

* 9 7 8 2 7 0 8 1 2 7 0 7 4 *